情報教育の成立・展開期におけるカリキュラム評価

本村猛能 著
森山　潤

風間書房

目　　次

第1章　緒論　　　　　　　　　　　　　　　　　　　　　　　　　1
　1.1　研究の目的　　　　　　　　　　　　　　　　　　　　　　1
　1.2　研究の背景　　　　　　　　　　　　　　　　　　　　　　1
　　1.2.1　情報教育の概念　　　　　　　　　　　　　　　　　　1
　　1.2.2　情報教育の成立過程　　　　　　　　　　　　　　　　2
　1.3.　先行研究の整理　　　　　　　　　　　　　　　　　　　14
　　1.3.1　カリキュラムの考え方　　　　　　　　　　　　　　　14
　　1.3.2　情報教育のカリキュラムに関する先行研究の整理　　　16
　1.4　問題の所在　　　　　　　　　　　　　　　　　　　　　　21
　1.5　研究のアプローチと本書の構成　　　　　　　　　　　　　23
　　1.5.1　研究のアプローチ　　　　　　　　　　　　　　　　　23
　　1.5.2　本書の構成　　　　　　　　　　　　　　　　　　　　25

第2章　情報教育成立期における学習者の情意面の評価の試み　　　29
　2.1　目的　　　　　　　　　　　　　　　　　　　　　　　　　29
　2.2　ファジィ分析　　　　　　　　　　　　　　　　　　　　　30
　2.3　方法　　　　　　　　　　　　　　　　　　　　　　　　　34
　　2.3.1　調査対象　　　　　　　　　　　　　　　　　　　　　34
　　2.3.2　履修した情報教育の内容　　　　　　　　　　　　　　34
　　2.3.3　履修後の調査　　　　　　　　　　　　　　　　　　　35
　2.4　結果及び考察　　　　　　　　　　　　　　　　　　　　　39
　　2.4.1　情報教育に対する学習者による評価　　　　　　　　　39
　　2.4.2　情報教育履修後の学習者の情意面の評価　　　　　　　42

        2.4.3　考察 …………………………………………………………………… 47
　　2.5　まとめ ………………………………………………………………………… 48

第3章　情報教育成立期における学習者のレディネスと履修による
　　　　イメージの変容 ……………………………………………………………… 49
　　3.1　目的 …………………………………………………………………………… 49
　　3.2　方法 …………………………………………………………………………… 50
　　　3.2.1　調査対象 ………………………………………………………………… 50
　　　3.2.2　レディネス調査 ………………………………………………………… 50
　　　3.2.3　履修した情報教育の内容 ……………………………………………… 50
　　　3.2.4　履修後の調査 …………………………………………………………… 52
　　3.3　結果及び考察 ………………………………………………………………… 54
　　　3.3.1　レディネスの検討 ……………………………………………………… 54
　　　3.3.2　情報教育履修後の学習者による評価 ………………………………… 56
　　　3.3.3　情報教育履修後の学習者の情意面の評価 …………………………… 59
　　3.4　考察 …………………………………………………………………………… 63
　　3.5　まとめ ………………………………………………………………………… 64

第4章　情報教育成立期における学習者の情報リテラシーの評価 …………… 67
　　4.1　目的 …………………………………………………………………………… 67
　　4.2　方法 …………………………………………………………………………… 68
　　　4.2.1　調査対象 ………………………………………………………………… 68
　　　4.2.2　履修した情報教育の内容 ……………………………………………… 69
　　　4.2.3　調査票及び評価項目 …………………………………………………… 69
　　　4.2.4　分析方法 ………………………………………………………………… 70
　　4.3　結果及び考察 ………………………………………………………………… 74
　　　4.3.1　評価票の妥当性の確認 ………………………………………………… 74

| 4.3.2 情報教育履修前後のファジイ分析と因子分析 …………………… 74
| 4.3.3 学習者による自己評価と指導者による評価との関連性 …………… 81
| 4.3.4 考察 ………………………………………………………………… 84
| 4.4. まとめ …………………………………………………………………… 86

第5章 情報教育展開期の学習者によるカリキュラム評価 …………… 89
  5.1 目的 ……………………………………………………………………… 89
  5.2 方法 ……………………………………………………………………… 91
    5.2.1 ブルーム評価理論での情報教育の評価の考え方 …………………… 91
    5.2.2 調査対象及び調査内容 ……………………………………………… 92
    5.2.3 履修した情報教育の内容 …………………………………………… 93
    5.2.4 分析のための評価票 ………………………………………………… 93
    5.2.5 分析方法 ……………………………………………………………… 97
  5.3 結果及び考察 …………………………………………………………… 97
    5.3.1 中学校情報必須用語の認知度調査結果 …………………………… 97
    5.3.2 高等学校情報必須用語の認知度調査結果 ………………………… 99
    5.3.3 高等学校情報教育に対するイメージ ……………………………… 102
    5.3.4 考察 ………………………………………………………………… 102
  5.4 まとめ …………………………………………………………………… 104

第6章 情報教育展開期のカリキュラムにおける学習者の反応の経時的変化 …………………………………………………………… 107
  6.1 目的 ……………………………………………………………………… 107
  6.2 方法 ……………………………………………………………………… 108
    6.2.1 中高生に対する情報教育の認知度とイメージの調査 …………… 108
    6.2.2 調査対象及び調査内容 ……………………………………………… 113
  6.3 結果及び考察 …………………………………………………………… 115

6.3.1　中学生の情報教育の認知度とその構造化 …………………………… 115
　　6.3.2　高校生の情報教育の認知度とその構造化 …………………………… 118
　　6.3.3　中高生に対する情報教育に関するイメージ ………………………… 121
　　6.3.4　考察 ……………………………………………………………………… 128
　6.4　まとめ ………………………………………………………………………… 130

第7章　職業教育における情報教育のカリキュラムに対する
　　　　学習者の反応の経時的変化 ………………………………………………… 133
　7.1　目的 …………………………………………………………………………… 133
　7.2　分析方法 ……………………………………………………………………… 134
　　7.2.1　教科「情報」の設置前後における8年間の継続した情報教育の調査 …… 134
　　7.2.2　調査対象及び調査内容 ………………………………………………… 134
　　7.2.3　分析方法 ………………………………………………………………… 135
　7.3　結果及び考察 ………………………………………………………………… 136
　　7.3.1　クラスター分析による評価票の分析結果 …………………………… 136
　　7.3.2　専門高校情報教育における学習者のイメージ ……………………… 136
　　7.3.3　考察 ……………………………………………………………………… 146
　7.4　まとめ ………………………………………………………………………… 147

第8章　普通教育の情報教育に対する学習者の意識と知識に関する
　　　　国際比較 ……………………………………………………………………… 151
　8.1　目的 …………………………………………………………………………… 151
　8.2　韓国・中国・インドネシア・スロベニアの情報教育の概要 ……………… 152
　　8.2.1　韓国・中国・インドネシア・スロベニアの情報化の進展状況 …… 152
　　8.2.2　韓国における情報教育 ………………………………………………… 153
　　8.2.3　中国における情報教育 ………………………………………………… 154
　　8.2.4　インドネシアにおける情報教育 ……………………………………… 156

8.2.5　スロベニアにおける情報教育 …………………………………………… 157
　　8.2.6　日本・韓国・中国・インドネシア・スロベニアの情報教育の状況の
　　　　　差違 ………………………………………………………………………… 158
　8.3　方法 …………………………………………………………………………… 159
　　8.3.1　調査対象 …………………………………………………………………… 159
　　8.3.2　調査項目 …………………………………………………………………… 159
　　8.3.3　履修した情報教育の内容 ………………………………………………… 162
　　8.3.4　手続き ……………………………………………………………………… 163
　8.4　結果及び考察 ………………………………………………………………… 163
　　8.4.1　調査対象者の状況 ………………………………………………………… 163
　　8.4.2　情報関連用語の認知度 …………………………………………………… 164
　　8.4.3　情報活用能力に対する習得意欲 ………………………………………… 166
　　8.4.4　考察 ………………………………………………………………………… 168
　8.5　まとめ ………………………………………………………………………… 170

第9章　普通教育の情報教育に対する学習者のカリキュラム・イメージに関する国際比較 ……………………………………… 171

　9.1　目的 …………………………………………………………………………… 171
　9.2　方法 …………………………………………………………………………… 172
　　9.2.1　調査の時期と対象 ………………………………………………………… 172
　　9.2.2　調査項目及び分析方法 …………………………………………………… 172
　9.3　結果及び考察 ………………………………………………………………… 174
　　9.3.1　情報教育のカリキュラムに関する学習者のイメージに対する
　　　　　因子分析 …………………………………………………………………… 174
　　9.3.2　中学生の情報教育に対するカリキュラム・イメージ因子の国間比較 … 174
　　9.3.3　高校生の情報教育に対するカリキュラム・イメージ因子の国間比較 … 187
　　9.3.4　カリキュラム・イメージに対する因子別尺度平均値の比較 ………… 190

	9.3.5	考察 ································ 191
9.4	まとめ ································ 193

第10章　専門高校の情報教育に対する学習者の反応に関する国際比較 ································ 195

- 10.1　目的 ································ 195
- 10.2　方法 ································ 195
  - 10.2.1　調査対象 ································ 195
  - 10.2.2　調査項目 ································ 196
  - 10.2.3　履修した情報教育の内容 ································ 197
  - 10.2.4　分析方法 ································ 198
- 10.3　結果及び考察 ································ 198
  - 10.3.1　フェイスシートの比較結果 ································ 198
  - 10.3.2　情報関連用語の認知度 ································ 200
  - 10.3.3　情報教育に関する学習者のイメージ ································ 201
  - 10.3.4　考察 ································ 206
- 10.4　まとめ ································ 207

第11章　総合的考察 ································ 211

- 11.1　目的 ································ 211
- 11.2　専門高校（工業）におけるカリキュラム・イメージ因子の時系列的な変遷 ································ 212
  - 11.2.1　成立期 ································ 212
  - 11.2.2　展開期 ································ 213
- 11.3　中学校及び普通高校におけるカリキュラム・イメージ因子の時系列的な変遷 ································ 214
  - 11.3.1　成立期 ································ 214

11.3.2　展開期 ……………………………………………………………… 217
　11.4　我が国における情報教育の課題と展望 …………………………………… 218

第12章　結論及び今後の課題 …………………………………………………… 223
　12.1　本研究で得られた知見の整理 ……………………………………………… 223
　　12.1.1　情報教育成立期における学習者の情意面の評価の試み ……………… 224
　　12.1.2　情報教育成立期における学習者のレディネスと履修による
　　　　　　イメージの変容 ……………………………………………………… 225
　　12.1.3　情報教育成立期における学習者の情報リテラシーの評価 …………… 226
　　12.1.4　情報教育展開期の学習者によるカリキュラム評価 ………………… 226
　　12.1.5　情報教育展開期のカリキュラムにおける学習者の反応の経時的変化 … 227
　　12.1.6　職業教育における情報教育のカリキュラムに対する学習者の反応の
　　　　　　経時的変化 …………………………………………………………… 228
　　12.1.7　普通教育の情報教育に対する学習者の意識と知識に関する国際比較 … 228
　　12.1.8　普通教育の情報教育に対する学習者のカリキュラム・イメージに
　　　　　　関する国際比較 ……………………………………………………… 229
　　12.1.9　専門高校の情報教育に対する学習者の反応に関する国際比較 ……… 229
　　12.1.10　総合的考察 …………………………………………………………… 230
　12.2　結論 …………………………………………………………………………… 230
　12.3　今後の情報教育カリキュラムへの示唆 …………………………………… 233
　12.4　今後の課題 …………………………………………………………………… 236

参考文献 ……………………………………………………………………………… 239
本研究に関連する学術論文 ………………………………………………………… 247
謝　　辞 ……………………………………………………………………………… 251

第1章 緒　　論

1.1 研究の目的

本研究の目的は，我が国の初等中等教育における情報教育の成立期・展開期のカリキュラムを，学習者の意識や反応に基づいて評価し，今後の情報教育のあり方について検討することである。

1.2 研究の背景

1.2.1 情報教育の概念

現在，我が国における情報教育という用語は，政策的には1990年7月に文部省が刊行した「情報教育に関する手引き」以降，「情報活用能力を育成する教育」と定義されている[1]。また，この情報活用能力という概念は，1986年4月の臨時教育審議会第二次答申において初めて提言されたものである。情報活用能力の具体的な内容については，その後の教育改革によって修正・変更が加えられているものの，「情報活用能力を育成する教育」としての情報教育の概念は，現在も広く理解されている。

しかし，後述するように，我が国の初等中等教育における情報に関する教育は，必ずしも1990年以降に成立したものだけではない。特に，我が国では，1969年の専門高校における情報処理教育が教育課程に位置付けられているが，まず大学における専門的な情報処理教育が1977年頃からスタートした。その後，情報教育は教育課程に，普通高校，中学校，小学校へといびつな順

序で導入されてきた。また，我が国の情報教育という言葉は政策的に作られたものであるため，この用語は海外の教育課程には表記されていない。

そこで本稿では，情報教育の概念を，我が国で1990年以降に政策的に定義された「情報活用能力を育成する教育」という考え方を中心に据えながら，専門高校における情報処理技術に関する教育を包含するものと捉えることとする。また，海外の教育課程に見られる Computer Literacy や Informatics Education, Computer Science Education など，児童・生徒に情報の適切な活用能力を習得させるための教育を，我が国の情報教育という概念と関連づけて捉えることとする[2]。言い換えれば，本稿における情報教育の概念は，児童・生徒が高度に情報化した社会に主体的に適応し，その創造に参加していける資質や能力の育成を目標とする教育と広義に定めることとする。この意味において，本稿でいう情報教育の概念には，各教科の目標達成のツールとしてICTを活用することを含まない。

1.2.2　情報教育の成立過程

我が国で，情報化社会が実質的に意識され始めたのは，1960年代からである。情報教育の歴史もまた，この時期にその黎明を見ることができる。

そこで本稿では，情報教育の成立・展開過程を次の3つの時期に区分し整理した。この3つの時期について，学習指導要領の改訂と学習指導要領の特徴及び，情報教育に関する主な背景についてまとめたものを図I-1に示す。

専門高校における情報処理技術の教育が開始されるものの，情報活用能力という概念がまだ定義されていない1960年代から1985年以前を『黎明期』と位置づけた。次に，文部省が情報活用能力の概念を定義し，学習指導要領上にその位置づけを明示した1985年から，教科「情報」が設置される2003年までを『成立期』とした。また，この時期を，普通教育の教育課程における情報教育の導入（1989年告示学習指導要領の改訂）までを『成立期Ⅰ』，体系的な情報教育の成立（1998～1999年告示学習指導要領の改訂）までを『成立期Ⅱ』に区分

図 I-1　我が国の情報教育の成立・展開過程と学習指導要領の変遷

年度	期（期間）	学習指導要領の改訂等	主な背景（学習指導要領の特徴）
1945		1947～1949　学習指導要領改訂	1948　中学校職業科と家庭科の設置
1948			
1950			
1955		1958～1960　学習指導要領改訂	
1960			
	1960～1985年　情報活用能力は定義されていない時代まで		
1965	黎明期		
1970		1968～1970　学習指導要領改訂	1969　高等学校における情報処理教育の推進
			1973　専門高校・情報処理教育のスタート
1975		1977～1978　学習指導要領改訂	
1980			1983　コンピュータが学校教育へ導入される
	1985～1989　普通教育の教育課程における情報教育の導入まで		1985　文部省は情報活用能力の概念を定義，コンピュータ教育元年
1985	成立期I		
	1985～2003年	1989　学習指導要領改訂	1989　中学校技術・家庭科に選択領域として「情報基礎」
1990	成立期		1990　文部省「情報教育に関する手引き」を刊行
		1990～2003　学習指導要領に情報活用能力の位置付けを明示し2003年教科「情報」が設置されるまで	
	成立期II		
1995		1996～1998　学習指導要領改訂	1997　「情報活用能力」を情報教育の3観点として必修化
		1998～1999　学習指導要領改訂	1998　中学校技術・家庭科に「情報とコンピュータ」必修化
2000			
	2003年以降	教科「情報」が学習指導要領の改訂と同時に共通教科「情報」として変更され，現在に至るまで	2003　高等学校に教科「情報」の設置
2005	展開期		学習指導要領のねらいの一層の充実の観点から学習指導要領の一部改正
2010		2008～2009　学習指導要領改訂	2013　改訂「共通教科情報科」に変更
2015			

する。そして2004年以降，教科「情報」が学習指導要領の改訂と同時に，「共通教科情報科」として変更され，現在に至るまでを『展開期』とする。

(1) 黎明期（1960年代〜1985年）

①1960年代の社会情勢

　我が国で,「情報化社会」の到来が叫ばれるようになったのは1960年代からである。この時期は，大きな空調設備のある電子計算機室に，大型，中型，ミニコンピュータなどの階層的に種別化されたコンピュータを集中管理し，専門家が効率的に情報処理を行うことを目指す「集中型情報化」であった。

②情報処理教育の発足

　こうした社会の情報化に呼応し，教育界からの対応が図られることになる。我が国におけるこの時期の教育の対応は「理科教育及び，産業教育審議会」（1969年）の答申「高等学校における情報処理教育の推進」に示されている。そこでは，高等学校の専門学科（当時の工業科や商業科などの職業学科）で，工業関係の情報技術科や商業関係の情報処理科が情報処理教育を推進する学科として取り上げられた。このようにして教育の情報化はまず，当時の高等学校の職業教育から始まったといえる。この時期の我が国の情報化の状況は，その後の1983年にOECD（経済協力開発機構（1948設置）：Organisation for Economic Co-operation and Development）のCERI（教育研究革新センター（1968設置）：Centre for Educational Research and Innovation）が行った次のような調査で確認することができる。調査は，教育の情報化について，4つのカテゴリー（総合的アプローチ，カリキュラムアプローチ，情報機器のアプローチ，職業教育的アプローチ）から分析された[3]。その結果，我が国は職業教育的アプローチの観点において極めて高い評価を得ている。しかし，当時の普通教育における情報教育は，1960年代に数学や算数など一部の教科で対応が図られたものの，OECDが行った調査では普通教育としての情報教育はほとんど行われていないと評価されている。このように我が国の情報教育は，専門教育としての情報処理教育が先行する形でスタートした点に特徴がみられる。

(2)成立期 I(普通教育の教育課程における情報教育の導入:1989年告示学習指導要領の改訂まで)

①1970〜80年代の社会情勢

1970年代以降はマイクロエレクトロニクス技術の進歩によって,コンピュータの歴史に大きな変化を引き起こした。例えば,1974年にアメリカのMITS (Micro Instrumentation and Telemetry Systems) が開発した Altair 8080 や,1976年の我が国の TK-80(NEC製)といったパーソナルコンピュータの登場以降,情報化が社会に広く浸透し始め,OA (Office Automation) 革命が進行した。こうして,ネットワーク型の情報化の前段階としての分散型の情報化が進展し,従来の経済・産業システムを含めた社会全体の再構築が求められるようになった。また,OSでは1969年 AT&T のベル研究所で開発されたUNIX,1985年には初代 MS-Windows や Mac-OS が開発され,これらの OS を搭載したパソコンの発売により,急速な普及をみるに至った。このような社会の変化に応じて,情報教育も成立期を迎えることとなる。

②情報活用能力概念の規定と情報教育の成立

1985年 3 月29日に,社会教育審議会の教育放送分科会が「教育におけるマイクロコンピュータの利用について」の報告書を提出し,それを受けるかたちで「教育用ソフトウェアの開発方針」が文部省から公表された。我が国の情報教育は前述したように,1969年に高等学校専門高校においてコンピュータ・リテラシーあるいはプログラミングなどの情報処理教育がスタートしたが,普通教育としての公立小中高校では1985年からスタートしている[2]。1985年は,当時「コンピュータ教育元年」と言われ,情報に関する教育は,専門教育としての情報処理教育と併せ,普通教育としての情報教育も行政的対応がとられることとなった。

また,同年 6 月に提出された臨時教育審議会第一次答申では,教育改革の基本的な考えの柱の一つに「情報化への対応」が加えられ,学校教育における情報化への対応が提言された。ただし,この段階ではまだ,情報活用能力

という用語は使われていない。情報活用能力という用語が初めて登場したのは，翌1986年4月に出された臨時教育審議会第二次答申からである。ポイントとしては，情報活用能力と情報リテラシーを同義語とみなしていること，情報活用能力を「読み・書き・算盤」と並ぶ基礎・基本と位置付けたことである。また，1987年12月の教育課程審議会の答申で示された4つの柱の中では，第二の柱として「自ら学ぶ意欲と社会の変化に主体的に対応できる能力の育成を重視すること」が示された。ここには，科学技術の進歩や情報化の進展に対応するために必要な基礎的な能力と，情報の理解，選択，整理，処理及び，創造などに必要な能力及び，コンピュータ等の情報手段を活用する能力と態度の育成が図られるよう配慮する，という意味が込められていた。その後，1989年には小学校・中学校及び，高等学校の学習指導要領が全面的に改訂された。このとき中学校技術・家庭科には「情報基礎」領域が新設された。「情報基礎」領域は，主にコンピュータの基本的な操作やハードウェア・ソフトウェアの簡単な操作手順などの内容であり，情報活用能力を育成するという目標を実施するためにはまだ時間がかかった。しかしながら，中学校・高等学校の情報教育の体系を考える時，教科の学習内容として情報教育が位置付けられたという点で，「情報基礎」領域の役割は大きいと考えられる。また，1990年には，文部省から「情報教育に関する手引き」が刊行された[1]。この手引きは，文部省が初めて教育現場向けに情報教育の実践指針を提示したものである。この中で情報活用能力は，以下のように示されている。

①情報の判断，選択，整理，処理能力及び，新たな情報の創造，伝達能力
②情報化社会の特質，情報化の社会や人間に対する影響の理解
③情報の重要性の認識，情報に対する責任感
④情報科学の基礎及び，情報手段（特にコンピュータ）の特徴の理解，基本的な操作能力の習得

その実践にあたっては，中学校技術・家庭科の「情報基礎」領域のほか，

例えば高等学校段階の普通教育においては，数学科，理科，家庭科等にコンピュータ等に関する内容を取り入れた。また，専門高校では，工業科では「情報技術基礎」が必修科目として，商業科では「情報処理」等が設定され，以下各専門教科における情報に関する学習の基礎となる科目では，「家庭情報処理」，「農業情報処理」，「看護情報処理」などが設置された。こうして，情報教育の内容は，中学校・高等学校を中心に，各教科・科目に広く分散配置される形態によって，情報活用能力の育成を図ろうとした。

(3) 成立期Ⅱ（体系的な情報教育の成立：1998～1999年告示学習指導要領改訂，2003年の教科「情報」の成立まで）

①1990年代の社会情勢

1990年代の中頃から，マルチメディアやインターネット等が爆発的に普及した。それにより，ネットワーク型の情報化，すなわち情報通信ネットワーク社会への移行が意識されるようになった。1992年（平成4年）にはこれまでの10年間のインターネットの技術の蓄積としてWebページがスタートとした。この時期，家庭へのパソコンの普及率は12.2%である。一方，社会においては，企業間ネットワークの構築などにより生産性や製品の質が向上し，電子商取引などによって世界の流通経済機構は大きく変貌することとなる。また日常生活においてはインターネットや携帯情報端末によって新しいコミュニケーションや，オンラインによる商品購買などの消費者としての行動，ライフスタイルが大きく変化してきた。コミュニケーションや情報のやり取りの形態を大きく変えたのがインターネット等の情報通信ネットワークである。電子メールは，人間対人間のコミュニケーションの形態を変え，インターネットで共有される知識は，世界的規模での「知識の共有化」を形成し，知の在り方まで変革しようとしていた。1996年には，パーソナルコンピュータにおいてOSの革新（Windows95，MacOS，UNIX）が図られた。また，情報通信ネットワークの進展は，いわゆる「情報化の影の部分」に関する問

題も重要視されるようになる。ネットワークセキュリティの問題は，クラッキングや不正アクセスのように，家庭生活のみならず，企業や政府，自治体の安全をも脅かすものとなり，大きな問題となった。他にもインターネット上に流れる情報の信憑性，暴力，性，人権侵害など違法，あるいは不適切な情報に対する対処能力の育成などの課題もあらわとなる。家庭用のパーソナルコンピュータの普及率は，1993年では12.2％，5年後の1998年には28.8％，情報教育の黎明期末の2002年では58.0％になった。また，2002年にはインターネット人口は80％を超える勢いで爆発的に普及していった。インターネットについては，この時期携帯電話の普及率もすでに1993年の3.2％から2002年は87.6％までになり，携帯電話でのメール送受信がパソコンによるメールの送受信を超える勢いであった。

②情報活用能力の再定義と体系的な情報教育の成立

この時期，我が国では，1995年に科学技術基本法が制定され，国の再生・復活を実現させるためには，科学技術立国の積極的推進が不可欠という危機意識が社会の中に次第に形成され共有されることとなった。必然的に，科学技術立国を築き上げる人材の育成への期待も高まることとなる。

しかし，一方では，1999年の秋ごろから「学力低下」論争が話題となり，社会問題へと発展していった[3]〜[5]。この学力低下の主張は，「ゆとり教育」の教育改革路線への批判へと繋がった[3]。ハード面に目を向けると，1994年に文部省（現在の文部科学省）と通商産業省（現在の経済産業省）の両省による「100校プロジェクト」，コンピュータ教育開発センター（CEC）による「インターネット接続環境」が提供された。これを受けて1995年には学校教育へのインターネットの導入が始まり，臨時教育審議会では「教育の情報化」が提言され，様々な教科での情報メディアを活用した教育実践が検討され始めた。

その後，1996年7月の第15期中央教育審議会において，「情報教育の体系的な実施」が提言され，翌1997年10月に「体系的な情報教育の実施に向けて」

(第1次答申)[6]により,「情報教育の基本的な考え方」と「体系的な情報教育の内容」が具体化した。このとき,情報活用能力の4観点は,「3.情報の重要性の認識,情報に対する責任感」の観点が他の観点に吸収される形で主査　清水康敬らの調査協力者会議で3観点に整理・統合され,以下のように定義付けられた。

　−再定義された情報活用能力−
1. 情報活用の実践力
　課題や目的に応じて情報手段を適切に活用することを含めて,必要な情報を主体的に収集・判断・表現・処理・創造し,受け手の状況などを踏まえて発信・伝達できる能力
2. 情報の科学的な理解
　情報活用の基礎となる情報手段の特性の理解と,情報を適切に扱ったり,自らの情報活用を評価・改善するための基礎的な理論や方法の理解
3. 情報社会に参画する態度
　社会生活の中で情報や情報技術が果たしている役割や及ぼしている影響を理解し,情報モラルの必要性や情報に対する責任について考え,望ましい情報社会の創造に参画しようとする態度

　この考え方は現在まで継続されている。その後,1998年7月に「幼稚園,小学校,中学校,高等学校,盲学校,聾学校及び,養護学校の教育課程の基準の改定について」が答申され[1],[2],「情報化の進展に対応した教育環境の実現に向けて」の最終提言がされた。特に,義務教育段階での教育の情報化に対応した教育メディアの充実を図るようになり,高等学校においても普通教科「情報」の新設が妥当であるとの提言がされ[7],5年後の2003年には高等学校において,高校教科「情報」が設置されるための行政面,教育面の基礎ができあがった。
　このようにして,1998年の中学校学習指導要領において中学校技術・家庭科

「情報基礎」領域が（技術分野の）内容B.として「情報とコンピュータ」に，1999年の高等学校学習指導要領では高等学校に普通教科「情報」が設置された。新しく設置された普通教科「情報」は，「情報及び，情報技術を活用するための知識と技能の習得を通して（情報活用の実践力），情報に関する科学的な見方や考え方を養うとともに（情報の科学的な理解），社会の中で情報及び，情報技術が果たしている役割や影響を理解させ，情報化の進展に主体的に対応できる能力と態度を育てる（情報社会に参画する態度）こと」をねらいとしている。このねらいを実現するため，「情報A」，「情報B」，「情報C」から少なくとも1科目を履修することとなり，これらについて先の3観点を目標として包括的に展開されることになった[8),9)]。同時に小学校・中学校及び，高等学校に国際化や情報化をはじめとする社会の変化を踏まえ，自ら考え学ぶ力など全人的な「生きる力」の育成を目指した「総合的な学習の時間」が新しく設置された。この設置により，国際理解，環境，福祉・健康と同列の位置付けで，情報教育が教科の枠を越えて横断的・総合的に学ばれることとなった。

　こうして，1990年の「情報教育に関する手引き」[1)]に始まる情報教育の体系化はそのほぼ10年後に，中学校技術・家庭科技術分野の「情報とコンピュータ」，高等学校の普通教科「情報」，そして小学校・中学校及び，高等学校における「総合的な学習の時間」のスタートをもって，我が国の教育課程に，小・中・高等学校の各学校段階で情報教育を実施できる体制が整い，これをもって一応の体系的な情報教育の形をとれることになった[9)]。

(4) 展開期（2004年以降～）
① 2000年以降の社会情勢
　1990年代に爆発的に進行した情報化の波は，2000年以降もその勢いを留めることはなかった。インターネット人口は，1998年の11％から2000年は34％，2006年は79.3％，2010年では94％以上となった。同時に普及率でみると携帯電話は1996年では46％，10年後の2006年では90％以上であり，2010年

以降に至るとスマートフォンが携帯電話以上の機能と快適さを備え，現在では，インターネット利用の中心的なデバイスとなっている。このような一般社会へのメディアの普及は，我が国はもとよりグローバルな情報ネットワークの普及と高速化，ユビキタス化，低価格化，付加価値としての様々なアプリケーションやコンテンツのダウンロード機能，さらにはテレビ機能といった様々な機能や操作性の向上が備わってきたからである。このように社会の情報化により誰もが所持するというネットを利用したサービスの普及，会社や自宅，外出先などいつでもどこでも場所を問わない情報のクラウド化などますます情報化が進展している。

しかしながら，情報化の進展とメディアの一般への普及に伴い，そのメディア等の所持者も低年齢化し，便利さの一方では情報モラルの問題がますます深刻化してきた。例えば，サイバー犯罪（ネットワーク利用，不正アクセスなど）やネットワーク犯罪（児童買春・児童ポルノ法違反，青少年保護育成条例，出会い系サイト，著作権法違反，わいせつ物頒布など）の現状を見てみる。2011年度警察白書によると，インターネット人口が2人に一人の割合まで増加した2001年ではサイバー犯罪が1,339件，ネットワーク利用犯罪が1,209件であり，2004年まで1,000件台で上昇傾向であった。この件数が2005年を境に1,000件台のプラスオーダーで急激に増加している。この時期は携帯などの端末の所持率が9割を超え，こうしたパソコン，携帯，インターネットの普及の最中，2004年7月には長崎県佐世保市の小6女児によるカッターナイフによる殺人事件が発生した。

こうした事件が発生して以来社会では，インターネットや暴力シーンのあるメディア映像の自粛，教育界では義務教育段階での情報モラル教育の本格的な導入の検討を迫られることとなった。

②情報教育の展開

この時期，我が国は科学技術立国の積極的推進が大切であるという危機意識が社会の中に共有され，科学技術立国を築き上げる人材の育成への期待が

高まった。しかし，一方では，1999年頃から「学力低下」論争が話題となり，マスコミや様々な分野の論者を巻き込みながら，社会問題へと発展していった。科学技術立国としての国の在り方と学力低下論争の議論は互いに関連しながら，国の教育行政へ少なからず影響を与えていった[5]。また，2006年には，高校において「世界史」や「情報」の未履修が発覚し，教育が抱えるゆがみを露呈する問題が浮上し，教育行政や教科「情報」へ少なからず影響を及ぼすこととなった。この時期は，2004年に「IT新改革国家戦略」と称して2010年までに全国の公立小・中・高等学校の教員一人1台を目標にパソコン導入する計画があった[10]。2006年12月，経済や政治の変化に呼応し，社会システムの改革の一つとして教育基本法が約60年ぶりに改正され，国際社会に生き抜く力の育成をさらに進めるに至り，教育の新しい理念が定められた。また，2007年6月は教育基本法改正を受けて，学校教育法の一部改正が行われ，新たな義務教育の目標が規定されるとともに，各学校段階の目的・目標規定が改正された。

　このことについては，2008年1月の中央教育審議会答申「幼稚園，小学校・中学校・高等学校及び，特別支援学校の学習指導要領等の改善について」にまとめられている[10]。この時期は学習指導要領が小・中・高等学校で改訂されている。2011年は小学校，2012年は中学校で全面実施され，2013年は高等学校で年次進行により実施された[11]。情報教育は，小・中・高等学校での「総合的な学習の時間」での検討の余地を残すものの，中学校技術・家庭科技術分野では，前学習指導要領期の2内容から4内容に再編され，全て必修となり，内容B.「情報とコンピュータ」は，内容D.「情報に関する技術」に改変された[12],[13]。高等学校では普通教科「情報」が共通教科「情報」と呼ばれるようになった[9]。改訂の方針は，「高校生の実態は多様化している一方で，情報及び，情報機器等の活用が社会生活に必要不可欠な基盤として発展する中，これらを活用して高い付加価値を創造することができる人材の育成」を求めている。これらを踏まえ，「情報活用の実践力の確実な定着や情報に関

する倫理的態度と安全に配慮する態度や規範意識の育成を特に重視した上で，生徒の能力や適性，興味・関心，進路希望等の実態に応じて，情報や情報技術に関する科学的あるいは社会的な見方や考え方について，より広く，深く学ぶことを可能とするよう現行の科目構成を見直し，「社会と情報」，「情報の科学」の２科目を設ける。」と示され，従前の「情報 A，B，C」が「社会と情報」，「情報の科学」の２科目に再編された。専門教科「情報」については，「情報産業の構造の変化や情報産業が求める人材の多様化，細分化，高度化に対応する観点から，情報の各分野における応用的・発展的な知識・技術や職業倫理等を身に付けた人材を育成する」という観点から，従前の11科目が13科目に再編された。この学習指導要領の改訂を踏まえ，文部科学省は，1990年に「教育の情報化に関する手引き」を刊行した。この手引では，情報活用能力を育成することを狙いとする情報教育と，分かりやすい授業を目指して教授・学習ツールとして ICT を活用すること（ICT 活用教育）とを明確に区別した。また，情報教育では情報モラル教育に１章を割き，その重要性を明確に指摘している。その後，情報モラル教育は，「情報モラルキックオフガイド」[14)]をはじめとして，学校現場での授業実践を支援する様々な資料や教材が開発・流通されるようになってきている。

　このように，我が国の情報教育は，1960年代から職業教育的アプローチに基づく情報教育としてスタートした後，社会における情報化の進展に呼応するように，普通教育としての情報教育への深化・進展してきた。その中で，我が国固有の能力観である情報活用能力が中核的な役割を担ってきた。おそらく，このような育成すべき能力感を中核に各学校段階で教育課程を編成しえた点に，我が国の情報教育と諸外国のコンピュータ・リテラシー系の教育の差異を見て取ることができよう。また，この情報活用能力という概念を用いることによって，黎明期には混同のみられた情報教育と学習ツールとしての ICT 活用の概念が，成立期・展開期と進展する中で，明確化したことも，この概念の持つ重要性の一つと考えられる。

1.3 先行研究の整理

1.3.1 カリキュラムの考え方

　情報教育のカリキュラムを考える上でまず，この用語の意味について確認する必要がある。なぜなら，この用語は今日多義的に用いられており，カリキュラムと一口に言っても国の基準に定める教育内容や学習者の経験の層を指す場合もある。「カリキュラム」という用語は，元々ラテン語の「走路」を語源とし，「人生の来歴」を意味する言葉である。転じて，それは「学ぶ道」を意味し，ある教育目的を実現するために構成された「学び」の内容（Scope）と順序（Sequence）の計画として理解されている[15]。言い換えれば，カリキュラムとは，学習者に期待される学習活動を予想して，それが有効に実現されるような内容と方法を伴った教育的働きかけを，予め目的意識的に計画化したものである。カリキュラムに基づく教育実践とは，計画が学習者の中で具体的に実行されるにつれて，はじめの予想を超えて学習や指導が発展していくダイナミックな過程全体をさしている。したがってカリキュラムは，絶えず教育実践の動的過程を経て検討され創りかえられていく。広くは，カリキュラムによる実践と再創造の過程を含め，動的過程全体を視野に入れて取り組む一連の諸活動を，カリキュラム作りという[15]〜[19]。

　カリキュラムと同義語的に使用されるのが「教育課程」である。「教育過程」が「教育という事実が起きている状態や様子などの過程」に対し，「教育課程」は「各学校の教育計画であり学習指導要領において地域や学校の実態及び，児童の心身の発達や特性を充分考慮して行われるものであり，一方では教育計画という意味を含んでいるもの」であり，この点カリキュラムとは大きく違う意味を持つ[16]。しかも，歴史的にみても日本では比較的新しい用語であり，第二次世界大戦終了（1945年）まではカリキュラムという言葉は使

用されず，むしろ「教科課程」「学科課程」と呼ばれていた。カリキュラムを「教育課程」と同義語としたのは，1951年の「学習指導要領（試案）」からである。この言い換えには，一つは，教科や学科以外の教育内容も含めることを意図とするものと，もう一つは，教育課程と呼ぶことにより，教科や学科のように教師中心あるいは教師主体の学校教育をやめ，より学習者主体の学校教育を目指そうという方向性を示したかったからである。この2つの点は現在でも妥当なものであり，重要な意図があったこととして見落としてはならない[15)～18)]。このカリキュラムを構成する手続きは，計画（plan）―実践（do）―評価（see）と表現される。タイラー（R.W.Tyler, 1949）[20)]は，カリキュラム編成と授業計画実施に不可欠な要因として，①教育目標の設定，②学習経験の選択，③学習経験の組織，④教育評価の4要素を明確にした。これは「タイラーの原理」と呼ばれる。さらに，ウィーラー（P.K.Wheeler, 1967）[21)]は，「タイラーの原理」を「カリキュラム過程」として接続し，反復的な一連の流れを示している。「タイラーの原理」や「カリキュラム過程」の基底には，カリキュラムの構成が教育目標の設定をもって出発し，教育目標を基準に教育内容の選択と教材の組織，授業計画，評価が遂行されるという考え方がある。その後，19世紀末のアメリカで，教育行政と学校の権限の分離を背景として再定義されたが，佐藤（1996）によれば，『教育行政の規定する教科課程の大綱を「（学習指導要領：course of study）」と呼び，「カリキュラム」は，学校での教師と子供が創造する教育経験の総体を定義する言葉となった』としている[16)]。

　さて，1974年に「カリキュラム開発に関する国際セミナー」が我が国で開かれた。これは，文部省がCERI（教育研究革新センター）と共同で開催したもので，OECDの教育活動に協力する形で実施された[16)]。この国際会議で「カリキュラム」は「授業・学習の計画や教授細目，その他の教育内容について述べられた意図（指導要領など）を指すばかりでなく，この意図や計画が実践に移されていく方法までを指し，子供の学習活動のすべてにかかわる極めて広

範なものを意味する」と定義された。そしてこの定義の中には，潜在的カリキュラムも含まれていた。これは学習者が教師の意図に従って行う学習活動とは別に，学校の中で仲間や教師との接触の中から学んでいくような学習活動を意味している。これらの見地に立って翌1975年に我が国の法令上の解釈では，「教育課程は教科と教科外の科目や活動行事などから編成され，これらの大綱を定めた学習指導要領がカリキュラムである」とされた。こうして学校における「教育経験の総体」と定義されているカリキュラムの意味は，現在に至っている。したがって，本論文でのカリキュラムはこの定義に沿うこととする。

本研究では，上記のカリキュラム概念に即して，前節で区分した情報教育の黎明期，成立期，展開期のそれぞれについて，カリキュラムの開発，実践，評価，国際比較という4つの観点から先行研究を整理することとする[22]。

1.3.2　情報教育のカリキュラムに関する先行研究の整理

(1)情報教育黎明期における先行研究

1989年の学習指導要領改訂までの情報教育黎明期における先行研究は，次のように整理できる。まず，情報教育のカリキュラム開発に関しては，林田（1985）による学校におけるコンピュータの教育利用に関する研究[23]，山極（1986）による学校におけるコンピュータ・リテラシーの育成に関する研究[24]など，コンピュータ・リテラシー教育に関する研究が行われている。情報教育の実践に関しては，岡崎（1988）がコンピュータを用いた学習が生徒に与える心理的影響について検討しているのをはじめ[25]，中西（1988）による情報処理技術者育成のための「CAROL計画」に関する研究[26]，武井（1989）による小学校におけるパソコン通信の指導に関する研究[27]などが見られる。また，情報通信ネットワークの利用に関しては，山田（1988）による学校間国際情報通信の検討[28]，伊藤ら（1989）による国際情報通信の教育的利用とその問題点に関する研究[29]などが行われている。その一方で，大隅ら（1988）による小・

中学校におけるワープロを活用したコンピュータ教育の試み[30]，水島（1989）によるコンピュータ教育ツールとしてのソロバンの可能性の検討[31]，笠原（1988）による視聴覚的教材提示教具としてのコンピュータの活用と教育効果の検討[32]，林（1987）による問題解決学習における CAI 教材の活用に関する研究[33]など，学習ツールとしてのコンピュータ活用に関する研究が数多くみられる。また，評価に関しては，星野（1987）による情報処理系専門学校における教育評価の検討[34]など，技能習得に関する評価研究が試みられている。しかし，国際比較研究に関しては，先行研究は管見する限り定かではない。

このように情報教育の黎明期は，普通教育に情報教育の位置付けがない状況の中で，コンピュータ・リテラシー教育の推進を中心に，CAI 研究と相まって進展していたと考えられる。

(2) 情報教育成立期における先行研究

1989年の学習要領改訂以降，1998～1999年告示学習指導要領改訂[35]～[37]までの情報教育成立期における先行研究は，次のように整理できる。まず，情報教育のカリキュラム開発に関して松田・坂元（1991）が，Logo を利用した小学校高学年における情報教育カリキュラムの開発と評価に関する研究に取り組んでいる[38]。また，松田ら（1990）による普通高校における情報教育カリキュラムに関する考察[39]，松村・沖山（1992）による情報活用能力育成のための教授方略と教育効果に関する研究[40]，永野（1996）による普通高校向けの情報教育カリキュラム（文系向け）の構成と評価に関する研究[41]など，小学校や高校への情報教育の拡充に向けた検討が開始されている。情報教育の実践に関する研究では，須曽野ら（1997）らによる「情報基礎」領域での Logo プログラミングの実践と評価に関する研究[42]はじめ，菊地（1993）による情報基礎教育の現状と展望[43]，山口（1996）による「情報基礎」実施上の問題点に関する調査研究[44]，森山ら（1997）による「情報基礎」領域におけるプログラム設計能力の向上に対する心的諸要因の検討などの先行研究[45]がみられる。いず

れも，中学校技術・家庭科に「情報基礎」領域が設置されたことを受けて，その実践開発を展開したものと位置づけられる。

情報教育の評価に関する研究では，森本（1991）による日本語ワープロ学習における学習評価の試み[46]，源河ら（1995）によるインターネット活用能力養成を目的とした情報教育の評価に関する研究[47]など，黎明期と同様に，ICT操作技能の観点からの検討が行われている。その他，学習ツールとしてのコンピュータ活用に関しては，沖ら（1994）によるコンピュータ・リテラシーを育成する教員用自学自習教材に関する事例研究[48]，加藤・木下（1995）マルチメディア教材開発のための素材データベースのインターネットによる流通[49]など，コンピュータ技術の進展に対応したマルチメディア教材の開発が進められている。しかし，国際比較研究に関しては，先行研究は管見する限り定かではない。

このように展開期の先行研究は，体系的な情報教育の枠組みの構築を受けて，カリキュラムの開発を中心に展開されていたと考えられる。また，中学校技術・家庭科や高校情報科など正規の教育課程上に位置付けられた情報教育の推進に向けた実践研究が本格的に開始された点に特徴を見ることができる。

(3)情報教育展開期における先行研究

1998〜1999年に改訂され，2003年に完全実施された学習指導要領下の情報教育展開期における先行研究は次のように整理できる。まず，カリキュラム開発に関しては，小田ら（2001）が幼・小・中・高の「総合的な学習の時間」の体系的展開の中で情報活用能力の活性化に向けた課題と方法論を検討した研究[50]，井上・林（2004）がメディアを活用した授業における児童・生徒の主体的学習態度の変容を検討した研究[51]など，新しく「総合的な学習の時間」での情報教育に関するカリキュラム開発研究が始められている。

それと呼応するように，横田・林（2001）が教育行政の立場から見た情報教

育に関する教員研修の現状と課題を検討した研究[52]，横山・岩田（2000）が小学校にて地域の教師及び，教育機関が連携する情報教育カリキュラムの開発の試み[53]など，学校での情報教育推進体制の構築に向けた検討が開始されている。情報教育の実践に関しては，村尾ら（2004）が中学校技術・家庭科技術分野の「情報とコンピュータ」でのプログラム作成学習のための言語比較を行った研究[54]，森山（2001）がデバッグ事例研究とグループによる分業プログラミングを取り入れた学習指導方法を検討した実践研究[55]など，中学校技術・家庭科技術分野の「情報とコンピュータ」に関する実践研究が展開されている。また，野田・竹田（2005）による高大連携を取り入れた情報Aのカリキュラム開発[56]，小田・永野（2012）による情報活用能力育成モデルカリキュラムの開発に関する研究[57]，森山ら（2006）によるコンピュータとの関連性認識が情報科の授業に対する意識に及ぼす影響を検討した研究[58]など，高校に情報科が設置されたことを受けた実践開発に関する研究が行われている。

情報教育の評価に関しては，小川（2001）が英国の情報教育の評価方法を参考に，我が国の情報教育の達成度別評価について検討した研究[59]，森山ら（2001）が中学生のプログラミング学習でのニューラルネットワークを活用した学習効果の予測モデルと授業評価への応用を検討した研究[60]，近藤（2008）が情報科のプレゼンテーション実習での教師と生徒による相互評価を比較した研究[61]，大河原（2004）が情報科における観点別学習状況による評価のあり方について検討した研究[62]，栗山ら（2005）がゲームプログラミングを題材とした情報教育の評価方法について検討した研究[63]などが行われている。国際比較としては，林ら（2005）が中国山東省済南市を対象としてICT活用の教育利用に関する日中比較調査を行った研究[64]，益本ら（2007）が日本とタイの中学生を対象に情報収集及び，情報活用能力の国際比較を行った研究[65]などが行われてきている。その他，この時期の特徴として，鶴田・田中（2011）が組織的・系統的なカリキュラム開発と実践の視点から中等教育段階における「ネット安全教育」の在り方について検討した研究[66]をはじめ，中村・飯田ら

(2005) による中学校技術・家庭科での情報モラルに関する研究[67]，尾崎 (2010) による中学校技術・家庭科における情報モラル教育の実践[68]，宮川・森山ら (2011) による中学生の道徳的規範意識と情報モラルに対する意識との関係性の検討[69]，宮下・森本ら (2012) による情報モラル教材の動的生成とこれを支援する教材管理システムの実践[70]など，情報モラル教育のカリキュラムや教材，実践の開発に関する研究が活発化している[71]〜[74]。

　一方，我が国では内閣官房による「IT 国家戦略」[75]と文部科学省の「情報活用能力」[76]調査により今後の教育課程の有り様を検討している。「IT 国家戦略」では2020年までに世界最高水準のIT活用社会の実現と成果の国際展開を目指し，①未来に向けて成長する社会，②街・人・仕事の活性化による活力ある社会，③安全・安心・豊かさが実感できる社会，④公共サービスが受け入れられる社会，の4つの戦略を立て，地域の活力と豊かさが実現できる社会に貢献させることとした。また，「情報活用能力」調査は2013年〜2014年にかけて，全国220校の小学5年生の児童と中学2年生の生徒と校長及び，担任に対して，情報活用能力の3観点に関する活用傾向の調査を実施した。その結果，いずれも情報を関連付け，整理活用し発信すること，個人情報など情報モラルに関しての理解度や，自動制御や情報処理手順など科学的理解に関して課題が見られることが判った。この情報処理手順については，小中高校の発達段階に応じたプログラミング教育についても再考することとなった。

　このように情報教育展開期の先行研究は，体系的な情報教育の枠組みのもと，全国で展開された情報教育の事例蓄積に応じ，国家的な調査・研究も含めた，実践的な研究が数多く行われている。それに伴い，児童生徒の学習状況の把握という観点が強調されるようになり，結果として評価や国際比較に関する研究も少しずつではあるが充実しはじめている。また，社会における情報モラル，情報セキュリティの問題に呼応し，情報モラル教育に関する研究が急速に進められている点に特徴を見ることができる。

1.4 問題の所在

　以上，情報教育の黎明期・成立期・展開期のそれぞれについて関連する先行研究を整理した。その結果，黎明期では，普通教育に情報教育が位置づけられていない状況の中で，コンピュータ・リテラシー教育の推進を中心に，CAI研究とあいまって進展していたことに特徴がみられた。その後，展開期では，体系的な情報教育の枠組みの構築を受けて，カリキュラムの開発を中心に展開されていたこと，中学校技術・家庭科や高校情報科など正規の教育課程上に位置付けられた情報教育の推進に向けた実践研究が本格的に開始された点に特徴がみられた。そして，現在に至る展開期では，全国的な情報教育の広がりに応じた実践的な研究が数多く行われていること，それに伴い，児童生徒の学習状況の把握という観点が強調されるようになり，評価や国際比較に関する研究が充実しはじめたこと，社会における情報モラル，情報セキュリティの問題に呼応して情報モラル教育に関する研究が急速に進められている点に特徴が見られた。これらを俯瞰すると，情報教育におけるカリキュラム研究には，次の2点を課題として指摘することができる。

　第一に，情報教育のカリキュラム研究のトピックが，それぞれの時代背景に極めて強い影響を受けている点である。これは，1960年代から現在に至るまでの短期間のうちに情報通信技術が飛躍的に進歩したことによる。言い換えれば，情報教育のカリキュラム研究では，不易なカリキュラム理論の構築と実際的な社会状況への対応という両者のバランスを取ることの難しさを見ることができる。こうした難しさによって情報教育では，それぞれの時代に実施されたカリキュラム研究の内容がその時代に普及した特定の情報通信技術に依拠しやすく，得られた知見を未来に向けて普遍化しにくい点に課題が生じる。特に，生活を取り巻くICT環境の変化に着目すると，インターネットの普及やGUI環境を持つコンピュータの普及が急激に進んだ成立期，そ

の後のインターネットの高速化や情報端末の小型化が進みICT環境が日常的なものとなっていく展開期は，このような社会背景と情報教育のカリキュラムのあり方との関連性に大きな違いが生じている可能性は否定できない。このように，情報教育の史的展開の中で，成立期と展開期に着目したカリキュラム評価の必要が第一の課題となる。

　第二に，カリキュラムの開発・実践に関する研究に比して評価・国際比較に関する研究が出遅れている点である。前述した通り，情報教育では黎明期から脈々とカリキュラムの開発・実践に関する研究は行われてきている。しかし，情報教育の黎明期・成立期では共に，評価・国際比較に関する研究は十分に行われておらず，展開期になってようやくその萌芽を見ることができる。したがって今後は，我が国の情報教育のカリキュラムの方向性を検討する上で，国際的な観点からの検討が第二の課題となる。

　これら二つの課題を関連づけると，情報教育のカリキュラムを不易な視点及び，国際的な視点から評価し，改善していくことの重要性が指摘できる。しかし，前述した通り，時代や社会の背景を完全に排除して，厳密に不易な視点のみを取り出したカリキュラム研究を行うことは不可能である。この問題へのアプローチには様々な方法論が可能であり，その一つとして，学習者の視点から見たカリキュラムの価値を把握する方法が考えられる。これは，学習者に自らの情報教育での学習経験を振り返らせ，自己の人生における情報教育の果たした役割を捉えさせる方法である。これによって，時代や社会の状況とその中に生きる個々の生徒との相対的な関係性の中で情報教育のカリキュラムの価値を把握できるのではないかと考えられる。これはカリキュラムそのものの研究というよりは，学習者の視点から見たカリキュラムのイメージを研究するというアプローチといえよう。このようなカリキュラムのイメージの研究は，国による文化や社会状況の違いも相対化できる可能性があるため，今後の国際比較研究への応用も考えられる。

　そこで本研究では，このような考え方に基づき，学習者が情報教育に対し

て抱く意識や反応に基づいてカリキュラムの評価を史的・国際的な観点から進めることとした。具体的には，第一の課題に対応しては，情報教育の史的展開に即して，成立期，展開期のそれぞれにおいて当時の情報教育に対する学習者の反応の分析を試みることとする。また，第二の課題に対応しては，展開期にある我が国の情報教育の状況を，学習者の意識や反応に基づいて国際比較する。

1.5 研究のアプローチと本書の構成

1.5.1 研究のアプローチ

以上のように第1章では，本研究の目的を踏まえ，1960年代の黎明期から現在に収集した情報教育カリキュラムと評価についての先行研究等を概観し，我が国の情報教育の成立期から展開期にいたるカリキュラム評価の必要性を検討し，そこから2つの課題を抽出した。そこで本研究では，これら2つの課題に対して，次のように3つのアプローチを試みる。

(1)情報教育成立期におけるファジィ分析を用いたカリキュラム評価
(課題1-1)

まず，第一の課題である情報教育の史的展開に即したカリキュラム評価の検討である。これは前述したように，ICT環境の普及が進んだ成立期，ICT環境の日常化が進んだ展開期のそれぞれについて検討する必要がある。しかし，これらの時期の違いによって学習者の意識を把握する手法を適切に使い分ける必要がある。成立期では，社会的にICT環境の急速な普及が生じたが，言い換えれば，当時の社会にはICT環境を手に入れている学習者とそうでない学習者とが混在した状況になっている。したがって，この時期のカリキュラム評価では，ICT経験を多く備えている学習者がいる反面，ICTに対

して具体的な経験が少なく，曖昧なイメージや意識しか持たない学習者が存在している点に展開期との違いを見ることができる。そこで成立期のカリキュラム評価では，この時期の学習者の存在を前提に，ファジィ分析の導入を試みる。ファジィ分析は，分析者自身が評価値を定義可能であるため，曖昧さを持つデータの分析に適している。すなわち成立期のように異なるICT環境が多く見られる時期の学習者の曖昧さをパラメータとしてデータに含めた評価手法としてはで非常に適切な方法であり，従来の因子分析等と併せることで，学習者の情意面がより明確に評価できると考えられる。このようにファジィ分析を用いることで，個々の学習者の持つICT環境の違い，イメージや経験の違いや曖昧さを考慮したカリキュラム評価を試みる。これを研究1とする。

(2) 情報教育展開期におけるタキソノミーに基づくカリキュラム評価

（課題1-2）

これに対して，情報教育展開期は，ICT環境の普及がかなり進んだ社会情勢を背景に持つ。むしろこの時期は，インターネットの高速化，接続環境の充実，携帯電話やスマートフォンなどの携帯型小型情報端末の普及がなされた時期である。したがって，情報教育の学習者は，ICTに対してかなり明確なイメージや意識，具体的な経験を持つ者が多くなる。言い換えれば，この時期のカリキュラム評価では，学習者が具体的な経験を基礎に学んでいることを前提に，情報教育の到達目標に対してどの程度，自己の発達を見て取れるかという観点で評価することが重要と考えられる。このような到達目標の理論的枠組みとしては，ブルーム（B.S.Bloom）の提唱するタキソノミーの考え方が利用できる。タキソノミーは教育目標分類学と言われ，ある教育の目標を，認知（Cognitive Domain）・精神運動（Psychomotor Domain -physical Skills）・情意（Affective Domain -feeling or emotional area）の3観点に分類し，構造化するものである。したがって，本研究では，情報教育の目標をタキソノミーに

基づいて分類し，その内容に対する学習者の自己評価を得ることによって，学習者のカリキュラムに対する意識やイメージを把握することを試みる。これを研究2とする。

(3) 国際比較研究による情報教育のカリキュラムと評価の検討（課題2）

第二の課題である国際的視野からの情報教育カリキュラムと評価の検討については，前述したように，学習者の意識分析に基づく国際比較を行うことで，情報教育に対するカリキュラムの評価を相対化して捉えることができると考えられる。とはいえ，大きな文化的，社会的背景の異なる国間での比較においてカリキュラム評価を相対化して捉えることは難しい。その意味では，諸外国の比較研究上必要な教員意識やカリキュラム，政府体制を勘案した上で，海外の情報教育の状況との国際比較を行うことが重要である。そこで本研究では，文化的にも情報教育のカリキュラムにも共通性があるものの，社会情勢に差異のある日本・韓国・中国・インドネシアに加え，類似のカリキュラムを持つスロベニアの5カ国を取り上げ，調査・比較する。これを研究3とする。こうして，研究1から3への対処として得られた知見を整理し，今後の情報教育のカリキュラムの体系化に向けて，その評価と方向性を総合的に考察する。これらの各研究課題間の関係性を図Ⅰ-2に示す。

1.5.2 本書の構成

図Ⅰ-2に基づき，本研究では，次の通り各章の内容を構成する。

第1章では，本研究の目的と情報教育のカリキュラム研究の課題と展望について概観し，3つの課題を提起した。これらの議題に即して，本研究では第2章以降を次のように構成する。

まず，研究1に関しては，第2章において情報教育成立期の学習者のICT環境や経験の差違が大きく異なる時期における情意領域の評価として，当時の評価の観点である「知識・理解」「関心・意欲・態度」に着目しながら学習

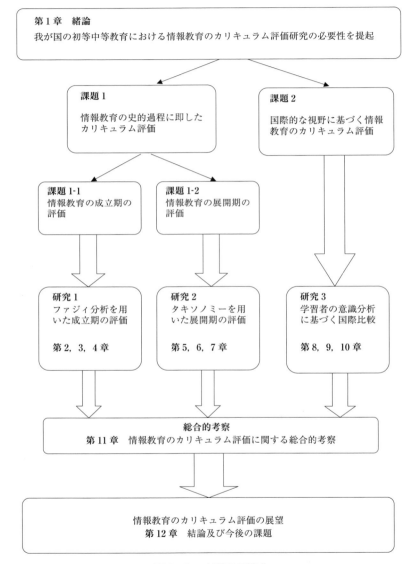

図Ⅰ-2　本研究の構成

内容について因子分析を試みる。その上で，因子分析によって抽出された各因子についてファジィ分析を試みる。第3章では，情報教育成立期における情報教育についての学習者の反応を第2章と同じ分析手法により試みる。第4章では，同手法によりこれまでの調査項目をより具体的に「ワープロ・リテラシー」と「コンピュータ・リテラシー」，これら技能面だけで無く情報全体を含めた「情報リテラシー」についての評価を試みる。

次に，研究2に関しては，第5章では，情報教育展開期における中学校及び，普通高校の学習者によるカリキュラム評価を把握することを試み，第6章でも同じく中学校及び，普通高校について学習者の反応を経時的に把握するための分析を試みる。第7章では，情報教育展開期における専門高校生による情報教育の評価とその経時的変容を分析し，その方向性を試みる。

研究3に関しては，第8章では，日本・韓国・中国・インドネシア，及びスロベニアの普通中高生の情報教育の認知度と意欲に関する国際比較を検討，第9章では，第8章の国の普通中高生に対する情報教育のカリキュラム・イメージに関する国際比較を検討し，第10章では，日本と韓国，中国の工業高校生と普通高校生の情報教育の内容に関する国際比較を検討する。

さらに第11章では，これまで第2章から第10章までの成立期と展開期の中高生及び，普通高校生と専門高校生について，社会の変化を踏まえながら，情報教育のカリキュラムに対するイメージの変遷と学習者の評価について時系列的かつ総合的に検討する。

最後に第12章では，上記の2～11章で明らかになった知見を踏まえ，今後の中学校・高等学校における情報教育体系化の在り方（具体的な教材案）とカリキュラムの方向性について考察すると共に，今後の課題について展望する。ここで次章からは，中学校，普通高等学校，専門高校（工業高校）の生徒のことを中高生と総称するが，必要に応じて中学生，普通高校生，専門高校生（工業高校生・職業高校生）という言葉も使用している。

第2章　情報教育成立期における学習者の情意面の評価の試み

2.1　目　　的

　本章の目的は，第一の課題である「情報教育の史的展開に即したカリキュラム評価」への対処として，情報教育成立期のカリキュラムに対する中高生の情意領域の評価を探索的に把握することである。

　第1章で述べた通り，情報教育成立期には，1993年中学校技術・家庭科に「情報基礎」領域が設置され[13),77)]，1994年度から専門高校のカリキュラムの中に科目として工業科に「情報技術基礎」，商業科に「情報処理」などが導入された[78)]。

　そこで第2章では，これら情報に関するカリキュラムで学習した中高生を対象に，情意領域の評価について検討する。その際，第1章で述べた通り，社会の情報化の進展状況を鑑み，ICTに関する経験や知識に対して曖昧さを持つ学習者の状況に考慮したファジィ分析[79)]を用いる。具体的には，まず，中学校技術・家庭科の「情報基礎」領域で取り上げられている学習内容[13)]に工業科の「情報技術基礎」[80)]の科目内容を加味して整理し，調査票を作成した。次に，評価項目の妥当性をクラスター分析により判断した。そして，標準的な情報教育の履修後の学習者の情意領域の評価を検討するための因子分析を行い，そこから抽出される各因子についてファジィ分析を行い，教師の教授行動と学習者の情意領域の評価を検討した。

2.2 ファジィ分析

ここで,ファジィ分析について概説する[81),82)]。ファジィ分析には,メンバーシップ関数とファジィ測度を用いて分析を行う。

[メンバーシップ関数]

メンバーシップ関数 (membership function) とは,一般的にファジィ集合 (A) である全体集合 (U) の各要素に対して,0から1との間の1つの値を,その所属度(ある集合に所属している度合い)に応じて割り当てる関数で,

$$\mu_A : U \rightarrow [0, 1] \quad \cdots\cdots\cdots\cdots\cdots\cdots\cdots\cdots\cdots\cdots\cdots\cdots\cdots\cdots\cdots\cdots \text{式1}$$

で定義されており[83)],それが対象としている集合への要素の偏り(度合い)を表している。この度合いが大きければ,その集合への偏りが大きくなるような関数を,メンバーシップ関数と呼ぶ。本研究では,この所属度に回答内容を対応させてメンバーシップ関数を定義した。

ここで,一般的な集合の場合は,全体集合内の各要素に1または0のいずれかの数値を割り当て,それによってクリスプ("明確な要素"の意味,普通クリスプ集合を"一般的な集合"と呼ぶ)な集合の要素であるかないかを判別している。これに対しファジィ集合では,全体集合の要素に割り当てる値を,ある特定の範囲内の値をとるものとして,それが対象としている集合への要素の偏り(度合い)を表している。この度合いが大きくなる程,その集合への偏りが大きくなるような関数を,メンバーシップ関数と呼ぶ。そこでここでは,以下のような手法でメンバーシップ関数を定義した。

全体集合を U とすると,ファジィ集合 A は,先の式1で表される。ここで,集合は普通 { } の記号で示されるが,メンバーシップ関数の場合これを μ_A で表し,ファジィ集合 A は次のように示される[84),85)]。ここで μ_A はファジィ集合 A の各要素であり,この集合 A は,メンバーシップ関数の値との対 (pair) となっている。これは,

$A = \{(a_1, \mu_A(a_1)), (a_2, \mu_A(a_2)), \cdots, (a_n, \mu_A(a_n))\}$ ················ 式2

となるが，この式2は，以下の式3のような式でも示すことが出来る。

$A = \mu_A(a_1)/a_1 + \mu_A(a_2)/a_2 + \cdots + \mu_A(a_n)/a_n$

$n = \sum_{a_i \cup} \mu_A(a_i)/a_i \left(= \sum_{i=1}^{n} \mu_A(a_i)/a_i\right)$ ·· 式3

これは集合Uの要素について全てのメンバーシップ関数を抽出することを示し，全ての要素aの総和で示されるという意味になる。ここでAは，メンバーシップ関数の総和を示しており，「/」や「+」はそのための記述をあらわしているもので，普通の数学の演算の意味ではない。

なお，メンバーシップ関数は，メンバーシップ度（grade of membership）ともいうが，本論文では統一してメンバーシップ関数と称することとする。

［ファジィ測度］[85),86)]

ファジィ測度とは，人間の主観的判断や評価自体を問題とする場合，一般の確率の概念と枠組み（クリスプ集合ともいう）では無理があるため，もう少し曖昧な（評価の範囲を任意に広げる尺度）評価の範囲を広げ，人間が主観的に判断するのに便利である曖昧な尺度，すなわち数学的な「ものさし」のことをいう[86)]。先にあげたメンバーシップ関数が，式1で与えられるのに対して，ファジィ測度ではXを各クリスプ集合（一般的に用いる集合）とすると，

$g : P(X) \to [0, 1]$ ··· 式4

で定義される。

これは，ファジィ測度では全体集合内の各クリスプ集合（X）に対して，単位区間［0，1］内のある特定の要素がそれらの集合に属する有効な情報の度合いを示す値を割り当てている。したがって，Pを0と1だけでなく，区間［0，1］内の値をとるとすれば，この"集合のようなもの"は関数，

$\mu : X \to [0, 1]$ ··· 式5

で特徴付けることができる。

ここでP(X)を部分集合とすると，P(X)は$\chi \in X$のPに"属している"度

合いを表す。この意味においては，メンバーシップ関数値が0か1のいずれかしかとらないファジィ集合は普通の意味の集合となる。これをファジィ集合と区別してクリスプ集合という。

　そこで，このような特徴を持つファジィ測度，すなわち「評価する側で尺度（達成度，目標値）を設定できる」という長所を生かして，ファジィ測度を求めることができる。この求め方は，一般には，「各調査項目の平均値を中心として線対称，かつ上方に凸な放物線を描き，その中で被験者が取りうる値の範囲（定義域）」と定義できる。本研究で用いた調査項目に沿って説明すると，その20項目のそれぞれの平均値をとり，その平均値を中心として対象な，上に凸な放物線を描き，その中で生徒が取りうる値の範囲（定義域）を求める。具体的には，図Ⅱ-1のように中央の5を左右対称として，一般にファジィ分析では，2.5〜7.5の範囲で含まれる面積が70%に達する場合にその範囲を定義域とすることができ，この2.5〜7.5の山の対称点（C）をファジィ測度として評価者側で決める。

　仮に生徒の平均点が7.8とするとき，この点を対象点として70%を占めるとき，これをファジィ測度として定める。このようにしてファジィ測度を定めるが，生徒の回答が良いほど右へ放物線全体が移動する。そこで，さらに信頼性や客観性を高めるため，80%以上の定義域をファジィ測度とした。そして，このファジィ測度の範囲内で，それぞれの回答のメンバーシップ関数値を求め，その値が0.70以上のものを検討した[85]。これは，学習の理解度（到達度）や満足度が，各調査項目の評価を，10段階中7以上であれば妥当であると判断できる。すなわちファジィ測度では70%を標準的なラインとして各項目に適用することにより，ICTへの強い興味やPC操作の技能習得といった生徒の意欲や興味・関心という情意面が深く関わる学習について検討するものである。

　以上，メンバーシップ関数とファジィ測度について概観したが，このように，人間の感情や態度，興味・関心といった曖昧さの関与する因子を集合と

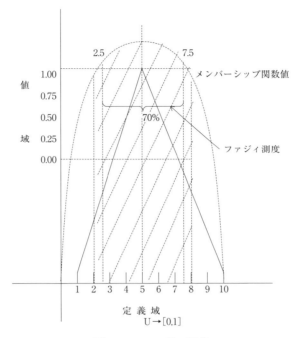

図Ⅱ-1．ファジィ測度

して扱い，数値化，分析できるという特徴を備えている[81)～85)]。これらは当時，ファジィ学会等でも工学分野を中心として分析されているが[79),86)]，教育分野でも可能な分析手法と考えた。つまり，情報教育の成立期のような異なるICT環境が多く見られる時期の個人の曖昧さをパラメータとしてデータに含めて評価手法としてはで非常に適切な方法であり，従来の因子分析等と併せることでより学習者の情意面が評価できると考えられる。

　本研究は学習者による評価であり，情報教育成立期における中学校及び，高等学校の生徒の興味・関心・技能について評価している。そこで生徒個々のICT環境の相違を踏まえた情意の評価が可能であるという特性を生かして，従来行ってきた因子分析を踏まえた上で[87)～93)]，ファジィ分析による情報

教育の分析を試みた。

2.3 方　　法

2.3.1 調　査　対　象

調査対象は埼玉県と東京都内の中学生3年114名（男子60名，女子54名）及び，専門高校である工業高校生1学年130名（男子70名，女子60名）で，1995年履修後に実施した。

2.3.2 履修した情報教育の内容

調査対象者である学習者の情報教育の内容について，まず中学校では1993年に技術・家庭科の選択領域である「情報基礎」が完全実施されている。学習指導要領上の内容は，「問題を解決するために必要な情報を自分の力で入手・判断・選択し，整理・加工し，自己の問題解決に役立てる情報を処理し表現ができる基礎的な能力を養う」ために，コンピュータを，手段あるいは思考のツールとして，ソフトウェア活用やハードウェアの仕組み，あるいはプログラミングや制御といった具体的な学習内容がある，としている。

この様な学習指導要領上の内容を理解しつつ，本調査対象者は，「情報基礎」学習としてコンピュータの仕組み，プログラミング（BASIC），ソフトウェアの活用（ワープロ・表計算・図形処理ソフトなど）を履修していた。高等学校では，中学校での情報教育の基礎の上に指導されるとあるが，ここでは「情報技術基礎」学習である産業社会と情報技術，コンピュータ基本操作とソフトウェア活用（ワープロ，表計算），情報科学の内容である情報理論，論理回路，ハードウェア，ソフトウェア，プログラミング（BASIC）を履修していた。中高生いずれも，座学であるハードウェアや情報科学の内容と実習としてコンピュータ活用やプログラミングの内容を適宜融合させながらの学習を経験

していた．

2.3.3 履修後の調査

履修後の調査は，筆者らが技術教育における教授行動を分析する際に用いた評価票[87)~93)]の内容を情報教育のものに変更して使用した．このときの評価票の質問項目は，当時の「情報基礎」の学習内容であるコンピュータの仕組み，プログラミング（BASIC），ソフトウェアの活用について学習指導要領に定められた学習内容の範囲の項目を選定した．こうして設定した評価項目が，それぞれ学習者自身の評価（これをS評価票とする），学習者による教師の専門的学習に関する評価（これをT_1評価票とする），学習者による教師の授業全般に関する評価（これをT_2評価票とする）の各評価票である．S評価票を図Ⅱ-2，T_1評価票を図Ⅱ-3，T_2評価票を図Ⅱ-4に示す．いずれの評価票も主因子法による因子分析を行い，ノーマルバリマックス法により因子軸を回転させ，因子負荷量0.500以上を基準として因子の抽出を行った[94)]．

続いて，生徒の情意面の評価を分析するため，図Ⅱ-5に示す20項目を用いた調査を実施し，因子分析及び，ファジィ分析を行った．この20項目は，学習指導要領より「興味・関心・意欲」に該当する項目を抽出し，中学生3年生計114名を対象とした予備調査を実施し，クラスター分析により項目の内容及び，その項目数の妥当性を確認したものである．

本調査では，同一の調査項目に対してファジィ分析のために10段階による回答，因子分析のための5段階による回答の2度回答させた．10段階による回答では，十分に理解した（最大値10）から全く理解できない（最小値0）までを1段階ずつ区切り，その間の任意の数値について各生徒が，妥当と思う場所に○印をつける方法とした．5段階による回答では，「とても」，「だいたい」，「どちらともいえない」，「あまり」，「まったく」とした．

分析では，まず5段階による回答に対する因子分析により，生徒の情意の構造を把握する．その後，10段階による回答に対するファジィ分析を用いて

3．情報基礎の学習【　　年　　月　　日】
　　　　　　　中学校　　　　学年　　　　科　　　番　男・女　氏名

技術科「情報基礎」の内容についての学習であなたはどのようにしましたしたか。
次の1～10の項目について，自分がどこにあてはまるか，一番近い所1つ○印を付けなさい。
（授業をよくするための調査ですから，成績には関係ありません。感じたままを記入して下さい。）

（記入例）

悪い例　　5　4　③　2　1

良い例　　5　④　3　2　1

	よくあてはまる	だいたいあてはまる	どちらえといも	ああまりはまらない	まったくあてはまらない
	5	4	3	2	1

1．情報基礎の教科書は適時参考にした。　　　5　4　3　2　1

2．レポートは必ず提出した。　　　5　4　3　2　1

3．コンピュータの作動，終了は正しく行った。　　　5　4　3　2　1

4．コンピュータ動作中は正しく操作した。　　　5　4　3　2　1
　（入力・出力・演算・記憶・制御）

5．2進数と10進数の変換方法を十分練習した。　　　5　4　3　2　1

6．フローチャートを実習中は考慮にいれた。　　　5　4　3　2　1

7．BASICプログラミングを納得いくまで行った。　　　5　4　3　2　1

8．日本語入力等のソフト操作を十分行った。　　　5　4　3　2　1

9．数値やデータの取扱を十分行った。　　　5　4　3　2　1

10．実習中は真面目に参加した。　　　5　4　3　2　1

図Ⅱ-2　S評価票

4．情報基礎の学習【　　年　　月　　日】
　　　　　　　高等学校　　　学年　　科　　番 男・女 氏名

技術科「情報基礎」の内容について，あなたの先生の様子はどうでしたか。
次の1～10の項目について，自分がどこに当てはまるか，一番近いところ1つに○印を付けなさい。
この調査は，先生についてです。成績には関係ありません。感じたままを記入して下さい。)

（記入例）

悪い例　5　4　③　2　1

良い例　5　④　3　2　1

	よくあてはまる	ああいてはまる	どちらともいえない	ああまりあてはまらない	まったくあてはまらない
	5	4	3	2	1

1．情報のテキストは常に参照させた。　　　　　5　4　3　2　1

2．レポートは必ず提出するよう指導した。　　　5　4　3　2　1

3．コンピュータの作動，終了は常に注意している。　5　4　3　2　1

4．コンピュータは正しく操作できるよう指導した。　5　4　3　2　1
　（入力・出力・演算・記憶・制御装置の働きを指導）

5．2進数と10進数の変換方法を十分練習させた。　5　4　3　2　1

6．フローチャートを実習中はわかりやすく説明した。　5　4　3　2　1

7．BASICプログラミング中は疑問点を随時解決した。　5　4　3　2　1

8．日本語入力等のソフト操作は，その操作法を　5　4　3　2　1
　わかりやすく指導した。

9．数値やデータの取扱いの注意点を指導した。　5　4　3　2　1

10．実習中は真面目に参加するよう指導した。　　5　4　3　2　1

図Ⅱ-3　T_1評価票

5．情報基礎学習の全般について，あなたの感じの一番近い所に○をつけなさい。
「　　　　　　　」中学校「　　」学年「　　」科「　　」番氏名（　　　　　　　）

	よくあてはまる 5	だいたいあてはまる 4	どちらともいえない 3	あまりあてはまらない 2	全くあてはまらない 1
1．授業中，我々の様子を見て助言・注意をした。	5	4	3	2	1
2．良い点を評価し，さらに助言を行なった。	5	4	3	2	1
3．全員を平等に扱った。	5	4	3	2	1
4．授業の終了時には後片づけの指導をした。	5	4	3	2	1
5．実習中各自の作業に留意した。	5	4	3	2	1
6．次回の実習用具を忘れないよう指導した。	5	4	3	2	1
7．質問にはわかりやすく答え，説明した。	5	4	3	2	1
8．我々の考えや気持ちを大切にし，これを伸ばすようにしていた。	5	4	3	2	1
9．我々の意見を充分聞いて授業を行なった。	5	4	3	2	1
10．先生自身の考えを押しつけない。	5	4	3	2	1
11．我々全体への注意，個人への注意を行ない，実習の安全面に留意していた。	5	4	3	2	1
12．重要点は，はっきり板書した。	5	4	3	2	1
13．班または全体で協力するよう言った。	5	4	3	2	1
14．目標を明確に示した。	5	4	3	2	1
15．明るい感じで授業していた。	5	4	3	2	1
16．授業の雰囲気を明るくするよう努めた。	5	4	3	2	1
17．板書，説明の内容はわかりやすかった。	5	4	3	2	1

図Ⅱ-4　T_2評価票

```
【次の質問について，あなたの感じる一番近いところに○をつけて下さい】
  ※ 数字の上につけなくてもかまいません。
                                          10  8  6  4  2  0
 (1) フロッピーディスクの初期化を十分できる ………
 (2) ファイルの複写が確実にできる …………………
 (3) ファイルの名前を自由に変更できる ……………
 (4) ディレクトリを確実に作ることができる ………
 (5) フロッピーのファイル入出力が正確にできる …
 (6) プリンターへの出力操作が自由にできる ………
 (7) ソフトウェアの処理の仕組みがよくわかる ……
 (8) ソフトウェアのマニュアルを読んで理解できる …
 (9) マニュアルを使いこなせる ………………………
(10) プログラムを作るのは難しそうだ ………………
(11) 人間はあまりにコンピュータに頼りすぎる ……
(12) プログラムは何か興味をひかれる ………………
(13) プログラムはおもしろいと思う …………………
(14) ソフトは思考の訓練に有効である ………………
(15) プログラムを学ぶのは良い ………………………
(16) プログラムは専門家がすべきである ……………
(17) プログラムは国語や数学同様大切である ………
(18) プログラムはソフト同様大切である ……………
(19) プログラムはコンピュータの基礎である ………
(20) プログラムは他のソフトの基礎である …………
```

図II-5　実践後の理解度調査項目（ファジィ分析・因子分析評価項目）

各因子を構成する各項目のメンバーシップ関数を求め，項目間で比較した。

2.4 結果及び考察

2.4.1 情報教育に対する学習者による評価

情報教育に対する学習者の評価について，ファジィ分析と因子分析の結果とその関係を考察した。方法は，S評価票，T_1及び，T_2評価票による分析と，調査項目についてクラスター分析・因子分析を行い，その上でファジィ分析を行い，情報教育での情意面の評価を考察した。

(1)**学習者自身の情報教育に関する評価**

中学生と工業高校生を合わせた全体のデータを用い，学習者自身の情報教

表Ⅱ-1　S評価の因子分析

ノーマル・バリマックス回転　　V=39.834

	A（1）	A（2）	A（3）	共通性
1	0.289	0.264	0.222	0.111
2	0.107	*0.536	0.128	0.591
3	0.285	*0.670	0.364	0.496
4	*0.529	0.410	0.276	0.493
5	0.162	0.163	*0.640	0.561
6	0.276	0.133	*0.642	0.727
7	*0.731	0.236	0.346	0.458
8	*0.999	0.234	0.276	0.749
9	0.458	0.185	*0.803	0.997
10	0.216	0.319	*0.670	0.646

　育に対する評価（S評価票：図Ⅱ-2）に対する因子分析を行い，バリマックス回転後，共通因子として3つの因子を抽出した。因子寄与率は，61.5％であり，因子の解釈は，0.500以上のものを高い因子負荷量とした。結果を表Ⅱ-1に示す。

　第1因子で高い負荷量を示す項目は，4，7，8番の3項目であり，これは「技能熟練」を示している。第2因子で高い負荷量を示す項目は，2，3番の2項目であり，これは「技能の確認」を示している。続く第3因子で高い負荷量を示す項目は，5，6，9，10番の4項目であり，これは「学習の心構え」を示している。このように学習者自身が捉える情報教育に対する評価には，当時の技能を主とする学習内容に呼応するような因子，すなわち「技能熟練」，「技能の確認」，「学習の心構え」の3因子で構成され，当時の学習指導要領に定められたプログラミング（BASIC），ソフトウェアの活用についての学習内容の中の特に技能に傾斜していることが示唆された。

(2) **教師の教科内容に関する専門的な教授行動に対する評価**

　次に，教師の教科内容に関する専門的な教授行動に対する評価（T_1評価票；図Ⅱ-3）に対する因子分析の結果，バリマックス回転後，共通因子として3つの因子が抽出された。ここでの因子寄与率は，72.4％であり，因子の解釈

表Ⅱ-2　T₁評価の因子分析

ノーマル・バリマックス回転　　V=63.682

	A（1）	A（2）	A（3）	共通性
1	0.423	*0.576	0.302	0.641
2	0.216	*0.957	0.301	0.520
3	0.139	0.396	*0.779	0.587
4	0.272	0.031	*0.541	0.734
5	*0.589	0.128	0.244	0.551
6	*0.545	0.197	0.055	0.658
7	*0.622	0.090	0.153	0.512
8	*0.764	0.129	0.397	0.657
9	*0.621	0.061	0.412	0.559
10	0.210	0.228	*0.732	0.564

は，0.500以上のものを高い因子負荷量とした。結果を表Ⅱ-2に示す。それぞれの評価項目について，第1因子で高い負荷量を示す項目は，5，6，7，8，9番の5項目であり，これは「理論と実習の確認指導」を示している。第2因子で高い負荷量を示す項目は，1，2番の2項目であり，これは「学習の心構え」を示している。続く第3因子で高い負荷量を示す項目は，3，4，10番の3項目であり，これは「技能向上指導」を示している。このように教師の教科内容に関する指導に対して学習者は，当時の情報教育の学習内容を示すような因子，すなわち「理論と実習の確認指導」，「学習の心構え」，「技能向上指導」の3因子を捉えていたことが示唆された。

(3)教師の一般教授学的な指導及び授業運営に対する評価

同様にして教師の一般教授学的な指導及び，授業運営に対する評価（T₂評価票：図Ⅱ-4）に対する因子分析を行った。その結果，共通因子として，3つの因子が抽出された。因子寄与率は84.5%であり，因子の解釈ssは，0.500以上のものを高い因子負荷量とした。結果を表Ⅱ-3示す。

第1因子で高い負荷量を示す項目は，1，3，5，9～11番の6項目であり，これは「学習への意欲的取り組みの指導」を示している。第2因子で高い負荷量を示す項目は，2，4，8，12番の4項目であり，これは「信頼関

表Ⅱ-3　T₂評価の因子分析

ノーマル・バリマックス回転　　V=71.254

	A（1）	A（2）	A（3）	共通性
1	＊0.517	0.120	0.213	0.324
2	0.246	＊0.624	0.465	0.745
3	＊0.560	0.219	0.264	0.634
4	0.182	＊0.886	0.128	0.624
5	＊0.694	0.145	0.003	0.723
6	0.295	0.234	0.334	0.417
7	0.152	0.445	0.278	0.657
8	0.323	＊0.672	0.443	0.684
9	＊0.561	0.218	0.165	0.487
10	＊0.735	0.249	0.436	0.579
11	＊0.649	0.293	0.399	0.345
12	0.033	＊0.745	0.218	0.673
13	0.312	0.263	0.376	0.738
14	0.228	0.224	＊0.623	0.593
15	0.375	0.312	＊0.732	0.319
16	0.480	0.183	＊0.582	0.893
17	0.376	0.619	＊0.526	0.737

係の育成」を示している。続く第3因子で高い負荷量を示す項目は，14～17番の4項目であり，これは「生徒の能力を加味した実習指導」を示している。なお，回答者として，コンピュータの演習が初めての者も多数（80％）いるため，機器に関する興味・関心が最も高い因子になった。

このように教師の一般教授学的な指導や授業運営に対する学習者の捉えは，「学習への意欲的取り組みの指導」，「信頼関係の育成」，「生徒の能力を加味した実習指導」の3因子で構成されていることが示唆された。

2.4.2　情報教育履修後の学習者の情意面の評価

20項目について調査を行った。調査項目の分析は，まずクラスター分析により技能面，知識・理解面，情意面のそれぞれの評価項目の妥当性を調べた後，因子分析とファジィ分析の両方を実施した。この目的は，学習者の学習の到達度を調べると共に，教師の指導と生徒の学習向上の関わりの両面から情意面を検討することである。

[クラスター分析]

分析結果を図Ⅱ-6に示す。図の縦軸は距離を，横軸は共通性（評価項目相互の関連）を示す。

図Ⅱ-6に示すように距離50以上に設定すると，大きく3つのクラスターに分けることができた。これにより，技能面（項目1～6），知識・理解面（7～9），そして情意面（10～20）に評価項目が分かれており，評価項目の妥当性が裏付けられた。

[因子分析による評価]

ファジィ分析に用いた評価項目（20項目）について因子分析を行い，バリマックス回転後，共通因子として3つの因子が抽出された。なお，因子の解釈は，0.500以上のものを高い因子負荷量とした[95]。結果については，中学生

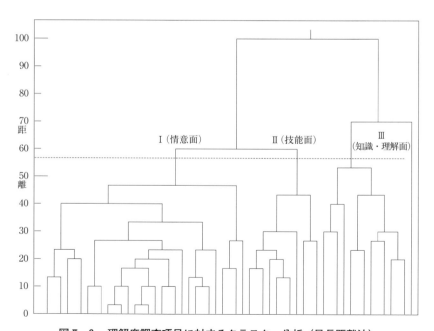

図Ⅱ-6　理解度調査項目に対するクラスター分析（最長距離法）

表Ⅱ-4　中学生の因子分析結果

ノーマル・バリマックス回転　　V＝170.65

	A（1）	A（2）	A（3）	共通性
1	＊0.680	0.132	0.106	0.491
2	＊0.717	0.081	0.121	0.535
3	＊0.621	0.141	0.208	0.448
4	＊0.632	0.003	0.183	0.433
5	0.452	0.342	0.008	0.321
6	0.469	0.339	0.207	0.378
7	＊0.668	0.020	0.073	0.451
8	＊0.683	0.027	0.314	0.566
9	＊0.636	0.027	0.361	0.535
10	0.611	0.154	0.185	0.432
11	0.263	0.291	0.461	0.366
12	0.293	0.059	＊0.754	0.658
13	0.276	0.060	＊0.802	0.723
14	0.250	0.321	0.112	0.178
15	0.453	0.231	0.403	0.420
16	0.267	0.100	0.023	0.082
17	0.138	＊0.701	0.225	0.560
18	0.145	＊0.959	0.246	0.999
19	0.217	＊0.434	0.312	0.332
20	0.005	＊0.835	0.146	0.718

を表Ⅱ-4に，高校生を表Ⅱ-5に示す。

　まず中学生は，表Ⅱ-4に示すように，第1因子は，因子寄与率は65.2％であり，因子負荷量の高い因子は，項目1～4，7～10，22，23である。これより「技能に関する知識・理解」の因子が高いことを示している。次に第2因子は，因子寄与率は32.2％であり，因子負荷量の高い因子は，17，18，20の3項目である。これより授業に対する「態度」の因子が高いことを示している。第3因子は，因子寄与率は23.4％であり，因子負荷量の高い因子は，12，13，20の3項目である。これよりコンピュータを主とする情報メディアに対する「興味・関心・意欲」の因子が高いことを示している。

　次に工業高校生は，表Ⅱ-5に示すように，第1因子は，因子寄与率は26.7％であり，因子負荷量の高い因子は，項目1～7の7項目である。これより「技能」の因子が高いことを示している。次に第2因子は，因子寄与率は21.2％であり，因子負荷量の高い因子は，8，13，16，17，19の5項目であ

表Ⅱ-5　高校生の因子分析結果

ノーマル・バリマックス回転　　V＝50.45

	A（1）	A（2）	A（3）	共通性
1	＊0.726	0.069	0.158	0.557
2	＊0.645	0.183	0.301	0.541
3	＊0.769	0.130	0.204	0.650
4	0.471	0.353	0.102	0.357
5	＊0.745	0.149	0.055	0.581
6	＊0.789	0.030	0.135	0.640
7	＊0.525	0.349	0.069	0.402
8	0.176	＊0.561	0.083	0.569
9	0.437	0.254	0.092	0.492
10	0.088	0.384	0.001	0.155
11	0.026	0.461	＊0.524	0.316
12	0.230	0.254	＊0.521	0.204
13	0.261	＊0.517	0.086	0.342
14	0.011	0.093	＊0.606	0.376
15	0.045	0.137	＊0.607	0.389
16	0.018	＊0.550	0.169	0.232
17	0.137	＊0.528	0.268	0.107
18	0.050	0.428	0.284	0.266
19	0.247	＊0.513	0.109	0.336
20	0.130	0.263	0.348	0.207

る。これより授業に対する「態度」の因子が高いことを示している。第3因子は，因子寄与率は15.2％であり，因子負荷量の高い因子は，11，12，14，15の4項目である。これよりコンピュータソフトに対する「興味・関心・意欲」の因子が高いことを示している。

[ファジィ分析による評価]

　得られた各因子を構成する各項目に対し，情意面という曖昧さの関与する評価項目を集合として扱い，それを数値化して分析することを試みた。まず，10段階による回答に対して「ファジィ測度」を与えた。ファジィ測度による定義域は，メンバーシップ関数で大きい値と言われる0.70以上を目安とした[82)~85)]。

　まず中学生では，生徒の全評価項目の平均値が5.00であるので，平均値5.00を中央値にしたメンバーシップ関数を設定した。評価項目の平均値が入る範囲を考慮して，3.0を0，7.0を1の定義域を持つメンバーシップ関数と定める

と,平均値5.00はメンバーシップ関数値が0.50となる。したがって,低い平均値を示している評価項目の4（平均値4.07）,7（平均値4.00）,9（平均値4.14）,10（平均値3.88）の各メンバーシップ関数は,それぞれ0.25,0.25,0.26,0.24となった。これらの項目はいずれも情報教育の内容のうち,プログラミングや情報管理,ハード関係の内容に関し,理解不足であることを示すものと考えられる。なお,メンバーシップ関数値が0.70以上の項目は13,16,18,20の4項目のみであった。これらを先に分析した結果の因子の値と比較する。

まず,第1因子「技能に関する知識・理解」は評価項目1～4,7～10の8項目であり,これらのメンバーシップ関数の平均値は0.32であった。次に,第2因子「態度」は評価項目17,18,20の3項目であり,これらのメンバーシップ関数の平均値は0.73であった。そして,第3因子「興味・関心・意欲」は評価項目12,13であり,これらのメンバーシップ関数の平均値は0.77という結果であった。これより,「興味・関心・意欲」のメンバーシップ関数の値が最も高くなっていることがわかった。

次に工業高校生では平均値が,6.72であるので,6.00を中央値としてメンバーシップ関数を設定した。すなわち,5.0を0,9.0を1.00の定義域を持つメンバーシップ関数と定めると,平均値6.72はメンバーシップ関数値が0.50となる。評価項目の1,3,4,5,7では,メンバーシップ関数が,それぞれ0.25,0.21,0.17,0.18,0.20となり,いずれも情報教育の内容のコンピュータ・リテラシーやハード関係の内容に関し,理解不足であることを示している。これらを先に分析した結果の因子の値と比較すると,第1因子「技能に関する知識・理解」は評価項目1～7の7項目であり,これらのメンバーシップ関数の平均値は0.24であった。第2因子「態度」は評価項目8,13,16,17,19の5項目のメンバーシップ関数の平均値は0.56,第3因子「興味・関心・意欲」の11,12,14,15の4項目のメンバーシップ関数の平均値は0.59となった。

以上の結果より,学習者の情意面の評価では,「関心・意欲・態度」因子に

おいてメンバーシップ関数が相対的に高い値を示したことから，情報教育に対する情意面の認識が高いことが明らかとなった．

2.4.3 考　　察

　本章では，成立期の情報教育について，ICT 環境の異なる中高生に対して，因子分析による評価と同時に，ファジィ分析による情意面の評価を行った．その結果，当時の情報教育に対する学習者のイメージが，「技能の熟練」「技能の確認」「学習の心構え」であったことが示唆された．そして，教師の教授行動に対する学習者のイメージでは，教科内容に関する指導へは「理論と実習の確認指導」，「学習の心構え」，「技能向上指導」という捉え方，一般的な教授行動や授業運営については「学習への意欲的取り組ませ」，「信頼関係」，「生徒に合う実習指導」という捉え方を有していたことが示唆された．

　一方，因子分析とファジィ分析を併用した情意面の評価では，「興味・関心・意欲」因子に該当する項目のメンバーシップ関数が相対的に高かったものの，コンピュータ・リテラシーやハードウェア関係，プログラミングなどに関する項目においてメンバーシップ関数が低い値を示した．このことから，成立期の情報教育において学習者は，当時の学習指導要領に定められたプログラミング（BASIC），ソフトウェアの活用についての学習内容の中の，特に操作技能の習得へ傾斜すると共に，「情報の科学的な理解」に関する内容に対しては学習の困難感を形成していたことが示唆された．このことは，当時の情報教育の学習内容に示されているコンピュータ操作の技能やアプリケーションソフト活用を主な目標とすることと，情報教育の目標と独立してあるべきはずの「コンピュータ・リテラシー」が，その主な学習内容であることを示している．

2.5 まとめ

本章では，第一の課題への対処として，情報教育成立期のカリキュラムに対する中高生の情意領域の評価を探索的に把握した．その際，社会の情報化の進展状況を鑑み，ICTに関する経験や知識に対して曖昧さを持ち学習者の状況に考慮したファジィ分析の適用を試みた．

その結果，当時の情報教育に対する学習者のイメージが「技能の熟練」「技能の確認」「学習の心構え」であり，操作技能の習得に意識が傾斜すると共に，「情報の科学的な理解」に関する内容に対しては学習の困難感を形成していたことが示唆された．これは当時の情報教育を担当する教師の指導内容，指導方法に強く影響されていたものと推察される．

続く第3章では，本章で得られた結果を基礎に，S, T_1, T_2評価票での調査と共に，情報教育履修前のレディネスと履修によるその変容に着目して検討を進めることとする．

第3章　情報教育成立期における学習者のレディネスと履修によるイメージの変容

3.1　目　　的

　第2章では，成立期の情報教育について，ICT環境の異なる中高生に対して，因子分析による評価と同時に，ファジィ分析による情意面の評価を行った。その結果，当時の学習者の意識が，操作技能の習得へ傾斜すると共に，「情報の科学的な理解」に関する内容に対しては学習の困難感を形成していたことを示した。本章では，第2章での検討に引き続き，情報教育成立期における中高生の情意領域の評価を，特にレディネスとの関連性に着目して検討することを目的とした。

　具体的には，まず情報教育の履修前にレディネス調査を作成した。レディネス調査の内容は，履修前の学習者の情報教育に対するイメージを調査するものとする。履修後は，第2章と同様のS（学習者自身の情報教育に対する評価），T_1（教師の教科内容に関する専門的な教授行動に関する評価），T_2（教師の一般教授学的な指導及び，授業運営に対する評価）評価票を用いて情報教育に対する学習者の評価を行った。これらの評価と共に，20項目からなる理解度調査票をプログラミングの学習要素を付加して23項目に改変し，情報教育の履修前後での変容に着目して分析した。ここでプログラミングの要素を追加したのは，第2章において中高生が情報の科学的な理解に関する内容に対しては学習の困難感を有していたことを考慮し，この点についてのより詳細な検討を図るためである。

3.2 方　　法

3.2.1 調査対象

　調査対象は中学校では京都市内の3年生120名（男子65名，女子55名），高校では埼玉県内の工業高校生1学年80名（男子45名，女子35名）である。調査期間は，1996年度の履修の前後である。

3.2.2 レディネス調査

　レディネス調査は，履修前の学習者の情報教育に対するイメージを調査するものである。調査内容は，複数のアプリケーションソフト（ワープロ，表計算等）の操作に対する興味・関心を問う7項目，PCやプログラミングに対する意識を問う20項目の計27項目である。分析は，単純集計と同時に情報教育のイメージについて因子分析を行った。

　なお，調査は，5段階の評定尺度法により分析した。これを図Ⅲ-1に示す。

3.2.3 履修した情報教育の内容

　調査対象者である学習者の情報教育の内容について，まず中学校では1993年に技術・家庭科の選択領域である「情報基礎」が完全実施されている。学習指導要領上の内容は，「問題を解決するために必要な情報を自分の力で入手・判断・選択し，整理・加工し，自己の問題解決に役立てる情報を処理し表現ができる基礎的な能力を養う」ために，コンピュータを，手段あるいは思考のツールとして，ソフトウェア活用やハードウェアの仕組み，あるいはプログラミングや制御といった具体的な学習内容がある，としている。

　この様な学習指導要領上の内容を理解しつつ，本調査対象者は，「情報基

1．情報教育の学習を始めるにあたり，あなたの感じの一番近い所に○をつけなさい。
「　　　　　　」学校「　　」学年「　　　」科「　　　」番氏名（　　　　　　　）

	よくあてはまる	だいたいあてはまる	どちらともいえない	あまりあてはまらない	全くあてはまらない
	5	4	3	2	1
1．ワープロの学習には興味がある。	5	4	3	2	1
2．表計算の学習には興味がある。	5	4	3	2	1
3．CADの学習には興味がある	5	4	3	2	1
4．画像処理の学習には興味がある。	5	4	3	2	1
5．図形処理の学習には興味がある。	5	4	3	2	1
6．プログラミングの学習には興味がある。	5	4	3	2	1
7．データベースの学習には興味がある。	5	4	3	2	1
8．コンピュータは人間の代理ができる	5	4	3	2	1
9．コンピュータは書く力を少なくする。	5	4	3	2	1
10．コンピュータは難しそうだ。	5	4	3	2	1
11．コンピュータはうまく使えそうだ。	5	4	3	2	1
12．コンピュータを使用するのは怖い。	5	4	3	2	1
13．人間がコンピュータに使われている。	5	4	3	2	1
14．プログラムの作成は難しそうだ。	5	4	3	2	1
15．プログラムは専門家が作製すべきだ。	5	4	3	2	1
16．コンピュータは将来必ず役立つ。	5	4	3	2	1
17．プログラミングは面白そうだ。	5	4	3	2	1
18．プログラミングは将来役立ちそうだ。	5	4	3	2	1
19．プログラミングは満足できそうだ。	5	4	3	2	1
20．プログラミングは興味深そうだ。	5	4	3	2	1
21．プログラミングは簡単そうだ。	5	4	3	2	1
22．プログラミングは単純そうだ。	5	4	3	2	1
23．プログラミングは明解そうだ。	5	4	3	2	1
24．プログラミングは優しそうだ。	5	4	3	2	1
25．プログラミングは親しみやすそうだ。	5	4	3	2	1
26．プログラミングは明るそうだ。	5	4	3	2	1
27．プログラミングは楽しそうだ。	5	4	3	2	1

図Ⅲ-1　情報教育のレディネス調査項目

礎」学習としてコンピュータの仕組み，プログラミング（BASIC），ソフトウェアの活用（ワープロ・表計算・図形処理ソフトなど）を履修した。高等学校では，中学校での情報教育の基礎の上に指導されるとあるが，ここでは「情報技術基礎」学習である産業社会と情報技術，コンピュータ基本操作とソフトウェア活用（ワープロ，表計算），情報科学の内容である情報理論，論理回路，ハードウェア，ソフトウェア，プログラミング（BASIC）を行った。中高生いずれも，座学であるハードウェアや情報科学の内容と実習としてコンピュータ活用やプログラミングの内容を適宜融合させながら実践を行った。

3.2.4　履修後の調査

履修後の調査は，第2章と同様に対象となる学習者に，学習者自身の評価（S評価票），学習者による教師の教科内容に関する専門的な教授行動に対する評価（T_1評価票），教師の一般教授学的な指導及び，授業運営に対する評価（T_2評価票）[87]～[93]のそれぞれの評価票により行った。そして，これらの回答を主因子法による因子分析を行い，ノーマルバリマックス法により因子軸を回転させ，因子負荷量0.500以上を基準として因子を抽出し分析した[94]。この結果と，ファジィ分析による評価を比較検討した。

次に，第2章と同様の手法によるファジィ分析を行った。図Ⅱ-5に示すように，第2章の調査は1995年実施で20項目であったが，本章は図Ⅲ-2に示すように1年後の1996年実施で23項目による調査を行った。ここで項目を追加したのは，評価票は第2章において中高生が情報の科学的な理解に関する内容に対しては学習の困難感を有していたことを考慮し，この点についてより詳細な検討を図るため，新たにプログラミング関係を3問追加した。追加した質問項目は，中高生のレディネス調査に際して行ったプログラミングの知識や情意面をより具体的に確認するためのもので，「簡単なプログラムは作成できる」「プログラムのような難しいことは適さない」「私にも勉強すればプログラミングができるだろう」の3問である。

```
【次の質問について，あなたの感じる一番近いところに○をつけて下さい】
   ※ 数字の上につけなくてもかまいません。
                                              10   8   6   4   2   0
(1)  フロッピーディスクの初期化を十分できる   ………
(2)  ファイルの複写が確実にできる             ………
(3)  ファイルの名前を自由に変更できる         ………
(4)  ディレクトリを確実に作ることができる     ………
(5)  フロッピーのファイル入出力が正確にできる ………
(6)  プリンターへの出力操作が自由にできる     ………
(7)  ソフトウェアの処理の仕組みがよくわかる   ………
(8)  ソフトウェアのマニュアルを読んで理解できる …
(9)  マニュアルを使いこなせる                 ………
(10) 簡単なプログラム作成はできる             ………
(11) 人間はコンピュータに頼っている           ………
(12) 情報処理に興味をひかれる                 ………
(13) 情報理論はおもしろいと思う               ………
(14) ソフトは思考の訓練に有効である           ………
(15) 情報科学を学ぶのは役に立つ               ………
(16) プログラムは専門家の仕事と考える         ………
(17) 情報科学は他教科同様大切である           ………
(18) プログラムはソフト操作処理同様大切である ………
(19) 情報理論はコンピュータの基礎である       ………
(20) 情報理論は情報処理の基礎である           ………
(21) 初めてのソフトも使用できそうである       ………
(22) プログラムのような難しいことは適さない   ………
(23) 私にも勉強すればプログラミングができるだろう …
```

図Ⅲ-2　履修後の修正版理解度調査項目（ファジィ分析・因子分析評価用）

ただし，質問項目は，例えば中学生が「プログラムはおもしろいと思う」という質問項目に対して高校では「情報理論はおもしろいと思う」というように文言を学習段階に応じた用語に置き換えた。なお，質問の設定方法は，各学校段階の学習指導要領と公立学校で使用されている複数の教科書・資料集を基に作成した。

本調査では，同一の調査項目に対してファジィ分析のために10段階による回答，因子分析のための5段階による回答の2種類を回答させた。10段階による回答では，十分に理解した（最大値10）から全く理解できない（最小値0）までを1段階ずつ区切り，その間の任意の数値について各生徒が，妥当と思う場所に○印をつける方法とした。5段階による回答では，「とても」，「だいだい」，「どちらともいえない」，「あまり」，「まったく」とした。分析では，

まず5段階による回答に対する因子分析により，生徒の情意の構造を把握する。その後，10段階による回答に対するファジィ分析を用いて各因子を構成する各項目のメンバーシップ関数を求め，項目間で比較した。

以上，中学・高校における情報教育成立期の学習について，従来の評価項目による因子分析とファジィ分析を適用し調査することで学習者の履修後の反応を見た。

3.3 結果及び考察

3.3.1 レディネスの検討

中学・高校の各段階でのレディネス調査の結果を集計した。まず，中学生で「情報教育」の学習内容で最も興味・関心のあった分野は，高い順に，ワープロ（4.8），表計算（4.2）と図形処理（中学；4.2）である。以下，CAD（中学；2.4），言語（中学；1.8），データベース（中学；1.6）となっている。

次に高校生（工業）で「情報教育」の学習内容で最も興味関心のあった分野は，高い順に，ワープロ（4.2），表計算（3.8）である。以下，言語（3.7），図形処理（3.1），データベース（3.0），CAD（2.7）であり，いずれも10段階の評価の5.0以上となっている。この結果から，中高生が情報教育に抱く情報領域のイメージは，ワープロ，表計算及び，言語といった内容が，図形処理，CADに比べて興味・関心が高いことが明らかになった。また，コンピュータに関するイメージは，「コンピュータは将来必ず役立つ」，「学ぶ価値がある」，「興味深い」，「関心がある」というもので，いずれも4.0以上の評価である。これらの中高生のレディネスは，この時期がパーソナルコンピュータやインターネットの普及拡大期であったため，コンピュータ操作に対する憧れや期待感を中高生が抱いていたためではないかと考えられる。

次に，因子分析による結果である。各回答項目について，バリマックス回

転後，共通因子として3つの因子が抽出された。因子寄与率は，中学・高校，それぞれ第1因子では64.1・54.3％，第2因子では13.5・23.0％，第3因子では10.0・15.1％であり，因子の解釈は，0.500以上のものを高い因子負荷量として行い，これらの項目群を扱った。なお，各因子共に中学校，高校共に同様の結果が出ているので，ここでは専門高校生（工業）の因子分析結果を表Ⅲ-1に示す。

まず第1因子で高い負荷量の項目は，4，5，14～17，19の7項目あり，これは画像や処理，プログラミングに対する興味の深さ，専門性への憧れをあらわすもので，「情報の科学的な理解への期待」の因子と命名した。これにはTVや映画などの映像文化においてCGが多用され始めたことと関連して

表Ⅲ-1　レディネス調査の因子分析（専門高校生）

ノーマル・バリマックス回転　　V=41.341

評価項目	第1因子	第2因子	第3因子	共通性
1．ワープロ興味	0.235	0.114	*0.687	0.567
2．表計算の興味	0.348	0.213	*−0.778	0.664
3．CADへの興味	0.412	0.335	*−0.895	0.774
4．画像処理への興味	*0.610	0.048	0.015	0.374
5．図形処理への興味	*0.540	0.106	0.236	0.260
6．プログラミングの興味	0.306	0.015	0.083	0.101
7．データベースへの興味	0.116	*−0.595	0.344	0.377
8．PCの人間の代理	0.332	0.228	*−0.639	0.220
9．PCによる書く力低下	0.266	0.172	*0.604	0.465
10．PCは難しい	0.092	*0.717	0.024	0.523
11．PCは操作しやすい	0.013	0.361	*0.548	0.274
12．PCの操作は怖い	0.089	*0.758	0.155	0.606
13．人はPCに使われる	0.159	*0.750	0.238	0.644
14．プログラム作成困難	*0.651	0.378	0.103	0.578
15．プログラムは専門家	*0.725	0.361	0.032	0.657
16．PCは将来役立つ	*0.796	0.349	0.016	0.754
17．プログラミング面白い	*0.575	0.190	0.160	0.737
18．プログラミング将来役立	0.323	0.177	0.128	0.152
19．プログラミング満足	*0.506	0.443	0.212	0.497
20．プログラミング興味深い	0.361	*0.581	0.038	0.469
21．プログラミング簡単そう	0.245	*0.566	0.002	0.381
22．プログラミング単純そう	0.444	*0.626	0.036	0.590
23．プログラミング明解そう	0.008	0.349	*0.586	0.465
24．プログラミング優しそう	0.076	0.475	*0.556	0.356
25．プログラミング親しみ	0.448	0.421	0.012	0.311
26．プログラミング明るそう	0.356	0.345	0.214	0.310
27．プログラミング楽しそう	0.221	0.441	0.115	0.212

いるのではないかと考えられる。第2因子で高い負荷量の項目は，7，10，12，13，20〜22の7項目あり，プログラミングに対する興味・関心とコンピュータに対する漠然とした不安感の両者が含まれていた。これは当時，進展しつつあった情報化社会に対する意識を反映したものと考えられる。すなわち，コンピュータが高度な処理を実現するものであるという期待感と，それらが高度に進展しすぎた社会への不安感が入り混じったものと考えられる。そこで本因子を「情報化社会に対する期待と不安」の因子と命名した。第3因子で高い負荷量の項目は，1〜3，8，9，11，23，24の8項目であり，ワープロの活用への興味とそれによる書く力の低下への懸念を含み，プログラミングに対しては明解さや易しさを求めている。また，表計算やCADの興味は，因子負荷量が負の値を示した。これらの項目は，コンピュータを生活や仕事のツールとして捉えた興味・関心をあらわすものではないかと考えられる。そこで本因子を「ツールとしてのコンピュータへの期待」の因子と命名した。

3.3.2 情報教育履修後の学習者による評価

情報教育の履修後に，第2章と同様のS評価票，T_1及び，T_2評価票[95]〜[97]による分析と，情意面の評価を行った。

(1)学習者自身の情報教育に関する評価

学習者自身の情報教育に関する評価（S評価票：図Ⅱ-2）について因子分析を行った結果，バリマックス回転後，共通因子として3つの因子を抽出した。因子寄与率は，中学生・高校生でそれぞれ，第1因子では64.2・58.8％，第2因子では21.3・20.6％，そして第3因子では12.7・9.4％であり，因子の解釈は，0.500以上のものを高い因子負荷量とした。

なお，中学生・高校生共に同様の因子傾向の結果であった。ここでは，高校生の分析結果を表Ⅲ-2に示す。

表Ⅲ-2　S評価の因子分析（高校）

ノーマル・バリマックス回転　V＝40.873

	第1因子	第2因子	第3因子	共通性
1	0.339	0.221	0.122	0.212
2	0.127	*0.736	0.148	0.547
3	0.435	*0.695	0.365	0.596
4	*0.629	0.350	0.356	0.433
5	0.151	0.153	*0.657	0.762
6	0.174	0.233	*0.751	0.733
7	*0.832	0.241	0.246	0.338
8	*0.658	0.211	0.258	0.754
9	0.336	0.245	*0.734	0.845
10	0.415	0.215	*0.598	0.721

　まず第1因子で高い負荷量の項目は，コンピュータ・リテラシーに関することをあらわすもので，これは「技能熟練」を示している。次に第2因子で高い負荷量の項目は，コンピュータ・リテラシーの達成の度合いをあらわすもので，これは「技能の確認」を示している。続く第3因子で高い負荷量の項目は，授業時の集中の度合いや心構えをあらわすもので，これは「学習の心構え」を示している。

(2) 教師の教科内容に関する専門的な教授行動に対する評価

　次に，教師の教科内容に関する専門的な教授指導に対する評価（T_1評価票：図Ⅱ-3）について因子分析を行った結果，バリマックス回転後，共通因子として3つの因子を抽出した。因子寄与率は，中学生・高校生でそれぞれ，第1因子では61.2・52.3％，第2因子では17.3・18.5％，そして第3因子では16.4・15.6％であり，因子の解釈は，0.500以上のものを高い因子負荷量とした。なお，中学生・高校生共に同様の因子傾向の結果であった。

　この分析結果について，高校生を代表として表Ⅲ-3に示した。

　まず第1因子で高い負荷量の項目は，情報リテラシーとコンピュータ・リテラシーに関する指導をあらわすもので，これは「理論と実習の確認指導」を示している。次に第2因子で高い負荷量の項目は，授業時の集中の度合い

表Ⅲ-3　T_1評価の因子分析（高校）

ノーマル・バリマックス回転　　V=55.828

	第1因子	第2因子	第3因子	共通性
1	0.333	*0.686	0.425	0.544
2	0.116	*0.857	0.211	0.521
3	0.125	0.345	*0.856	0.541
4	0.172	0.102	*0.684	0.736
5	*0.699	0.136	0.312	0.453
6	*0.645	0.156	0.145	0.689
7	*0.745	0.112	0.101	0.622
8	*0.864	0.131	0.297	0.648
9	*0.561	0.078	0.423	0.754
10	0.311	0.336	*0.892	0.554

や心構えに対する指導をあらわすもので，これは「学習の心構えへの指導」を示している。続く第3因子で高い負荷量の項目は，コンピュータ・リテラシーの実習に関する指導をあらわすもので，これは「技能向上指導」を示している。これらは，情報教育における「専門教授」「学習への姿勢」「技能」に配慮した指導である。以下，これらの因子を総称して「専門教授学的指導」因子群とする。

(3) 教師の一般教授学的な指導及び授業運営に対する評価

　同様にして生徒の捉える教師の一般教授学的な指導及び，授業運営に対する評価（T_2評価票：図Ⅱ-4）について因子分析を行った結果，バリマックス回転後，共通因子として三つの因子を抽出した。因子寄与率は，中学生・高校生でそれぞれ，第1因子では53.7・44.6％，第2因子では24.9・21.5％，そして第3因子では20.4・18.4％であり，因子の解釈は，0.500以上のものを高い因子負荷量とした。

　なお，中学生・高校生共に同様の因子傾向であった。ここでは，高校生の分析結果を表Ⅲ-4に示す。

　第1因子で高い負荷量の項目は，生徒への平等な対応と明確な目標の上での指導をあらわすもので，これは「信頼関係の育成」を示している。第2因

表Ⅲ-4　T₂評価の因子分析（高校）

ノーマル・バリマックス回転　　V=71.254

	第1因子	第2因子	第3因子	共通性
1	*0.615	0.215	0.433	0.422
2	0.233	*0.524	0.345	0.725
3	*0.761	0.119	0.364	0.544
4	0.252	*0.786	0.227	0.546
5	*0.584	0.246	0.134	0.445
6	0.359	0.256	0.421	0.647
7	0.144	0.335	0.275	0.681
8	0.223	*0.584	0.333	0.511
9	*0.662	0.265	0.425	0.484
10	*0.845	0.442	0.336	0.568
11	*0.795	0.343	0.394	0.235
12	0.134	*0.585	0.214	0.763
13	0.213	0.123	0.271	0.788
14	0.411	0.346	*0.633	0.463
15	0.200	0.222	*0.831	0.269
16	0.426	0.273	*0.681	0.883
17	0.257	0.459	*0.625	0.637

子で高い負荷量の項目は，生徒の授業進度に応じた対応に関する指導をあらわすもので，これは「生徒の能力を加味した実習指導」を示している。続く第3因子で高い負荷量の項目は，生徒の授業への能動的参加に関する指導をあらわすもので，これは「学習への意欲的取り組みの指導」を示している。これらは，教育に対する「信頼」「能力段階」「動機付け」に配慮した指導であり授業運営である。以下，これらの因子を総称して「一般教授学的指導」因子群とする。

3.3.3　情報教育履修後の学習者の情意面の評価

学習者の情報教育に対するイメージと理解度を評価するため，23の評価項目（図Ⅲ-1）の妥当性を見るためにクラスター分析を行った。本学習では，学習者に対する情意面の回答項目を，前回同様のクラスター分析である最短距離法（furthest neighbor method）を用いた。この分析については第2章で示しているため，本情報教育の学習でもこの回答項目を調査項目として用いる

こととした。

なお、それぞれ技能面（項目1〜6），知識・理解面（7〜10），関心・意欲・態度面（11〜23）に評価項目が分かれている。以上の確認の上で，因子分析による評価を行った。因子分析は，バリマックス回転後，共通因子として3つの因子を抽出した。中学生の分析結果を表Ⅲ-5に，高校生の分析結果を表Ⅲ-6に示す。それぞれの評価項目について，因子寄与率は，中学・高校でそれぞれ第1因子では22.3・38.5%，第2因子では15.6・27.4%，第3因子では12.9・21.4%であり，因子の解釈は，0.500以上を高い因子負荷量とした。

まず中学生では，第1因子で高い負荷量の項目は，コンピュータを主とする情報メディアに関する指導をあらわすもので，これは「情報教育に対する関心・意欲・態度」という情意面を示している。次に第2因子で高い負荷量

表Ⅲ-5　学習後の因子分析（中学校）

ノーマル・バリマックス回転　　V＝55.373

	第1因子	第2因子	第3因子	共通性
1	0.133	*0.796	0.267	0.723
2	0.159	*0.881	0.157	0.827
3	0.289	*0.838	0.015	0.785
4	0.117	0.352	0.450	0.340
5	0.435	*0.649	0.256	0.677
6	0.219	0.362	*0.617	0.582
7	0.323	0.372	*0.699	0.715
8	0.195	0.251	*0.764	0.752
9	0.222	0.129	*0.603	0.551
10	0.408	0.172	0.076	0.235
11	0.335	0.129	0.118	0.143
12	*0.651	0.173	0.104	0.465
13	*0.685	0.114	0.193	0.519
14	0.496	0.035	0.269	0.319
15	*0.553	0.005	0.386	0.455
16	0.032	0.036	0.426	0.184
17	0.474	0.189	0.168	0.288
18	*0.726	0.195	0.131	0.582
19	*0.827	0.208	0.087	0.735
20	*0.780	0.180	0.095	0.650
21	*0.554	0.242	0.315	0.464
22	0.135	0.071	0.386	0.172
23	*0.687	0.226	0.041	0.525

表Ⅲ-6　学習後の因子分析（高校）

ノーマル・バリマックス回転　V＝62.582

	第1因子	第2因子	第3因子	共通性
1	*0.635	0.126	0.183	0.467
2	*0.734	0.112	0.374	0.441
3	*0.726	0.162	0.091	0.562
4	*0.650	0.028	0.171	0.453
5	*0.775	0.096	0.145	0.632
6	*0.708	0.324	0.313	0.704
7	0.194	0.126	*0.803	0.699
8	*0.749	0.132	0.435	0.768
9	*0.678	0.051	0.420	0.639
10	0.043	0.052	*0.514	0.269
11	0.188	0.103	*0.774	0.076
12	0.318	0.042	*0.504	0.357
13	0.395	0.176	*0.531	0.373
14	0.084	*0.579	0.030	0.152
15	0.119	*0.715	0.125	0.541
16	0.206	0.392	*0.663	0.328
17	0.026	*0.505	0.307	0.350
18	0.121	*0.559	0.208	0.371
19	0.031	*0.760	0.068	0.583
20	0.117	*0.805	0.039	0.663
21	0.391	0.118	*0.598	0.256
22	0.273	*0.750	0.223	0.686
23	0.357	0.028	*0.584	0.469

の項目は，コンピュータ・リテラシーの技能に関する指導をあらわすもので，これは「PC操作の技能」を示している。続く第3因子で高い負荷量の項目は，コンピュータ・リテラシーの意義に関する指導をあらわすもので，これは「PC操作の知識・理解」を示している。

　工業高校生では第1因子で高い負荷量の項目は，コンピュータ・リテラシーの指導と知識に関する指導をあらわすもので，これは「PC操作の技能と知識」を示している。次に第2因子で高い負荷量の項目は，コンピュータを主とする情報メディアに関する指導をあらわすもので，これは「情報教育に関する関心・意欲・態度」という情意面を示している。続く第3因子で高い負荷量の項目は，コンピュータを主とする情報メディアの意義に関する指導をあらわすもので，これは「PC操作の態度と知識・理解」を示している。

[ファジィ分析による評価]

　情意面という曖昧さの関与する評価について，第2章と同様にファジィ分析を用いた検討を試みた[98],[99]。先の23項目について，「ファジィ測度」を与え，メンバーシップ関数値を求めた。まず情報科学やメディアに関する回答の一部，すなわち評価項目の4，7，16では，メンバーシップ関数値は，それぞれ0.5, 0.6, 0.4であった。なお，先の3項目以外は，すべて0.7以上であった。

　これらメンバーシップ関数の平均値を高校の因子分析の値と比較する。

　まず，中学校では生徒の全評価項目の平均値が6.04であるので，平均値6.00を中央値にしたメンバーシップ関数を設定した。評価項目の平均値が入る範囲を考慮して，4.0を0，8.0を1.0の定義域を持つメンバーシップ関数と定めると，平均値6.04はメンバーシップ関数値が0.50となる。そこで各因子を見ると，それぞれ第1因子「情報教育に対する関心・意欲・態度」のメンバーシップ関数の平均は0.72，高校の第2因子「PC操作の技能」の関数平均は0.33，そして高校の第3因子「PC操作の知識・理解」の平均は0.26であり，「興味・関心・意欲」の因子のメンバーシップ関数値が最も高くなっている。次に，高校生では平均値が，6.72であるので，6.00を中央値としてメンバーシップ関数を設定した。すなわち，5.0を0，9.0を1.0の定義域を持つメンバーシップ関数と定めると，平均値6.72はメンバーシップ関数値が0.50となる。そこで各因子を見ると，それぞれ第1因子「PC操作の技能と知識」のメンバーシップ関数の平均は0.74，高校の第2因子「情報教育に関する関心・意欲・態度」の関数平均は0.93，そして高校の第3因子「知識・理解とPC操作の態度」の平均は0.86であり，「興味・関心・意欲」の因子のメンバーシップ関数値が最も高くなっている。なお，他の2つの因子である「PC操作の知識や技能・態度」と「知識・理解」のメンバーシップ関数値はいずれも0.74，0.86と高い。

　これらの結果は，概ね第2章で示された傾向と同様であった。

3.4 考　　察

　以上の結果から，1995年前後の ICT 環境の異なる中高生に対する情報教育の反応について，履修前にレディネスと情報教育履修後の意識との関連性について考察する。

　前述したように，情報教育履修前のレディネス調査では，当時がパーソナルコンピュータやインターネットの普及拡大期であったため，コンピュータ操作に対する憧れや期待感を中高生が抱いていたことが示された。また，その意識には，①画像や処理，プログラミングに対する興味の深さ，専門性への憧れをあらわす「情報の科学的な理解への期待」の因子，②プログラミングに対する興味・関心とコンピュータに対する漠然とした不安感の両者が含まれる「情報化社会に対する期待と不安」因子，③コンピュータを生活や仕事のツールとして捉えた興味・関心をあらわす「ツールとしてのコンピュータへの期待」の因子という因子構造のあることが示唆された。このようなレディネスを有する中高生が情報教育を履修した後は，「技能の熟練」「技能の確認」「学習の心構え」を意識し，教師に対しては「理論と実習の確認指導」「学習の心構えへの指導」「技能向上指導」，すなわち「専門教授学的指導」を求めていた。また教授行動全般に関しては「信頼関係の育成」「生徒の能力を加味した実習指導」「学習への意欲的取り組みの指導」といった「一般教授学的指導」を求めていた。同時に情報教育の情意面の評価では，「関心・意欲・態度」の因子が，中高生共にメンバーシップ関数の最大値であることから，学習者の情報教育に対する情意面の意識が深いことが明らかになった。

　これらの結果から，情報教育履修前の中高生が持つ情報教育への期待感は，必ずしも情報教育の履修体験と連動していないことが示唆された。中高生は履修前に「情報の科学的な理解」に対して一定の期待感を有していたものの，履修後の意識では「情報の科学的な理解」への意識は高くなく，むし

ろ学習の困難感を有するに至っていた．また，中高生が履修前に抱いていた情報化社会の今後の行方に対する漠然とした不安感についても，直接的に取り上げられることはなく，履修後の意識に同様の因子は表出しなくなっている．

これに対して，中高生が履修前に有していた「ツールとしてのコンピュータ活用」への期待には，当時の情報教育はよく応えており，履修後に形成された意識の主要な構造がコンピュータ操作技能の習得に傾斜していた．中高生は「技能の熟練と態度」の形成について，教師からの「学習者の能力を加味した指導と信頼関係」という「一般教授学的指導の中の人間的な接触」を求めており，「専門教授学的指導」が教師の教科指導力に基づく信頼に，「一般教授学的指導」が学習者の教師に対する情意的信頼と関係していた．そして，一般教授学的指導は「興味・関心・意欲・態度」と関係し，専門教授学的指導が「知識・理解」と関係し，この両者によってPC操作に関する「技能習得」への意識が形成されていたと推察される．

3.5 まとめ

以上，本章では，第2章での検討に引き続き，情報教育成立期における中高生の情意領域の評価を，特にレディネスとの関連性に着目して検討した．その結果，情報教育成立期では，学習者である中高生が社会の情報化の拡大時期にあって「情報の科学的な理解」，情報化社会への不安と期待，ツールとしてのコンピュータ活用，という意識を生活経験の中で形成していた．しかし，これらの意識は，情報教育の履修によってコンピュータ操作技能の習得という一点に傾斜し，当時の情報教育担当教員が中高生の不安や期待を上手く取り上げた指導を展開しきれていなかった様相が推察された．これは，教師のICTに関する教科指導力と教育的指導の方法や考え方に深く関係していたものと考えられ，情報教育の概念や意味よりも，目の前の情報機器を適

切に使いこなせる技能や実践力の育成に傾倒していたものと考えられる。本来，情報教育では，「情報活用能力」の育成が教科の目標となっている。したがって，情報教育のカリキュラム評価は，目標の到達度と評価の観点である「知識・理解」「技能」「関心・意欲・態度」について検証することが重要と考えられる。そこで続く第4章では，第2, 3章で得られた学習者の情意面と指導者の教授意識の関係を踏まえ，学習者が情報教育を履修したことによって抱く目標到達度への自己評価について検討することとした。これにより，従来の情報教育の学習に関する到達度やイメージだけでなく，ICT活用やソフト活用，及び，これらを併せ持つ情報リテラシーの形成度を評価することで成立期の情報教育における学習者と指導者の実態について検討する。

第4章 情報教育成立期における学習者の情報リテラシーの評価

4.1 目　　的

　本章の目的は，第2章と第3章で明らかになった学習者の状況，すなわち「学習者の情報教育に対する意識は，指導者の教科指導に関する考え方に強く影響し，学習者はPCに対する興味・関心・意欲や操作技能といった情意面が高い」という結果を踏まえ，情報教育の固有の目標である情報活用能力の育成に向けた学習の到達度（情報リテラシーの形成度）に着目して検討することである。

　成立期全般を通した情報教育カリキュラムの学習内容は，1997年～1998年当時は「ワープロ活用」「コンピュータ・リテラシー」といった情報の実践力や，情報理論やPCのハードやソフト関係の情報の科学的な理解，これらと情報モラル等を含む情報に参画する態度など，情報活用能力が情報教育の目標として認識された[11]。

　このような考え方の潮流は，P.G.Zurkowski (1979) が提唱した情報リテラシー (Information Literacy) という考え方に端を発するとされている。その後，情報リテラシーの考え方は米国，オーストラリア，ニュージーランド等の図書館教育や大学共通教育において重要視され，現在では情報教育で育成する主要な概念になるに至っている。ここでいうリテラシーは本来，「読み」，「書き」などの識字のことであり，社会参加に必要な基礎的な素養という意味を持っている。したがって，情報リテラシーの考え方は，情報化社会において主体的に生きていくために必要な基礎的な素養を育成することと考

えることができる。このような考え方を踏まえ，当時文部省は我が国における情報リテラシーを概念化し，情報活用能力という用語を生み出している。1986年4月に出された臨時教育審議会第二次答申では，「初等・中等教育などへの情報手段の活用を進め，それを通じて情報活用能力（情報リテラシー）の育成を図る必要がある」と述べられている[1]。このことからも，我が国の情報教育の目標となっている情報活用能力が，情報リテラシーの概念とほぼ同義で使用されていることが読み取れる。

そこで本章では，我が国の情報教育における情報活用能力を指して，情報リテラシーと表現することとする。そして，情報教育成立期の学習者の情報リテラシーの状況を，学習者自身の自己評価と，指導者である教師による評価との関連性から検討することとした。

具体的には，情報リテラシーとICT関係についての評価，学習者と教師の教授行動の関係について学習の前後で調査した。その際，情報リテラシーの達成度を，「技能面」，「情意面」，「知識面」から構造的に捉えることとする。さらに，前章で得られた「学習者が指導者の教科指導に関する考え方に強く影響している」という結果から，指導者の教授行動の推移についても検討する。

4.2 方　　法

調査は，対象となる中高生に，情報教育の履修前後で行った。分析では，第2，3章の結果を踏まえ，ファジィ分析による中学・高校の系統的分析を行い，同時に教師の評価項目の目標分析を比較検討することとした[99],[100]。

4.2.1 調 査 対 象

調査対象は，中学校では東京・千葉県内の3学年158名（男子90名，女子68名），高校では埼玉県内の工業高校生3学年80名（男子52名，女子28名），そして

指導者は25名（中学10名，高校15名）である。

　なお，調査期間は，中学生は1998年，工業高校生は1997年である。この時期は，2003年からの高校教科「情報」に向けて，1997年に「体系的な情報教育の実施に向けて」（第1次答申）により，情報教育の目標である情報活用能力が3観点に整理・統合されている。しかし，本章の実践は，4観点で提示された情報活用能力（文部省1986）のもとに実施されたものである。

4.2.2 履修した情報教育の内容

　情報教育の内容は，中学校技術・家庭科では「情報基礎」，専門高校では「情報技術基礎」である。学習内容は，中学校では標準的な情報教育に関する内容であり，コンピュータのハードウェアの理解，ハードとソフトの関係，プログラミングの基礎，アプリケーションソフトウェアの活用を行った。工業高校では，情報科学を中心とする情報理論・情報社会と倫理・論理回路・ハードウェア・ソフトウェア等と情報化社会全般を講義し，実習は，ソフト活用（ワープロ・表計算・プレゼンテーション・インターネットなど）と言語（BASIC・HTMLによるホームページ作成）である[100]。そして，これを「調べ・検索し・まとめ・伝達する」といった情報活用と，科学的理解・情報社会のあり方などの基本的な学習を行った。

　なお，本実践の内容は，第3章と同様である。

4.2.3 調査票及び評価項目

　情報教育の履修前後にそれぞれ同一の評価項目を回答させ，同時に各段階の現場教師による目標達成について調査，この学習者と指導者について比較・検討した。

　評価票は，ワープロ活用，コンピュータ・リテラシー，情報リテラシーで構成した。各評価票は，第2章及び，第3章（1995～1997年の情報教育の評価）で用いたものベースとし，教育課程審議会や協力者会議及び，情報教育のカ

リキュラムの行動目標，各学校段階の学習指導要領にある学習内容[11]と使用されている複数の教科書等を基に，共通する必須項目を抽出し作成した。

①ワープロ活用に関する履修前後の評価

文書作成の評価は，図Ⅳ-1に示すような25項目である。項目は，それぞれ入力のスムースさや印刷など文書作成の技能面（9項目），関心・意欲・態度あるいは社会への配慮などの情意面（7項目），そして文書作成の書式などワープロ活用や工夫などの知識面（9項目）である。

②コンピュータ・リテラシーに関する履修前後の評価

コンピュータ・リテラシーの評価は，図Ⅳ-2に示すような30項目である。項目は，それぞれワープロ・表計算などのソフト活用やメディア操作などの技能面（12項目），PCに関する関心・意欲・態度などの情意面（7項目），PC活用や工夫及び，ハード・ソフト，OS，2進数などの知識面（11項目）である。

③情報リテラシーに関する履修前後の評価

情報リテラシーの評価は，図Ⅳ-3に示すような30項目である。項目は，先のソフト活用やメディア操作などの技能面（11項目），関心・意欲・態度や適切な配慮などの思考を含む情意面（11項目），情報科学やコンピュータ活用の知識や工夫，情報社会への参画の判断などの知識面（8項目）である。

4.2.4　分析方法

情報教育の履修前後の評価項目は，履修前では「～できそうである」という表現を使い，履修後は「～できる」という表現にした。各評価票は，因子分析では，評価5は「とても」，評価4は「だいだい」，評価3は「どちらともいえない」，評価2は「あまり」，評価1は「まったく」の5段階の回答に対して因子分析を行った。ファジィ分析では，第2，3章と同様に回答項目として与えた10段階（充分に理解した最大値を10，全く理解できない最小値を1とする）の項目を目安として，学習者が，妥当と思う序列尺度上の任意の場所に

学校名（　　　）学籍番号（　　　）学年（　　　）氏名（　　　　）

【ワープロ活用アンケート項目】
本アンケートは「ワープロ」全般とこれに関係する情報についての理解，そして「ワープロ」をどの様に活用していくかについて，授業前と終了後の2回にわたって調べるものです。皆さんがいままでの授業を通して，どの程度理解したか，これをあなた方自身に問いかけてください。
これは，我々が今後どのようなカリキュラムを作成するかの参考資料としますので，成績には全く関係がありません。
思ったように回答して下さい。回答は，数直線上の任意の場所に○を付けて下さい。

『回答例』　　まったく　どちらともいえない　全くその通り
　　　　　　1　2　3　4　5　6　7　8　9　10
　　　　　　├─┼─┼─┼─┼─┼─┼─⊕─┼─┤

＜回答項目＞
　　　　　　　　　　　　　　　　　　　　　　　1　2　3　4　5　6　7　8　9　10
1．すべての文字入力（記号等も含む）には自信がある …………
2．アルファベットまたはかな入力は無理なくできる …………
3．入力のスピードは早いほうだ ……………
4．文章作成後の誤字脱字はほとんどない ……………
5．マウス操作はスムースにできる ……………
6．印刷機（プリンタ）の扱いには慣れている ……………
7．パソコンへのソフトのインストールは自分でできる ……………
8．印刷用紙の大きさの規格（A4, B5等）は判っている ……………
9．文字入力中のリズムは自分なりにできている ……………
10．たとえ1時間程度の作業でもその時刻や姿勢など体調に注意している ……
11．入力作業中は自分なりの時間配分に気を付けている ……
12．体の調子が悪いときは無理のないようにしている ……
13．ワープロは書く力や漢字の記憶力を弱くする ……
14．ワープロを使うことに興味をひかれる ……
15．コンピュータ等の機器を使うことはおもしろい ……
16．ワープロは将来必ず仕事に役立つ ……
17．ワープロのマニュアルを読むことで操作は充分理解できる ……
18．判らない漢字は部首検索等ですぐに調べている ……
19．文字数や用紙の大きさなどの書式の設定はうまくできる ……
20．手紙文や正式文書などの書式はきちんと理解している ……
21．手紙文や正式文書などの語句の使い方はきちんと理解している ……
22．文字の太さ，色，罫線などの文章表現はうまくできる ……
23．ワープロに関するハード関係の専門用語は理解しているつもりである ……
24．ワープロに関するソフト関係の専門用語は理解しているつもりである ……
25．ワープロを使用することは，調べ・まとめるといった思考訓練に役だつ ………

図Ⅳ-1　文書作成評価票（ワープロ活用）

【コンピュータ・リテラシーアンケート項目】
　本アンケートは,「コンピュータ」全般とこれに関係する情報についての理解,そして「コンピュータ」をどの様に活用していくかについて授業前と終了後の2回にわたって調べるものです。皆さんがいままでの授業を通して,どの程度理解したか,これをあなた方自身に問いかけてください。
　これは,我々が今後どのようなカリキュラムを作成するかの参考資料としますので,成績には全く関係がありません。
　思ったように回答して下さい。回答は,数直線上の任意の場所に○を付けて下さい。

『回答例』　　まったく　　どちらともいえない　　全くその通り
　　　　　　　1　2　3　4　5　6　7　8　9　10

＜回答項目＞
1. ＦＤ(フロッピーディスク)の初期化には慣れている
2. ＦＤとＨＤ両方のファイルのコピー,移動,削除,ファイル名変更などはうまくできる
3. パソコンへのソフトのインストールは自分でできる
4. すべての文字入力(記号等も含む)に自信がある
5. 加減乗除や最大値・最小値などの基本関数は無理なくできる
6. 表計算の帳票作成のスピードは早いほうだ
7. マウス操作はスムースにできる
8. クロス集計などの統計関数はうまくできる
9. 蓄積されたデータの様々な検索や並び替えがうまくできる
10. 複数のソフトをリンクさせ思い通りの表現(プレゼンテーション)ができる
11. 簡単なホームページは作成することができる
12. 印刷機(プリンタ)の扱いには慣れている
13. たとえ1時間程度の作業でもその時刻や姿勢など体調に注意している
14. パソコン作業中は自分なりの時間配分に気を付けている
15. 体の調子が悪いときは無理のないようにしている
16. コンピュータ等の機器を使うことに興味をひかれる
17. コンピュータ等の機器を使うことは容易である
18. 人間はコンピュータ等の機器に頼り過ぎている
19. コンピュータは将来必ず仕事に役立つ
20. 文字,数字の数や用紙の大きさなどの書式の設定はうまくできる
21. 文字の太さ,色,罫線などの文章表現はうまくできる
22. 報告書作成時,ワープロ,データベース等を複合し,利用目的に応じて活用している
23. 判らないことは辞典やコンピュータなど種々の道具(ツール)を活用している
24. 印刷したデータ・文書で不要のものはシュレッター等で処分している
25. インターネットなどのデータ改ざんやプライバシー問題について常に注意している
26. ＯＳの意味は理解しているつもりである
27. コンピュータの基本的な構成や機能は理解しているつもりである
28. 2進数や論理回路の意味は理解している
29. コンピュータを使用することは,調べ・まとめるといった思考訓練に役だつ
30. 社会の中でのコンピュータの活用のされ方は理解しているつもりである

図Ⅳ-2　コンピュータ・リテラシー評価票

第 4 章　73

【情報リテラシーアンケート項目】
　本アンケートは，「情報」全般についての理解や，「情報」をどのように活用し，またコンピュータ等の機器をどの様に利用していくかについて授業前と終了後の2回にわたって調べるものです。皆さんがいままでの授業を通して，どの程度理解したか，これをあなた方自身に問いかけてください。
　これは，我々が今後どのようなカリキュラムを作成するかの参考資料としますので，成績には全く関係ありません。
　思ったように回答して下さい。回答は，数線上の任意の場所に○を付けて下さい。

『回答例』　　まったく　　どちらともいえない　　全くその通り
　　　　　1　2　3　4　5　6　7　8　9　10

＜回答項目＞

　　　　　　　　　　　　　　　　　　　　　　　　　　　1　2　3　4　5　6　7　8　9　10
1．FD（フロッピーディスク）の初期化には慣れている ……
2．FDとHD両方のファイルのコピー，移動，削除，ファイル名変更などはうまくできる …
3．パソコンへのソフトのインストールは自分でできる ……
4．すべての文字入力（記号等も含む）には自信がある ……
5．加減乗除や最大値・最小値などの基本関数は無理なくできる
6．表計算の帳票作成のスピードは早いほうだ ……
7．プリンタやマウス等の機器操作はスムースにできる ……
8．クロス集計などの統計関数はうまくできる ……
9．蓄積されたデータの様々な検索や並び替えがうまくできる
10．複数のソフトをリンクさせ思い通りの表現（プレゼンテーション）ができる ……
11．簡単なホームページは作成することができる ……
12．たとえ1時間程度の作業でもその時刻や姿勢など体調に注意している
13．パソコン作業中は自分なりの時間配分に気を付けている ……
14．体の調子が悪いときは無理のないようにしている ……
15．コンピュータ等の情報機器を使うことに興味をひかれる ……
16．コンピュータ等の情報機器を使うことは容易である ……
17．人間はコンピュータ等の機器に頼り過ぎている ……
18．コンピュータは将来必ず仕事に役立つ ……
19．蓄積されたデータは紛失しないようきちんと保管している ……
20．印刷したデータ・文書で不要のものはシュレッター等で処分している
21．E-mail・パソコン通信などの個人情報には充分注意し，対処している
22．インターネットなどのデータ改ざんやプライバシー問題について常に注意している …
23．メールでの正式文書送受信の際は簡潔性・明確性に注意している
24．判らないことは辞典やコンピュータなど種々の道具（ツール）を活用している
25．報告書作成時，ワープロ，データベース等を複合し，利用目的に応じて活用している
26．コンピュータを使用することは，調べ・まとめるといった思考訓練に役だつ ……
27．様々な生の情報や雑誌・新聞・ホームページ等の加工情報の事実判断には留意している …
28．伝える相手により情報を的確に加工し，正しく伝えることができる ……
29．自分で情報を収集しまとめたことをプレゼンテーションソフト等により伝えることができる……
30．社会の中での情報機器の活用のされ方は理解しているつもりである ……

図Ⅳ-3　情報リテラシー評価票

○をつける方法である[81]~[85]。

こうして得られた各学習者の回答項目について，情報教育の知識・理解面（以下，知識面とする），情報の技能や関心・意欲・態度，あるいは適切な配慮や思考（以下，情意面とする）の重視の傾向のそれぞれを把握することとした。また，学習者からの調査のみでなく，同時に情報教育の授業を行った教師（教育経験が10年以上ある30歳以上の教師）に対して履修前後に調査を実施させて頂きこれらを比較検討した。教師に対する調査内容は，例えば文書作成（ワープロ活用）に関する調査項目で「3.入力のスピードは速いほうだ」であれば，これを「3.入力のスピードは速くさせたい」というような教授者の立場の表現で調査を実施した。

4.3 結果及び考察

学習前後の「文書作成」「コンピュータ・リテラシー」「情報リテラシー」の3種類の調査と指導者側の評価を対応させながら考察した。

4.3.1 評価票の妥当性の確認

まず，評価項目の妥当性を見るためクラスター分析を用いた。クラスター分析（最短距離法）は，異質集団から類似集団を集め，グループ化することが主目的であるが，ここでは3領域（技能，情意，知識）の調査項目に偏りがないかを確認し，学習者のデータをとらえることに用いた[14]。

分析の結果，いずれの評価項目も50～60％の範囲において均等なデンドログラムであり，3つのグループ（技能，情意，知識）に分れており，本実践での各回答項目は妥当であるといえる。

4.3.2 情報教育履修前後のファジィ分析と因子分析

学習者の情報教育に対する履修前後の理解度を評価し，学習者側と授業者

側の関係の具体化を試みた。そこで，前章と同様に因子分析とファジィ分析を活用し，これを比較した。

(1) **文書作成（ワープロ活用）に関する学習者の変容**

学習者の文書作成や教師の授業の進め方，及び，情意的関係について評価を行った。その分析結果を表Ⅳ-1に示す。

因子分析の結果については，因子寄与率と因子を命名したものを，ファジィ分析については各項目のメンバーシップ関数とその関数値0.70以上について表中に「●」で記載した。

因子分析では，バリマックス回転後，3つの共通因子を抽出した。因子寄与率は，中学・高校でそれぞれ表Ⅳ-1に示すように，履修前後で中学生では第1因子は16.7・24.1％，第2因子は16.5・12.4％，第3因子は13.3・10.1％である。

高校生では第1因子は22.3・31.6％，第2因子は22.2・19.1％，第3因子は15.9・12.2％である。なお，因子の解釈は，0.500以上のものを高い因子負荷量とした。第1因子で高い負荷量の項目は，履修の前後で同じであり，ワープロ活用に関することをあらわすもので，これは中学・高校いずれも「文書作成の技能」を示している。次に第2因子で高い負荷量の項目は，中学・高校生共に履修の前後で異なった。中学では履修前はPCやワープロへの操作についての関心などの「興味・関心」から，履修後はソフトの社会での活用の度合いをあらわすなどの「情報管理」，高校では履修前は体調管理や作業管理といった情意面などの「情報管理」から，履修後はワープロやメディア，論理回路などの知識の充実といった「知識・理解」へ推移している。続く第3因子で高い負荷量の項目も中学・高校共に履修の前後で異なった。中学では履修前はコンピュータの仕組みや文書作成の際の書式の設定などの「知識・理解」から，履修後は授業時の興味や心構えを示す「興味・関心」，高校では履修前はこの「興味・関心」から，履修後は体調管理や作業管理といった情

表Ⅳ-1　文書作成に関する評価の分析結果

評価項目	中学生 メンバーシップ関数値 授業前	0.7以上	メンバーシップ関数値 授業後
1．文字入力の自信	0.49		0.82
2．キー入力の自信	0.65		0.97
3．タッチタイピングの自信	0.42		0.61
4．文書作成の正確さ	0.57		0.82
5．マウス操作	0.64		0.92
6．印刷方法	0.41		0.85
7．ソフトのインストール	0.31		0.47
8．印刷時の設定	0.72	●	0.68
9．文字入力のスムースさ	0.46		0.57
10．作業時の体調管理	0.41		0.56
11．作業時間	0.47		0.49
12．体調管理	0.71	●	0.77
13．ワープロによる漢字力の減退	0.68		0.69
14．ワープロへの興味	0.95	●	0.94
15．PC操作への興味	0.95	●	0.93
16．ワープロ活用の将来性	0.94	●	0.95
17．ワープロマニュアルの理解度	0.46		0.55
18．難解な漢字等の検索方法理解	0.36		0.51
19．書式設定の理解	0.37		0.48
20．正式文書の作成理解	0.34		0.46
21．正式文書の語句の理解	0.38		0.49
22．文字等のレイアウト理解	0.49		0.81
23．ハードウェアの専門用語理解	0.21		0.32
24．ソフトウェアの専門用語理解	0.21		0.28
25．ワープロの情報活用理解	0.86	●	0.95
	因子名	因子寄与率	因子名
第1因子	技能	16.7	技能
第2因子	興味・関心	15.5	情報管理
第3因子	知識・理解	13.3	興味・関心

意面などの「情報管理」へ推移している。

　ここで，中学・高校の履修前後の「技能面」「知識面」「情意面」のメンバーシップ関数値の推移をみると，中学校は文書作成の「技能面」について，工業高校ではいずれの面も上昇傾向であった。

0.7以上	高校生			
	メンバーシップ 関数値　授業前	0.7以上	メンバーシップ 関数値　授業後	0.7以上
●	0.12		0.83	●
●	0.22		0.85	●
	0.15		0.48	
●	0.26		0.84	●
●	0.42		0.96	●
●	0.28		0.87	●
	0.31		0.72	●
	0.32		0.82	●
	0.28		0.66	
	0.38		0.69	
	0.39		0.71	●
●	0.55		0.81	●
	0.56		0.84	●
●	0.68		0.96	●
●	0.66		0.98	●
●	0.45		0.97	●
	0.45		0.88	●
	0.32		0.75	●
	0.41		0.81	●
	0.42		0.74	●
	0.32		0.53	
●	0.33		0.84	●
	0.35		0.62	
	0.29		0.61	
●	0.66		0.78	●
因子寄与率	因子名	因子寄与率	因子名	因子寄与率
24.1	技能	22.3	技能	31.6
12.4	情報管理	22.2	知識・理解	19.1
10.1	興味	15.9	情報管理	12.2

(2) コンピュータ・リテラシーに関する学習者の変容

　学習者がコンピュータを様々なツールとして活用し，社会の中でのICT活用などの，コンピュータ・リテラシーについての評価を行い，その分析結果を表Ⅳ-2に示した。

　因子分析では，バリマックス回転後，3つの共通因子を抽出した。因子寄

表Ⅳ-2　コンピュータ・リテラシー評価の分析結果

評価項目	中学校		
	メンバーシップ関数値　授業前	0.7以上	メンバーシップ関数値　授業後
1．FDの初期化ができる	0.35		0.46
2．保存媒体双方のファイル管理	0.28		0.38
3．PCへのインストール	0.21		0.31
4．全ての文字入力の自身	0.49		0.81
5．表計算での加減乗除ができる	0.39		0.32
6．表計算の帳票作成はスムースにできる	0.25		0.49
7．マウス操作	0.65		0.89
8．クロス集計などの統計処理	0.21		0.31
9．データの検索などができる	0.21		0.32
10．複数ソフトによる操作技術	0.19		0.31
11．ホームページが作製できる	0.24		0.25
12．プリンタの操作は慣れている	0.35		0.58
13．休憩や体調管理に留意	0.41		0.53
14．PC操作の時間配分管理	0.47		0.47
15．無理しない	0.71	●	0.77
16．PC等の機器に対する興味	0.98	●	0.88
17．PC等の操作は容易である	0.39		0.48
18．PCに人は頼っている	0.71	●	0.91
19．PCは仕事に必ず役立つ	0.95	●	0.95
20．印刷等の書式設定はうまくできる	0.37		0.48
21．文章表現やレイアウトはうまくできる	0.49		0.75
22．報告書作成時複数種類のソフト活用可能	0.23		0.32
23．検索時の種々のPC等メディアや道具活用	0.22		0.43
24．機密文書等のデータ管理	0.21		0.24
25．ネットでのプライバシー問題に留意	0.31		0.36
26．OSの意味の理解	0.18		0.21
27．PCのハード・ソフトの理解	0.29		0.38
28．2進数や論理回路の理解	0.23		0.33
29．PC使用は調べる等の思考訓練に役立つ	0.83	●	0.95
30．社会でのPC活用の理解	0.47		0.56
	因子名	因子寄与率	因子名
第1因子	技能	15.5	ツール的活用と技能
第2因子	興味	14.9	情報管理
第3因子	知識・理解	14.7	知識・理解

　与率は，中学・高校でそれぞれ表Ⅳ-2に示すように，履修前後で中学生では第1因子は15.5・21.4%，第2因子は14.9・18.9%，第3因子は14.7・14.7%で

| 0.7以上 | 高等学校 ||||
	メンバーシップ関数値 授業前	0.7以上	メンバーシップ関数値 授業後	0.7以上
	0.16		0.87	●
	0.13		0.78	●
	0.13		0.78	●
●	0.22		0.77	●
	0.16		0.61	
	0.14		0.56	
●	0.38		0.88	●
	0.14		0.51	
	0.13		0.61	
	0.14		0.43	
	0.12		0.27	
	0.18		0.61	
	0.35		0.55	
	0.31		0.51	
●	0.66		0.78	●
●	0.91	●	0.95	●
	0.31		0.61	
●	0.61		0.78	●
●	0.84	●	0.89	●
	0.21		0.88	●
●	0.18		0.82	●
	0.16		0.67	
	0.21		0.48	
	0.16		0.35	
	0.21		0.44	
	0.15		0.64	
	0.16		0.61	
	0.16		0.61	
●	0.59		0.67	
	0.41		0.71	●
因子寄与率	因子名	因子寄与率	因子名	因子寄与率
21.4	技能	27.5	情報管理	32.8
18.9	興味	20.1	ツール的活用と技能	21.3
14.7	知識・理解	11.8	技能	9.3

ある。

　高校生では第1因子は27.5・32.8％，第2因子は20.1・21.8％，第3因子は

11.8・9.3%である。なお，因子の解釈は，0.500以上のものを高い因子負荷量とした。

　第1因子で高い負荷量の項目は，中学・高校生共に履修の前後で異なった。中学では履修前後共にPCやツール的活用といった「技能」，高校では履修前は「技能」から，体調管理や作業管理といった情意面などの「情報管理」へ推移している。

　次に第2因子で高い負荷量の項目は，中学・高校生共に履修の前後で異なった。中学では履修前はPC操作についての関心などの「興味・関心」から，履修後はソフトの社会での活用の度合いをあらわすなどの「情報管理」，高校では履修前はPC操作やメディアに対する興味といった情意面などの「興味」から，履修後はPCやメディアの活用や操作といった「ツール的活用と技能」へ推移している。

　続く第3因子で高い負荷量の項目は中学では履修の前後で同じであるが，高校は履修の前後で異なった。中学では履修前後共にコンピュータの仕組みや文書作成の際の書式の設定などの「知識・理解」，高校では履修前はこの「知識・理解」から，履修後はPCやツール的活用といった「技能」へ推移している。

　ここで，中学・高校の履修前後の「技能面」「情意面」「知識面」のメンバーシップ関数値の推移をみると，中学・高校共にコンピュータ・リテラシーの「技能面」について上昇傾向であった。

(3) 情報リテラシーに関する学習者の変容

　学習者の「情報活用の実践力」，「情報の科学的な理解」，「情報社会に参画する態度」の全般に関する意識，すなわち，情報リテラシーについての評価を行い，その分析結果を表IV-3に示した。因子分析では，バリマックス回転後，3つの共通因子を抽出した。因子寄与率は，中学・高校でそれぞれ表IV-3に示すように，履修前後で中学生では第1因子は19.9・23.8%，第2因子

は13.1・13.1％，第3因子は13.1・13.0％である。高校生では第1因子は31.3・31.1％，第2因子は16.8・23.3％，第3因子は11.9・17.1％である。なお，因子の解釈は，0.500以上のものを高い因子負荷量とした。

第1因子で高い負荷量の項目は，中学・高校生共に履修の前後で異なった。中学では履修前はPCやメディア操作といった「技能」から，PCやメディア活用といった「PC活用」，高校では履修前は「知識・理解」から，PCやメディア活用といった「PC活用」へ推移している。

次に第2因子で高い負荷量の項目は，中学・高校生共に履修の前後で異なった。中学ではPC操作やメディアに対する興味といった情意面などの「興味」から，履修後は情報に関する知識やソフトの活用技能をあらわすなどの「知識と技能」，高校ではPCやメディア操作といった「技能」から，履修後はPCの仕組みや文書作成の際の書式の設定などの「知識・理解」へ推移している。

続く第3因子で高い負荷量の項目は中学・高校生共に履修の前後で異なった。中学ではPCの仕組みや文書作成の際の書式の設定などの「知識・理解」から履修後はPC操作やメディアに対する興味といった情意面などの「興味」，高校では履修前はPC操作やメディアに対する興味といった情意面などの「興味」から，履修後は「情報管理」へ推移している。

ここで，中学・高校の履修前後の「技能面」「知識面」「情意面」のメンバーシップ関数値の推移をみると，中学・高校共に情報リテラシーの「技能面」について上昇傾向であった。

4.3.3 学習者による自己評価と指導者による評価との関連性

情報教育履修前後について，3つの評価票の「知識面」「技能面」「情意面」のそれぞれのメンバーシップ関数値，因子分析による3つの因子，併せて，指導者側の各評価票における達成目標を比較検討した。これを表Ⅳ-4に示す。

表Ⅳ-3　情報リテラシー評価の分析結果

評価項目	中学校		
	メンバーシップ関数値　授業前	0.7以上	メンバーシップ関数値　授業後
1．FDの初期化ができる	0.35		0.46
2．保存媒体双方のファイル管理	0.28		0.38
3．PCへのインストール	0.21		0.31
4．全ての文字入力の自身	0.49		0.81
5．表計算での加減乗除ができる	0.24		0.32
6．表計算の帳票作成は適切にできる	0.25		0.49
7．マウス操作	0.64		0.91
8．クロス集計などの統計処理	0.21		0.31
9．データの検索などができる	0.21		0.32
10．複数ソフトによる操作技術	0.19		0.31
11．ホームページが作製できる	0.24		0.25
12．休憩や体調管理に留意	0.41		0.57
13．PC操作の時間配分管理	0.47		0.48
14．休憩や体調管理に留意	0.71	●	0.77
15．PC等の機器に対する興味	0.98	●	0.89
16．PC等の操作は容易である	0.39		0.48
17．PCに人は頼っている	0.71	●	0.91
18．PCは仕事に必ず役立つ	0.94	●	0.94
19．蓄積されたデータの保管	0.42		0.62
20．機密文書等のデータ管理	0.21		0.25
21．ネット通信の際の個人情報管理	0.29		0.24
22．ネットでのプライバシー問題に留意	0.31		0.26
23．メール文書の適切な処理に留意	0.25		0.27
24．検索時の種々のPC等メディアや道具活用	0.32		0.43
25．報告書作成時複数種類のソフト活用可能	0.23		0.32
26．PC使用は調べる等の思考訓練に役立つ	0.82	●	0.94
27．情報源（第1次，第2次情報など）の留意	0.32		0.26
28．情報の適切な加工と伝達方法に留意	0.29		0.34
29．収集した情報を処理しプレゼンで伝える	0.19		0.22
30．社会の中でのPC活用の理解	0.41		0.47
	因子名	因子寄与率	因子名
第1因子	技能	19.9	PC活用
第2因子	興味	13.1	知識と技能
第3因子	知識・理解	13.1	興味

　文書作成における中学・高校の両教育段階の評価について，概ね履修後のメンバーシップ関数値が高くなっている。具体的には，中学・高校共に学習

0.7以上	高等学校				
	メンバーシップ関数値 授業前	0.7以上	メンバーシップ関数値 授業後	0.7以上	
	0.34		0.81	●	
	0.23		0.77	●	
	0.28		0.71	●	
●	0.37		0.76	●	
	0.31		0.57		
	0.31		0.56		
●	0.39		0.81	●	
	0.31		0.53		
	0.25		0.57		
	0.22		0.47		
	0.19		0.28		
	0.39		0.45		
	0.41		0.46		
●	0.33		0.61		
●	0.23		0.84		
	0.39		0.74	●	
●	0.32		0.78	●	
●	0.26		0.96	●	
	0.27		0.71	●	
	0.27		0.37		
	0.28		0.31		
	0.31		0.36		
	0.25		0.35		
	0.26		0.51		
	0.31		0.52		
●	0.27		0.61		
	0.27		0.53		
	0.28		0.49		
	0.24		0.47		
	0.37		0.67		
因子寄与率	因子名	因子寄与率	因子名	因子寄与率	
23.8	知識・理解	31.3	PC活用	31.1	
13.1	技能	16.8	知識・理解	23.3	
13.0	興味・関心	11.9	情報管理	17.1	

者は「技能面」と「知識面」を重視している。一方，指導者も，中学・高校共に「技能面」と「知識面」を重視している。

表Ⅳ-4　各評価票のメンバーシップ関数の比較表

		ワープロ活用		コンピュータ・リテラシー		情報リテラシー	
		中学校	高等学校	中学校	高等学校	中学校	高等学校
知識面	学習前	0.28	0.28	0.31	0.24	0.32	0.28
	学習後	0.58	0.61	0.51	0.63	0.48	0.52
	指導者側	0.52	0.52	0.32	0.45	0.44	0.63
技能面	学習前	0.22	0.19	0.23	0.17	0.24	0.29
	学習後	0.51	0.75	0.44	0.64	0.44	0.62
	指導者側	0.52	0.55	0.42	0.42	0.31	0.63
情意面	学習前	0.46	0.45	0.71	0.57	0.53	0.31
	学習後	0.54	0.65	0.83	0.72	0.73	0.61
	指導者側	0.42	0.48	0.72	0.51	0.53	0.73

　次にコンピュータ・リテラシーにおける中学・高校の両教育段階の評価について，履修後のメンバーシップ関数値が高くなっている。また，中高生共にPC活用に際しては「情意面」を重視している。一方，中学・高校の指導者も共に「情意面」を重視している。情報リテラシーにおける中学・高校の両教育段階の評価について，概ね実践後のメンバーシップ関数値が高くなっている。また，中高生共に情報社会に参画する態度や情報の管理などの「情意面」の値が他の技能面と知識面より大きい。一方，指導者も，中学・高校共に「情意面」を重視している。

4.3.4　考　察

　以上，情報教育に関する中高生の履修前後の評価結果についてまとめると，文書作成に関する評価では，中学ではワープロ技能，高校でもワープロ技能を重視し，履修前後の学習の傾向を見ると，中学では文書作成のワープロに関する「技能面」について，高校では「技能面」と「知識面」が上昇傾向であり，情意面の上昇傾向は低くなった。コンピュータ・リテラシーに関する評価では，中学ではPC技能，高校ではPCのツール的活用と情報管理を優先し，履修前後の学習の傾向をみると，中学ではコンピュータ操作に関する「技能面」について，高校では「技能面」と「知識面」が上昇傾向であ

り，情意面の上昇傾向は低くなった。情報リテラシーに関する評価では，中学では PC 活用，工業高校でも PC 活用を優先し，履修前後の学習の傾向をみると，中学・高校共に情報リテラシーの「技能面」と PC の仕組みや文書作成の際の書式の設定などの「知識面」について上昇傾向であったが，情報リテラシーに関する評価の中の情報科学についての「知識面」の上昇傾向は技能面と情意面に比べて低くなっている。

　これらの結果により，1995年代前後の情報教育は，学習者は「思考及び，関心・意欲・態度」といった「情意面」の伸びは低いものの，ワープロ技能や PC 操作といった「技能面」を重要な内容としていたと考えられる。また，情報リテラシーの評価については知識面の重視度が低い傾向にあった。情報リテラシーの知識面とは，論理回路，進数，プログラミング，メール送受信の仕組みといった「情報の科学的な理解」に関する内容と「コンピュータ活用の知識や工夫」，「情報社会への参画する態度」などである。一方，指導者の意識では，中学校の場合は，コンピュータ・リテラシーの技能面，すなわちコンピュータ操作に関する技能や情報管理を重視していた。工業高校の場合は，情報リテラシーの「情意面」，すなわち情報社会に参画する態度や情報モラルを重視していた。

　このように，現状では，中高生共に情報及び，PC 活用を重視するものの，「情報の科学的な理解」についてはあまり重視していないことが窺える。また，指導者は，中学及び，高校の教師自身も PC 操作や情報モラルなどを重視している。このことは，第 2，3 章の知見である「学習の成果が指導者の一般的教授行動や信頼，教授内容に影響する」という結果を踏まえ判断すると，学習者は PC 操作や技能，活用能力，情報モラルの内容の理解の範囲に留まることとなり，「情報の科学的な理解」の内容まではなかなか到達することが出来ない実態であることがわかった。これらを第 3 章で確認された『「専門教授学的指導」が教師の教科指導力に基づく信頼に，「一般教授学的指導」が学習者の教師に対する情意的信頼と関係する』ことと関連づけると，

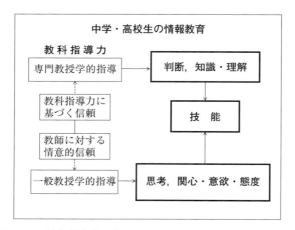

図Ⅳ-4　情報教育成立期の学習における教師と学習者の関係

次の図Ⅳ-4ように整理できる。

　これらのことから，教師の「教科指導力」は学習者の「技能面」と「知識面」である「知識・理解・技能」に関係し，学習者の「教師に対する情意的信頼」は「関心・意欲・態度」に関係する。そしてこの両者が，当時のICT関係の中でもPC操作などの「技能」と関係していることが明らかになった。ただし，評価の観点のうち，課題を解決するために必要な「判断」と「思考」については，専門教授学的指導は「判断」に，一般教授学的指導は「思考」に関係すると考えられる。

4.4　まとめ

　本章では，情報教育の目標である情報リテラシーの育成に向けた学習の到達度を中心にして検討した。これより，当時の情報教育のICT活用やコンピュータ・リテラシー教育への傾斜は，結果として「情報活用の実践」と「情報社会に参画する態度」はある程度指導されたものの，「情報の科学的な理解

や情報教育の意義」については指導において重視されるに至っていないことが明らかになった。

　第1章で述べた通り，課題1-1（研究1）は，ファジィ分析を用いて情報教育成立期のカリキュラム評価を行うことであった。この課題に対して第2～4章において検討した。

　その結果，第2章では，成立期の情報教育に対する学習者のイメージが「技能の熟練」「技能の確認」「学習の心構え」であり，操作技能の習得に意識が傾斜すると共に，「情報の科学的な理解」に関する内容に対しては学習の困難感を形成していたことが示唆された。そしてこの結果は，情報教育を担当する指導者の指導内容や指導方法に強く影響していたことが明らかとなった。

　また，第3章では，同成立期の学習者である中高生が，社会の情報化の拡大時期にあって「情報の科学的な理解」，情報化社会への不安と期待，ツールとしてのコンピュータ活用という意識を生活経験の中で形成していた。しかし，これらの意識は，情報教育の履修によってコンピュータ操作技能の習得という一点に傾斜し，当時の情報教育担当教員が中高生の期待や不安を上手く取り上げた指導を展開しきれていなかったことが明らかとなった。

　そして，第4章では，情報教育成立期における教師と学習者の関係として，教師の専門教授学の指導が学習者の判断や知識・理解を促し，一般教授学的指導が学習者の思考及び，興味・関心・態度を促し，その両者があいまって技能習得が図られていた様相が把握された。これらの知見より，前述した課題1-1（研究1）へは概ね対応することができたと考えられる。

　そこで続く第5章からは，課題1-2（研究2）である情報教育展開期のカリキュラム評価について検討を進めることとする。

第5章 情報教育展開期の学習者による
カリキュラム評価

5.1 目　　的

　第2～4章において取り組んだ課題1-1（研究1）に関しては，成立期における情報教育の内容に対しては次のようなことが示唆された。第2章では情報教育成立期のカリキュラムに対する中高生の情意領域の評価について，社会の情報化の進展状況を鑑み，ICTに関する経験や知識に対して曖昧さを持つ学習者の状況を考慮し，探索的に把握した。その結果，当時の情報教育に対する学習者のイメージが「技能の熟練」「技能の確認」「学習の心構え」であり，操作技能の習得に意識が傾斜すると共に，「情報の科学的な理解」に関する内容に対しては学習の困難感を形成していたことが示唆され，当時の情報教育を担当する教師の指導内容，指導方法に強く影響されていたことが明らかになった。第3章では，同成立期の学習者である中高生が，社会の情報化の拡大時期にあって「情報の科学的な理解」，情報化社会への不安と期待，ツールとしてのコンピュータ活用という意識を生活経験の中で形成していた。しかし，これらの意識は，情報教育の履修によってコンピュータ操作技能の習得という一点に傾斜し，当時の情報教育担当教員が中高生の期待や不安を上手く取り上げた指導を展開しきれていなかったことが明らかとなった。そして，第4章では，情報教育成立期における教師と学習者の関係として，教師の専門教授学的指導が学習者の知識・理解を促し，一般教授学的指導が学習者の関心・意欲・態度を促し，その両者があいまって技能習得が図られていた様相が把握された。そしてこの結果は，情報教育を担当する指導

者の指導内容や指導方法に強く影響していたことが明らかとなった。これらの知見より，前述した課題1-1（研究1）へは概ね対応することができたと考えられる。そこで続く第5章からは，課題1-2（研究2）である情報教育展開期のカリキュラム評価について以下のような検討を進めることとする。

まず第5章では，情報教育展開期における中学校と普通高校生の情報教育についての学習者によるカリキュラム評価の反応に関し，中学校と高等学校では学習する情報に関する必修用語についてその理解度や重視度の把握を試みる。併せて，高等学校ではこれまでの課題1-1（研究1）で検討した評価内容をさらに，ブルーム（B.S.Bloom）評価理論，すなわちタキソノミーにより再検討して情報教育のイメージ評価を試みる[101],[102]。

この評価方法に関しては，情報教育における評価の4つの観点のうち「知識・理解」「技能」「関心・意欲・態度」の3つの観点については検討したが，創意や工夫の要素が含まれる「思考・判断・表現」は「知識・理解」と「関心・意欲・態度」の観点に含まれる形での評価であった。そのため，「知識・理解」と「技能」の関係や，「知識・理解」の学習の段階とその到達度などについては，これら4つの観点について学習の前後でどの様に推移しているかについては，さらに精査する必要がある。この4つの評価の観点について，学習者の理解度やその推移を把握するために，1970年代から提唱されているブルームらの評価理論，すなわち評価法と学習者の到達度を調べる上で有効であるとされているタキソノミーを活用した評価法により検討することとする。この手法により，情報教育の目標である情報活用能力（情報リテラシー）の学習内容についての各観点の学習段階を把握し，さらに「情報の科学的な理解」の検討を深める上で有効な手段と考える。

第6章では，第5章と同様の中学生と普通高校生について学習者によるカリキュラム評価ではあるが，教科「情報」が2003年度からスタートして3年間の経時的な変容を把握するための分析を試みる。

第7章では，第5章，第6章と同様の展開期における情報教育の学習者に

よる経時的な変容の把握ではあるが，いち早く情報教育を導入した職業高校生（工業高校生）による情報教育の評価とその経時的変容を試みる。

5.2 方　　法

5.2.1　ブルーム評価理論での情報教育の評価の考え方

　当時文部省の示す4つの評価の観点について，学習者の抱く情報教育のイメージを調べる上では，その比較・検討する上で理論的枠組みが必要である。この理論的枠組みとして本章からは，ブルーム（B.S.Bloom）の評価理論[103], [104]を援用する。ブルームの評価理論は，教育目標の分類を図Ⅴ-1に示すように「精神運動的領域（Psychomotor Domain）」「認知的領域（Cognitive Domain）」「情意的領域（Affective Domain）」とするものである。

　「精神運動的領域」は学習者のある作業を達成する際の段階で，模倣から始まり，操作，正確化，文節化，そして熟練に達する。これは評価の4観点の技能と思考・表現の2つの観点にあたり，「技能」は精神運動的領域のスタート段階にあたる。

　「認知的領域」は知識の再生や理解及び，知的な諸能力の発達に関する諸目標から成る領域である。知識から理解，応用，分析，統合，評価の段階を

精神運動的領域		認知的領域		情意的領域	
模倣		理解		受け入れ	（興味）
	技能		知識		関心
操作	↓	応用	↓	反応	↓
正確化	思考	分析	理解	価値付け	意欲
分節化	表現	統合	↓	組織化	↓
			判断		態度
熟練化		評価		個性化	

図Ⅴ-1　ブルーム評価理論と評価の観点の関係

とり，これは評価の4観点の中の知識・理解と判断の2つの観点にあたり，この「知識・理解」は認知的領域のスタート段階にあたる。

「情意的領域」は学習者の学習に対する受け入れから始まり，反応，価値付け，組織化，個性化の段階をとり，これは4観点の中の（興味・関心）・意欲・態度という一つの観点にあたり情意的領域では関心，意欲，態度の順となっている。

このようにブルームの評価理論は，学習者が持つ情報教育に関する教育目標に対してどの領域からどの程度まで到達しえたかを把握することができる。そこで本研究では，ブルームの評価理論に基づいた学習者の情報教育の到達度を検討することとする。学習内容は，従来の各領域である技能面，知識面，情意面として，これらをそれぞれ精神運動的領域，認知的領域，情意的領域と称することとする。

- <u>精神運動的領域（技能面）</u>：ワープロ・表計算・インターネット等のコンピュータ・リテラシーを中心とするメディア活用の技能面に関すること，及び，PC活用時の思考や表現の内容を1～20の20項目。
- <u>認知的領域（知識面）</u>：情報理論とコンピュータ概念，ハードやソフトに関する知識や理解面，及び，情報に関する内容を理解し判断する内容を21～35の15項目。
- <u>情意的領域（情意面）</u>：情報手段の活用や情報社会に参加する上での興味や関心・意欲，望ましい態度，及び，情報モラルに関するものなどの情意面の内容を36～50の15項目。

質問の設定方法は，情報教育の目標である情報活用能力と3観点を柱として，ブルーム等の教育目標分類（Taxonomy of educational objectives）[103],[104]と先行研究[7]～[11]より得られた評価項目を元に検討した。

5.2.2 調査対象及び調査内容

調査対象は，2005年5月栃木県の公立中高生である。対象学習者は中高生

共に3年生で，中学生は79名，高校生は116名である。履修時のコンピュータは，一人1台使用し，他のメディアとしてOHP，ディジタルカメラ，OHCなどの設備を備え，授業科目は，中学校では技術科の「情報とコンピュータ」，高校では教科「情報」の学習内容である。この両者で，各学校段階に沿ったコンピュータ・リテラシー等や基本的なプログラミングの実習と情報ネットワークに関する知識，ハードウェア・ソフトウェア技術を含めた知識やセキュリティ・プライバシー等の講義が主な学習内容である。

5.2.3 履修した情報教育の内容

情報教育の内容は，中学校技術・家庭科では「情報とコンピュータ」，普通高校及び，専門高校では教科「情報」である。学習内容は，中学校は標準的な技術科の情報教育の内容でコンピュータの仕組み（コンピュータの基本的な構成と機能），ハードウェア・ソフトウェア，プログラミング，アプリケーションソフトによる情報の活用や利用分野の把握を行った。高等学校は，情報の収集・発信と情報機器の活用や情報の統合的な処理とコンピュータ活用，情報科学を中心とする情報理論・情報倫理・論理回路・ハードウェア・ソフトウェア等と情報化の進展と社会への影響全般を講義し，実習は，ソフト活用（ワープロ・表計算・プレゼンテーション・インターネットなど）と言語（BASIC・HTMLによるホームページ作成）である[100]。そして，これを「調べ・検索し・まとめ・伝達する」といった「情報活用の実践力」と，「情報の科学的な理解」「情報社会に参画する態度」など情報の3観点に沿った学習を行った。なお，本実践の内容は，第3章と同様である。

5.2.4 分析のための評価票

第5章では，中高生に対して各学校段階での情報教育の認知度と同時に，ブルーム評価理論に基づき，情報教育の目標である「情報活用能力の育成」を踏まえ，評価の4観点を含めて評価することが妥当と考えた。そこで，中

高生に対する情報必須用語の認知度調査を行い、その上で高校生に対してブルーム評価理論による認知領域・精神運動領域・情意領域の3領域による情報教育のイメージを調査した。

(1) 中学校における情報教育の必須用語に関する認知度調査

　技術・家庭科「情報とコンピュータ」の必須用語について、2005年に2社の教科書から40項目を抽出した[105]。評価尺度は「全くあてはまらない」「あまりあてはまらない」「どちらでもない」「少しあてはまる」「とてもよくあてはまる」の5件法とし、評価項目数は40項目である。評価項目は「アイコンの意味を知っている」「イメージスキャナの意味を知っている」等の表現法で、ネットワークやプログラム関係、情報教育に関する専門用語やソフトウェア関係の項目である。この評価票を図V-2に示す。

(2) 高等学校における情報教育の必須用語に関する認知度調査

　2003年度全国で使用されている教科「情報」の教科書、上位3社（全体の83.8％）の必須用語60項目より成る[105]。調査尺度は同様の5件法である。項目は、「URLの意味を知っている」「著作権の意味を知っている」等の表現法で、検索エンジン等のネットワーク関係、LSI等の専門用語関係、知的財産権等のメディアリテラシー関係の必須用語の項目である。この評価票を図V-3に示す。

(3) 高等学校における情報教育のイメージに関する調査

　これまでの調査は、情報教育に関するイメージについて文書作成、コンピュータ・リテラシー、当時の情報リテラシーの履修後や履修前後で調査した。本章では、展開期の2003年に高校に教科「情報」が設置され、学習指導要領も改訂されていることから、これまで調査していた内容を統括しブルーム評価理論に基づいた調査項目を設定した。調査尺度は同様の5件法であ

【情報教育関係アンケート項目】
　本アンケートは，皆さんの情報全般の理解やイメージについて調べ，今後の小学・中学・高校・大学のカリキュラムを検討し作成する上での参考資料とするものです。成績等個人情報には全く関係がありません。
　皆さんが中学校の授業の経験を通して，どの程度その語句の意味や方法を知っているのか，あるいは理解しているのか，あなた方自身の率直な考えで回答してください。

※回答は，数直線上の任意の数値上に○を付けて下さい。

```
            全く知らない  あまり知らない  どちらでもない  少し知っている  とてもよく知っている
                1          2            3            4            5
```

＜回答項目＞

1. アイコンの意味を知っている
2. イメージスキャナの意味を知っている
3. インターネットの意味を知っている
4. Ｗｅｂページの意味を知っている
5. ＭＯディスクの意味を知っている
6. 応用ソフトウェアの意味を知っている
7. キーボードの操作方法を理解している
8. 基本ソフトウェア（ＯＳ）の意味を知っている
9. インターネット等のデータ検索の方法を知っている
10. コンパクトディスク（ＣＤ）の意味を知っている

11. コンピュータウイルスの意味を知っている
12. コンピュータグラフィックス（ＣＧ）の意味を知っている
13. コンピュータネットワークの意味を知っている
14. サーバの意味を知っている
15. 図形処理の操作方法を理解している
16. セルの意味を知っている
17. ソフトウェアの意味を知っている
18. 著作権を理解している
19. ディジタルカメラの操作方法を理解している
20. ディジタル化の意味を知っている

21. ディスプレイの意味を知っている
22. データの意味を知っている
23. 基本的なデータベースの操作方法を知っている
24. 電子メールの意味を知っている
25. ドメイン名の意味を知っている
26. ネットワークの意味を知っている
27. ハードウェアの意味を知っている
28. ハードディスクの意味を知っている
29. パスワードの意味を知っている
30. 基本的な表計算ソフトの操作方法を知っている

31. ファイルの意味を知っている
32. フォルダの意味を知っている
33. プリンタの操作方法を知っている
34. プレゼンテーションの意味を知っている
35. プログラムの意味を知っている
36. フロッピーディスクの意味を知っている
37. 文書処理（ワープロ）の意味を知っている
38. マウスの意味を知っている
39. ユーザーＩＤの意味を知っている
40. ユーザー名の意味を知っている

図Ｖ-２　中学校の必修用語の認知度調査項目

【情報教育関係アンケート項目】
　本アンケートは，小学・中学・高校・大学のカリキュラムを検討する上での参考資料です。成績には全く関係がありません。
　皆さんが高等学校の授業を通して，どの程度意味を知り，あるいは理解したのか，自分自身の率直な考えで回答してください。

学校名（　　　　　　　　　　）学年（　　　）
出身高校を〇で囲んで下さい→普通高校 専門高校＜工業・商業＞

※回答は，数直線上の任意の数値上に〇を付けて下さい。

＜回答項目＞
　　　　　　　　　　　　　　　　全く知らない　あまり知らない　どちらでもない　少し知っている　とてもよく知っている
　　　　　　　　　　　　　　　　　　1　　　　2　　　　3　　　　4　　　　5

1. CD-ROMの意味を知っている
2. ENIACの意味を知っている
3. GIF形式の意味を知っている
4. HTMLの意味を知っている
5. ICの意味を知っている

6. JPEG形式の意味を知っている
7. LANの意味を知っている
8. LSIの意味を知っている
9. OSの意味を知っている
10. POPサーバーの意味を知っている

11. POSシステムの意味を知っている
12. SMTPサーバの意味を知っている
13. SOHOの意味を知っている
14. TCP/IPの意味を知っている
15. URLの意味を知っている

16. Webページの意味を知っている
17. WWWの意味を知っている
18. アナログの意味を知っている
19. アニメーションの原理（仕組み）を知っている
20. アプリケーションの意味を知っている

21. アンケート作成の理由・意味を知っている
22. インターネットの仕組み・意味を知っている
23. インターフェイスの意味を知っている
24. オンラインショッピングの意味を知っている
25. 画素の意味を知っている

26. 画像情報の意味を知っている
27. 検索エンジンの意味を知っている
28. 個人情報の保護・意味を知っている
29. コミュニケーションの意味を知っている
30. コンピュータウイルスの意味を知っている

31. 情報社会の意味を知っている
32. 情報収集の意味を知っている
33. 情報の信頼性の意味を知っている
34. プレゼンテーションでのスライドの意味を知っている
35. 表計算のセルの意味を知っている

36. 知的財産権の意味を知っている
37. 著作権の意味を知っている
38. ディジタルの意味を知っている
39. ディレクトリィの意味を知っている
40. データベースの意味を知っている

41. テーマ設定の意味を知っている
42. テキストファイルの意味を知っている
43. 電子メールの意味を知っている
44. 添付ファイルの意味を知っている
45. ドメイン名の意味を知っている

46. ハードウェアの意味を知っている
47. バイトの意味を知っている
48. 基本的な表計算の操作方法を知っている
49. ファイルの意味を知っている
50. フォルダの意味を知っている

51. プライバシーの意味を知っている
52. ブラウザの意味を知っている
53. プレゼンテーションの意味を知っている
54. プロジェクタの操作方法を知っている
55. マルチメディアの意味を知っている

56. メディアの意味を知っている
57. 文字コードの意味を知っている
58. 文字化けの意味を知っている
59. 問題解決の意味を知っている
60. リンクの意味を知っている

図V-3　高等学校の必修用語の認知度調査項目

る。項目は，認知領域では「OS の意味を知っている」，精神運動領域では「表計算の基本関数が使用できる」，情意領域では「コンピュータ操作に興味を引かれる」等の表現法でそれぞれの領域を確認できる質問形式にした。これを図Ⅴ-4に示す。

5.2.5　分析方法

　まず，中学校において情報教育に関する知識や実践の重要度を見るために図Ⅴ-1の40項目の調査を実施した。次に，高等学校において，情報教育に関する知識や実践の重要度を見るために図Ⅴ-2の50項目の調査を行った。続けて，普通高校生に対して情報教育のイメージを調査するために，図Ⅴ-3の50項目の調査を行った。回答項目は，学習者の情報教育全般の学習内容を因子分析により，その重要度と情報教育の現状認識を調べた。なお，調査は履修後に実施した。

　因子分析は，バリマックス回転により因子軸を回転させ，因子寄与率の差を考慮し，因子負荷量を0.45以上とした上で，共通因子を抽出することとした[9]。以上の分析法により，大学情報教育の目標の重視度，専門・普通高校生の実態の関係を調査し，カリキュラムの方向性を検討することとした。

5.3　結果及び考察

　調査項目の妥当性については，尺度弁別力を GP 分析による Cronbach の α 係数が，中学・高校生に対する情報用語の調査，情報教育イメージ調査のいずれも $\alpha=0.950\sim0.978$ となり，尺度の内定整合性は確認されている。

5.3.1　中学校情報必須用語の認知度調査結果

　中学校の情報教育に関する必須用語に対して，主因子法による因子分析を行い，バリマックス回転を実施した。因子の回転後，0.500以上を高い因子負

学校名（　　　　　　　　）学年（　　　）氏名（　　　　　　）
出身高校を○で囲んで下さい→普通高校 専門高校＜工業・商業＞

【情報教育関係アンケート項目】
　本アンケートは，皆さんの情報全般の理解やイメージについて調べ，今後の小学・中学・高校・大学のカリキュラムを検討し作成する上での参考資料とするものです。成績には全く関係がありません。
皆さんが現在までの授業等の経験を通して，どの程度理解しているのか，あるいは理解したのか，あなた方自身の率直な考えで回答してください。

※回答は，数直線上の任意の数値に○を付けて下さい。

『回答例』
　　　　　　あまり当てはまらない　　少し当てはまる
　全く当てはまらない　どちらでもない　とてもよく当てはまる
　　1　　　2　　　3　　　4　　　5

＜回答項目＞
 1. FD・MO等の記憶媒体の初期化ができる
 2. FDとHD両方のファイルのコピー，移動，削除，ファイル名変更ができる
 3. ローマ字入力またはかな入力ができる
 4. 様々な文字入力（記号等も含む）を行うこと
 5. 判らない漢字・記号を部首検索等で調べること
 6. 入力スピードと正確さがある
 7. 文章作成後の誤字脱字はほとんどない
 8. マウス操作はスムースにできる
 9. プリンタ等の周辺装置の扱いには慣れている
10. 文字の太さ，色，罫線等の文章表現（デザイン）を行うことができる
11. 文字数や用紙の大きさなどの書式の設定を行うこと
12. 表計算の加減乗除や最大・最小値等の基本関数を使用できる
13. 表計算の表やグラフの作成ができる
14. クロス集計や検定等の基本的な統計関数ができる
15. 蓄積されたデータの様々な検索や並び替えができる
16. 複数のソフトを活用した表現（プレゼンテーション）ができる
17. 基本的なホームページは作成できる
18. ホームページの色，文字，罫線等のレイアウト表現ができる
19. コンピュータへのソフトのインストールができる
20. レポート作成時に複数のソフトを活用できる
21. ワープロは書く力や漢字の記憶力を強くする
22. ワープロを使うことに興味をひかれる
23. ワープロは将来必ず仕事に役立つと思う
24. ワープロに関するハード関係の専門用語は理解している
25. ワープロに関するソフト関係の専門用語は理解している
26. 手紙や正式文書などの書式や語句の使用は理解している
27. 印刷用紙の大きさや規格（A4，B5等）は理解している
28. OSの意味を理解している
29. コンピュータの基本的な構成や機能は理解している
30. 2進数や論理回路の意味は理解している
31. コンピュータ等の機器を使うことはおもしろい
32. ソフトのマニュアルを読むことで操作は充分理解できる
33. メールでの正式文書送受信の際は簡潔性・明確性に注意している
34. E-mail・携帯メールなどの個人情報には充分注意している
35. インターネットでのデータ改ざんやプライバシー問題について充分注意している
36. 1時間程度の作業でも姿勢（眼，肩，足）に注意している
37. 入力作業中は自分なりの時間配分に気を付けている
38. 体の調子が悪いときは機器操作に無理のないようにしている
39. コンピュータ作業中は時間配分に気を付けている
40. ワープロソフトを活用することは，文章を整理する思考訓練に役だつ
41. コンピュータ作業中のリズムは自分なりにできている
42. コンピュータ等の機器を使うことに興味をひかれる
43. コンピュータ等の機器を使うことは容易である
44. 判らないことは辞典やコンピュータなどの道具（ツール）を活用している
45. 印刷したデータ・文書で不要なものはシュレッター等で処分している
46. 人間はコンピュータ等の機器に頼り過ぎている
47. 蓄積されたデータは紛失しないようきちんと保管している
48. 生の情報や雑誌・新聞・ホームページ等の判断には注意している
49. コンピュータを活用することは，調べ・整理する等の思考訓練に役だつ
50. 社会の中でのコンピュータの活用のされ方は理解している

図V-4　ブルーム評価理論に基づく学習後のイメージ評価票

荷量として項目群をみて，因子の解釈・命名を行った。以下，高等学校の必修用語，高等学校のイメージ調査の因子分析においても同様に，スクリープロット法を用いて因子軸の回転を行い，最終解を得た。

その結果，3因子が抽出された。これを表V-1に示す。中学校情報必須用語の分析結果は，第1因子に「21.ディスプレイ」「31.ファイル形式」「38.マウス」等で構成され，情報システム関係の因子と解釈される。そこで本因子を「PCに関するシステム関係の知識」因子と命名した。第2因子は主に「5.MOディスク」「6.応用ソフトウェア」「25.ドメイン名」「26.ネットワーク」等で構成され，ネットワークに関する情報実習関係の因子と解釈される。そこで本因子を「情報ネットワークの実践関係の知識」因子と命名した。第3因子は主に「9.インターネット等データ検索」「11.コンピュータウイルス」「18.著作権」等で構成され，情報モラルとセキュリティ関係の因子と解釈される。そこで本因子を「ネットワークと情報モラルの知識」因子と命名した。

因子寄与率は，第1因子31.6％，第2因子24.1％，第3因子14.0％である。

5.3.2　高等学校情報必須用語の認知度調査結果

普通高校生の学習内容に対する重要度を調査するため，教科「情報」必須用語60項目を因子分析した。分析は，主因子法による因子分析を行い，バリマックス回転を実施した。因子の回転後，0.500以上を高い因子負荷量として項目群をみて，因子の解釈・命名を行った。その結果を表V-2に示す。

因子寄与率は，第1因子26.6％，第2因子24.0％，第3因子15.7％である。分析の結果，第1因子に「4.HTML」「12.SMTPサーバ」「14.TCP/IP」等で構成され，情報ネットワーク関係の因子と解釈される。そこで本因子を「ネットワーク技術の知識」因子と命名した。第2因子は主に「25.画素」「48.表計算の操作」「49.ファイル」等で構成され，PCの操作技術に関する因子と解釈される。そこで本因子を「PCに関するシステム関係の知識」因子と命名した。第3因子は主に「31.情報社会」「33.情報の信頼性」「36.知的財産権」

表V-1　中学校必修用語の因子分析結果

	因子1	因子2	因子3
1．アイコン	**0.585**	0.386	0.328
2．イメージスキャナ	0.067	**0.777**	0.137
3．インターネット	**0.688**	0.098	0.446
4．Webページ	**0.566**	**0.462**	0.138
5．MOディスク	0.098	**0.802**	0.257
6．応用ソフトウェア	0.203	**0.689**	0.019
7．キーボードの操作方法	**0.704**	0.256	0.243
8．基本ソフトウェア（OS）	0.139	**0.797**	0.052
9．インターネット等データ検索	0.288	−0.086	**0.817**
10．コンパクトディスク（CD）	**0.537**	0.300	0.385
11．コンピュータウイルス	**0.589**	0.230	**0.607**
12．コンピュータグラフィックス	**0.453**	**0.420**	**0.496**
13．コンピュータネットワーク	0.250	**0.793**	0.304
14．サーバ	**0.534**	**0.595**	0.276
15．図形処理	0.105	**0.576**	**0.516**
16．セル	**0.768**	0.185	0.216
17．ソフトウェア	**0.537**	**0.540**	0.265
18．著作権	**0.484**	0.394	**0.612**
19．ディジタルカメラ操作方法	0.241	**0.690**	0.129
20．ディジタル化	0.096	**0.779**	0.154
21．ディスプレイ	**0.845**	0.260	0.180
22．データ	**0.869**	0.236	0.127
23．データベース	**0.557**	**0.612**	−0.055
24．電子メール	**0.828**	0.137	0.308
25．ドメイン名	0.380	**0.731**	0.078
26．ネットワーク	0.319	**0.816**	0.119
27．ハードウェア	**0.525**	**0.681**	0.074
28．ハードディスク	0.449	**0.568**	0.371
29．パスワード	**0.707**	0.274	0.307
30．基本的な表計算ソフト操作	**0.725**	0.242	0.268
31．ファイル	**0.858**	0.217	0.208
32．フォルダ	**0.798**	0.236	0.286
33．プリンタ操作	**0.819**	0.099	0.304
34．プレゼンテーション	−0.010	**0.512**	**0.641**
35．プログラム	0.369	0.176	**0.715**
36．フロッピーディスク	**0.469**	0.284	**0.735**
37．文書処理(ワープロ)	**0.602**	0.142	**0.684**
38．マウス	**0.848**	0.167	0.103
39．ユーザーID	**0.735**	0.451	0.114
40．ユーザー名	**0.473**	**0.517**	0.257

等で構成され，情報社会とモラル関係の因子と解釈される。そこで本因子を「情報社会と情報モラルの知識」因子と命名した。

表V-2　普通高校必修用語の因子分析結果

因子項目	因子1	因子2	因子3
1．CD-ROM	0.372	**0.746**	−0.087
2．ENIAC	**0.822**	0.270	0.026
3．GIF 形式	**0.722**	0.299	−0.180
4．HTML	**0.801**	0.119	−0.164
5．IC	**0.558**	**0.700**	−0.143
6．JPEG 形式	**0.662**	0.342	−0.035
7．LAN	0.444	**0.682**	−0.199
8．LSI	**0.733**	0.210	−0.365
9．OS	**0.657**	0.388	−0.279
10．POP サーバ	**0.763**	0.057	−0.237
11．POS システム	**0.791**	0.156	−0.190
12．SMTP サーバ	**0.854**	0.056	−0.284
13．SOHO	**0.830**	0.068	−0.351
14．TCP/IP	**0.846**	0.044	−0.424
15．URL	**0.679**	**0.534**	−0.070
16．Web ページ	0.444	**0.505**	−0.386
17．WWW	0.468	0.401	−0.297
18．アナログ	0.366	0.441	**−0.672**
19．アニメーション	**0.554**	0.452	−0.438
20．アプリケーション	0.440	0.499	**−0.537**
21．アンケート作成	0.150	0.393	−0.215
22．インターネットの仕組み	0.336	**0.543**	−0.215
23．インターフェイス	**0.690**	0.319	−0.120
24．オンラインショッピング	0.434	0.212	−0.591
25．画素	0.211	**0.685**	−0.211
26．画像情報	**0.512**	**0.622**	−0.342
27．検索エンジン	**0.712**	0.428	−0.166
28．個人情報	−0.038	**0.799**	−0.388
29．コミュニケーション	−0.020	**0.638**	−0.355
30．ウィルス	−0.002	**0.782**	−0.332
31．情報社会	0.056	0.452	**−0.702**
32．情報収集	0.071	0.467	**−0.717**
33．情報の信頼性	0.236	**0.549**	**−0.634**
34．スライド	0.421	0.302	**−0.555**
35．セル	**0.795**	0.021	**−0.524**
36．知的財産権	**0.637**	0.113	**−0.516**
37．著作権	0.143	**0.793**	−0.166
38．ディジタル	0.306	0.413	**−0.649**
39．ディレクトリ	**0.787**	0.097	**−0.528**
40．データベース	0.422	0.195	**−0.742**
41．テーマ設定	0.473	**0.578**	−0.313
42．テキストファイル	0.434	**0.542**	−0.475
43．電子メール	0.099	**0.711**	−0.131
44．添付ファイル	0.187	**0.475**	−0.353
45．ドメイン名	0.436	0.231	−0.497
46．ハードウェア	0.466	**0.479**	**−0.532**
47．バイト	0.528	**0.621**	−0.230
48．表計算の操作	0.493	**0.609**	−0.415
49．ファイル	0.347	**0.779**	−0.228
50．フォルダ	0.170	**0.736**	−0.275
51．プライバシー	0.000	**0.515**	−0.221
52．ブラウザ	**0.516**	0.143	**−0.576**
53．プレゼンテーション	0.194	0.431	**−0.555**
54．プロジェクタ	**0.541**	0.264	**−0.523**
55．マルチメディア	0.131	0.423	**−0.593**
56．メディア	0.212	**0.693**	−0.352
57．文字コード	**0.680**	**0.558**	−0.102
58．文字化け	**0.512**	**0.514**	−0.041
59．問題解決	**0.524**	**0.645**	−0.157
60．リンク	0.448	**0.570**	−0.090

5.3.3 高等学校情報教育に対するイメージ

情報教育の学習後の自己評価の回答について，バリマックス回転後，因子負荷量0.500以上に着目した。その結果，3因子が抽出されたが，これを表Ⅴ－3に示す。因子寄与率は，第1因子18.0％，第2因子14.1％，第3因子11.4％である。

分析結果は，いずれの年度も第1因子は「技能習得」であり，以下，ほぼ「知識・理解」と「情報モラル」の因子が抽出された。また，平成17，18年度の普通高校の生徒の場合は，因子として「知識・理解」が抽出され，「知識・理解」について十分な指導を受けていないことも伺えた。

まず第1因子に「13.帳票作成」「17.HP作成」「20.複数ソフト活用」等で校正され，PCソフトの活用に関する因子と解釈される。そこで本因子を「PC活用の基礎的な知識と技能」因子と命名した。第2因子は主に「3.入力」「10.文章表現」「22.ワープロ興味」等で構成され，文書作成に関する因子と解釈される。そこで本因子を「文書作成の技能と知識」因子と命名した。第3因子は主に「35.プライバシー」「36.作業姿勢」「49.コンピュータと思考」等で構成され，PC活用の際の留意点やモラルに関する因子と解釈される。そこで本因子を「PC活用におけるモラルと態度」因子と命名した。

5.3.4 考 察

以上，第5章では，中高生に対する各学校段階での情報教育の認知度と併せて，ブルーム評価理論の精神運動的領域・認知的領域・情意的領域の各評価項目と評価の4観点である「知識・理解」「技能」「関心・意欲・態度」「思考・判断・表現」の関係に注目し，普通高校生の情報教育に関するイメージについて検討した。その結果，中学生の情報教育に関する認知度は「PCに関するシステム関係の知識」「情報ネットワークの実践関係の知識」「ネットワークと情報モラルの知識」であった。普通高校生では，「ネットワーク技術

表V-3　普通高校情報教育のイメージに関する因子分析結果

調査項目名	因子1	因子2	因子3
1．初期化	**0.667**	−0.061	0.225
2．ファイル管理	**0.634**	0.054	0.220
3．入力	0.032	**0.745**	0.079
4．全入力	0.164	**0.797**	−0.037
5．部首検索	0.317	0.484	0.110
6．入力速度	0.187	**0.615**	0.191
7．正確入力	0.099	**0.679**	0.089
8．マウス操作	0.278	**0.567**	0.115
9．プリンタ操作	0.350	**0.675**	0.144
10．文章表現	0.473	**0.666**	0.062
11．書式設定	0.442	**0.640**	0.150
12．基本関数	**0.673**	0.327	−0.045
13．帳票作成	**0.778**	0.250	−0.128
14．統計関数	**0.744**	0.120	−0.016
15．検索等	**0.675**	0.194	0.179
16．プレゼン	**0.647**	0.041	−0.043
17．HP作成	**0.643**	0.125	−0.054
18．HP表現	**0.724**	0.223	0.050
19．インストール	**0.568**	0.206	0.213
20．複数ソフト	**0.807**	0.084	0.123
21．ワープロ記憶	0.147	0.092	0.241
22．ワープロ興味	−0.213	**0.586**	0.377
23．ワープロ役立	−0.152	0.297	0.373
24．ハード	**0.691**	0.184	0.247
25．ソフト	**0.572**	0.237	0.217
26．文書語句	0.334	0.249	0.462
27．用紙規格	0.061	0.438	0.292
28．OS	**0.689**	−0.078	0.295
29．コンピュータ基礎	0.387	0.381	0.264
30．論理回路	**0.566**	0.053	0.116
31．興味	−0.057	0.476	0.256
32．マニュアル理解	0.448	0.373	0.241
33．メール送受信注意	0.263	**0.516**	0.205
34．個人情報	0.115	0.410	0.363
35．プライバシー	−0.035	0.474	**0.524**
36．作業姿勢	0.140	−0.045	**0.655**
37．ワープロ作業時間	0.153	0.121	**0.751**
38．体調	−0.115	0.260	**0.518**
39．コンピュータ作業時間	0.279	0.054	**0.611**
40．ワープロと思考	−0.046	0.249	**0.678**
41．文書入力	0.296	0.223	0.472
42．コンピュータ興味	−0.310	0.230	**0.511**
43．容易	0.390	0.335	0.171
44．道具として活用	0.046	0.303	0.106
45．用紙の確実な処分	0.137	−0.005	0.266
46．人間とコンピュータ	0.123	0.009	0.335
47．保管	0.318	0.427	0.478
48．情報判断	0.266	0.299	**0.534**
49．コンピュータと思考	0.012	0.182	**0.601**
50．コンピュータ活用	0.204	0.290	0.460

の知識」「PCに関するシステム関係の知識」「情報社会と情報モラルの知識」であった。

これらは，中高生共にPCに関するハードやソフトなどのシステム関係やネットワークに関する知識を重視する傾向があることが判った。また，普通高校生のイメージ調査の結果は，因子として「PC活用の基礎的な知識と技能」「文書作成の技能と知識」「PC活用におけるモラルと態度」があり，いずれもPCあるいは特定のソフトの操作技能とそれに関する知識を重視していることが判った。

5.4 まとめ

第5章では，2003年の展開期のスタート時期の学習者を対象に，ブルームのタキソノミーを用いたカリキュラム評価を試みた。その結果，中高生共に情報関連用語に関する認知度については，PCに関するハードやソフト関係及び，ネットワークに関する知識を重点的に学習する傾向があった。また，普通科高校での情報教育の本格化に伴う，学習者の情報教育に対すイメージであるが，情報活用能力を目標とする高校教育のカリキュラム内容とは異なって，PCスキルや情報モラルの特定の内容であることが明らかになった。

このことは，因子「情報モラル」の抽出度から判断すると，当時の社会問題であるインターネットによる個人情報やプライバシーということに関する生徒の注目の高さと考えられる。しかしながら，2005年度の調査を見る限りにおいて，教科「情報」導入を行った普通高校での，ブルーム評価理論でいう各3領域の初期段階が因子としてあげており，評価の4観点でいう「理解」「表現」「態度」が不足している。これらのことから，教科「情報」の導入段階については，「情報社会に参画する態度」の観点で理解が進むと考えられるが，「情報の科学的な理解」の観点については進み難い可能性が指摘できる。

そこで続く第6章では，本章と同様の手法を用いて，2005年～2007年まで

の3年間の継続的な調査を実施し，展開期の情報教育の態様をさらに詳細に検討することとする。

第6章　情報教育展開期のカリキュラムにおける学習者の反応の経時的変化

6.1　目　　的

　第5章では，情報教育の学習者から見たカリキュラム編成について，2005年度ブルーム（B.S.Bloom）等の教育評価理論（taxonomy of educational objectives）と「精神運動的領域（Psychomotor Domain）」「認知的領域（Cognitive Domain）」「情意的領域（Affective Domain）」の3領域を用い，情報教育の目標の3観点と評価の観点を比較しながら検討した。その結果，情報教育の学習内容が科学的理解よりPCスキル，あるいは情報モラルに傾斜する傾向であることがわかった。このことは，教科「情報」の導入段階においては，PCに関する技能や情報モラルなどの「情報活用の実践力」と「情報社会に参画する態度」の観点ではある程度理解が進むと考えられるが，「情報の科学的な理解」の観点では難いことが明らかになった。また，カリキュラム内容が，情意的領域，認知的領域，精神運動的領域の各上位の学習段階まで達成しているとは言えず，学年段階に応じたカリキュラム内容の改善が必要であることも判った。
　そこで，本章では，この点を踏まえて，中学校及び，普通高等学校における情報活用能力の育成に向けたカリキュラムの在り方，情報教育のカリキュラム評価と体系化の在り方を継続調査により検討することを目的とする。

6.2 方　　法

6.2.1　中高生に対する情報教育の認知度とイメージの調査

(1)中学校における情報教育の必須用語に関する認知度調査

　技術・家庭科技術分野「情報とコンピュータ」の必須用語について，2005年度同様に，2006年度も同様の2社の教科書から40項目を抽出した[105],[106]。評価尺度は「全くあてはまらない」「あまりあてはまらない」「どちらでもない」「少しあてはまる」「とてもよくあてはまる」の5件法とし，必須用語の変更を確認した結果，評価項目は同数の40項目である。修正された評価項目は例えば，「MOディスクの意味を知っている」を「CDやDVDの意味を知っている」，「フロッピーディスクの意味を知っている」を「USBメモリの意味を知っている」等の表現法に改めた。40項目は，ネットワークやプログラム関係，情報教育に関する専門用語やソフトウェア関係の項目である。この評価票を図Ⅵ-1に示す。

(2)高等学校における情報教育の必須用語に関する認知度調査

　教科「情報」で学習する必須用語は，2005年度と2006年度は60項目であるが，2007年度は，学習指導要領一部改訂に伴い，対象となる高等学校では教科書の改訂版を使用しているため，必須用語の検討を行い50項目を設定した[105]～[107]。ただし，学習指導上の目標や指導内容に変更はない。この評価票を図Ⅵ-2に示す。

　図Ⅵ-2に示すように，調査項目は50項目に絞られ抽出された。抽出項目の条件として，全国の高校で7割以上を占める教科書の共通必須用語とした。2005年度の場合は，上位3社で全国の83.8％，2006年度以降は73.9％の使用率であり，4社以下は各々10％未満であった。そこで，調査上3社で情報

【情報教育関係アンケート項目】
　本アンケートは，皆さんの情報全般の理解やイメージについて調べ，今後の小学・中学・高校・大学のカリキュラムを検討し作成する上での参考資料とするものです。成績等個人情報には全く関係がありません。
　皆さんが中学校の授業の経験を通して，どの程度その語句の意味や方法を知っているのか，あるいは理解しているのか，あなた方自身の率直な考えで回答してください。

※回答は，数直線上の任意の数値上に〇を付けて下さい。

```
                          あまり知らない    少し知っている
              全く知らない    どちらでもない    とてもよく知っている
                  1       2       3       4       5
```

＜回答項目＞
```
                                        1       2       3       4       5
```

 1. アイコンの意味を知っている
 2. イメージスキャナの意味を知っている
 3. インターネットの意味を知っている
 4. Ｗｅｂページの意味を知っている
 5. ＣＤやＤＶＤの意味を知っている
 6. 応用ソフトウェアの意味を知っている
 7. キーボードの操作方法を理解している
 8. 基本ソフトウェア（ＯＳ）の意味を知っている
 9. インターネット等のデータ検索の方法を知っている
10. コンパクトディスク（ＣＤ）の意味を知っている

11. コンピュータウイルスの意味を知っている
12. コンピュータグラフィックス（ＣＧ）の意味を知っている
13. コンピュータネットワークの意味を知っている
14. サーバの意味を知っている
15. 図形処理の操作方法を理解している
16. セルの意味を知っている
17. ソフトウェアの意味を知っている
18. 著作権を理解している
19. ディジタルカメラの操作方法を理解している
20. ディジタル化の意味を知っている

21. ディスプレイの意味を知っている
22. データの意味を知っている
23. 基本的なデータベースの操作方法を知っている
24. 電子メールの意味を知っている
25. ドメイン名の意味を知っている
26. ネットワークの意味を知っている
27. ハードウェアの意味を知っている
28. ハードディスクの意味を知っている
29. パスワードの意味を知っている
30. 基本的な表計算ソフトの操作方法を知っている

31. ファイルの意味を知っている
32. フォルダの意味を知っている
33. プリンタの操作方法を知っている
34. プレゼンテーションの意味を知っている
35. プログラムの意味を知っている
36. ＵＳＢメモリの意味を知っている
37. 文書処理（ワープロ）の意味を知っている
38. マウスの意味を知っている
39. ユーザーＩＤの意味を知っている
40. ユーザー名の意味を知っている

図Ⅵ-1　中学校「情報とコンピュータ」の認知度調査項目

教育に関する認知度調査が実施可能と考え選定した。調査項目の評価尺度は「1.全く当てはまらない」「2.あまり当てはまらない」「3.どちらでもない」

・右の高校を○で囲んで下さい‥‥‥‥出身高校種別・普通高校・専門高校（工業，商業，他）
・高校で教科「情報」は学習しましたか？‥‥はい・いいえ
・学んだ場合は，その情報の種別は‥‥‥‥情報A情報B情報C

【情報教育関係アンケート項目】
　本アンケートは，小・中・高・大学の情報のカリキュラムを検討する上での参考資料です。成績には全く関係がありません。
　皆さんが高等学校の授業を通して，どの程度意味を知り，あるいは理解したのか，自分自身の率直な考えで回答してください。

※回答は，数直線上の任意の数値上に○を付けて下さい。

　　　　　　　　　　　　　　　　　あまり知らない　　少し知っている
　　　　　　　　　　　　　全く知らない　どちらでもない　とてもよく知っている
　　　　　　　　　　　　　　　1　　2　　3　　4　　5

＜回答項目＞
1. 2進数や16進数の意味を知っている
2. AND・OR・NOTの意味を知っている
3. CD，DVDなどの意味を知っている
4. CPUの意味を知っている
5. HTMLとタグの意味を知っている

6. IPアドレスの意味を知っている
7. JPEGやPNG形式の意味を知っている
8. LANの意味を知っている
9. OSの意味を知っている
10. POPサーバの意味を知っている

11. TCP／IPの意味を知っている
12. URLとWebページの意味を知っている
13. WWWとインターネットの意味を知っている
14. 圧縮と解凍の意味を知っている
15. アナログとディジタルの意味を知っている

16. 暗号化の意味を知っている
17. 演算・記憶・制御装置の意味を知っている
18. オンラインショッピングの意味を知っている
19. カテゴリー検索・キーワード検索の意味を知っている
20. 検索エンジンの意味を知っている

21. 個人情報や個人情報保護法の意味を知っている
22. コミュニケーションの意味を知っている
23. コンピュータウイルスの意味を知っている
24. 産業財産権や知的財産権の意味を知っている
25. 著作権・肖像権・商標権・特許権などの意味を知っている

26. メディアリテラシーの意味を知っている
27. ディジタルデバイドの意味を知っている
28. データベースの仕組みや意味を知っている
29. 電子商取引の仕組みや意味を知っている
30. クライアントサーバ・システムの仕組みや意味を知っている

31. プレゼンテーションでのスライドの方法や意味を知っている
32. マルチメディアの意味を知っている
33. ファイアウォールの意味を知っている
34. プロトコルの原理や意味を知っている
35. 量子化の意味を知っている

36. CCDの意味を知っている
37. ENIACの意味を知っている
38. AVIやMPEG，WAVE等のマルチメディアファイルの形の意味を知っている
39. ICやLSIの意味を知っている
40. ITやICTの意味を知っている

41. アニメーションの意味を知っている
42. カーナビゲーションシステムの意味を知っている
43. 画素の意味を知っている
44. 情報の信憑性（信頼性）の意味を知っている
45. テキストファイルの意味を知っている

46. テクノストレスの意味を知っている
47. ドロー系ソフトウェアの意味を知っている
48. ネットワーク犯罪の意味を知っている
49. ファイル形式の意味を知っている
50. 複合条件の意味を知っている

図Ⅵ-2　高等学校教科「情報」の認知度調査項目

「4.少し当てはまる」「5.とても良く当てはまる」の5件法である。また，質問方法は，例えば「2・16進数の意味を知っている」「AND・OR・NOT回路の意味を知っている」など『～の意味を知っている』という認知度（知識・理解度）をみるための方式を使用した。

⑶中高生における情報教育のイメージに関する調査

　調査項目は，2005年度～2007年度の3年間の経年経過を見るため，語句の表現はその当時の学習指導要領や教科書等に応じて若干修正してはいるが，同一内容にて3領域に分類した50項目より成る[105),106)]。これを図Ⅵ-3に示す。なお，情報教育に関するイメージ調査は高校生に対しては2005年から2007年の3年間であるが，中学生に対しては2006年度から調査を行っている。

　これらの項目は，情報教育の目標である情報活用能力の「情報活用の実践力・情報の科学的な理解・情報社会に参画する態度」の3観点を踏まえ，各々活用・技能等の精神運動的領域（Psychomotor Domain）の20項目，知識・理解等の認知的領域（Cognitive Domain）の15項目，そして情報手段活用や情報社会参画態度等の情意的領域（Affective Domain）の15項目である。項目の設定は，ブルーム（B.S.Bloom）らの教育目標の分類（Taxonomy of educational objectives）[103),104)]と，教科「情報編」の学習指導要領等を参考にした。質問方法は，以下のようになる。まず，精神運動的領域（主に活用・技能面）では「マウス操作がスムースにできる」「表計算の基本関数が使用できる」など『～できる』という質問形式にした。次に，認知的領域（主に知識・理解面）では「OSの意味を理解している」「2進数や論理回路の意味を理解している」など『～理解している』という質問形式にした。そして情意的領域（主に情報活用・参画態度面）では「コンピュータ作業中は時間配分に気をつけている」「社会の中でのコンピュータの活用のされ方は理解している」など『～している』という質問形式にした。

【情報教育関係アンケート項目】
　本アンケートは，皆さんの情報全般の理解やイメージについて調べ，今後の小学・中学・高校・大学のカリキュラムを検討し作成する上での参考資料とするものです。成績には全く関係がありません。
　皆さんが現在までの授業等の経験を通して，どの程度理解しているのか，あるいは理解したのか，あなた方自身の率直な考えで回答してください。

※回答は，数直線上の任意の数値上に○を付けて下さい。

『回答例』
```
           あまり当てはまらない      少し当てはまる
 全く当てはまらない      どちらでもない        とてもよく当てはまる
      1        2        3        4        5
```

<回答項目>
```
                                                    1    2    3    4    5
```
1. USBメモリや外付けハードディスク等の外部記憶装置を接続できる
2. USBメモリや外付けハードディスクなどへファイルのコピー，移動，削除，名前変更ができる
3. ローマ字入力またはかな入力ができる
4. 様々な文字入力（記号なども含む）を行うこと
5. 判らない漢字・記号を部首検索等で調べること
6. 入力スピードと正確さがある
7. 文章作成後の誤字脱字はほとんどない
8. マウス操作はスムーズにできる
9. プリンタ等の周辺装置の扱いには慣れている
10. 文字の太さ，色，罫線等の文章表現（デザイン）を行うことができる

11. 文字数や用紙の大きさなどの書式の設定を行うこと
12. 表計算の加減乗除や最大・最小値等の基本関数を使用できる
13. 表計算の表やグラフの作成ができる
14. クロス集計や検定等の基本的な統計関数ができる
15. 蓄積されたデータの様々な検索や並び替えができる
16. 複数のソフトを活用した表現（プレゼンテーション）ができる
17. 基本的なホームページは作成できる
18. ホームページの色，文字，罫線等のレイアウト表現ができる
19. コンピュータへのアプリケーションソフトのインストールができる
20. レポート作成時に複数のソフトを活用できる

21. ワープロは書く力や記憶力を強くする
22. ワープロを使うことに興味をひかれる
23. ワープロは将来必ず仕事に役立つと思う
24. ワープロに関するハード関係の専門用語は理解している
25. ワープロに関するソフト関係の専門用語は理解している
26. 手紙や正式文書などの書式や語句の使用は充分注意している
27. 印刷用紙の大きさや規格（A4，B5等）は理解している
28. ＯＳの意味を理解している
29. コンピュータの基本的な構成や機能は理解している
30. ２進数や論理回路の意味は理解している

31. コンピュータ等の機器を使うことはおもしろい
32. ソフトのマニュアルを読むことで操作は充分理解できる
33. メールでの正式文書送受信の際は簡潔性・明確性に注意している
34. E-mail・携帯メールなどの個人情報には充分注意している
35. インターネットでのデータ改ざんやプライバシー問題について充分注意している
36. １時間程度の作業でも姿勢（眼，肩，足）に注意している
37. 入力作業中は自分なりの時間配分に気を付けている
38. 体の調子が悪いときは機器操作に無理のないようにしている
39. コンピュータ作業中は時間配分に気を付けている
40. ワープロソフトを活用することは，文章を整理する思考訓練に役だつ

41. ＣＤやＤＶＤ等の光メディアを使って，データを書き込んだり，読み込んだりすることができる
42. コンピュータ等の機器を使うことに興味をひかれる
43. コンピュータ等の機器を使うことは容易である
44. 判らないことは辞典やコンピュータなどの道具（ツール）を活用し調べている
45. 印刷したデータ・文書で個人情報などが含まれるものはシュレッダー等で処分している
46. 人間はコンピュータ等の機器に頼り過ぎている
47. 蓄積されたデータは紛失しないようきちんと保管している
48. 雑誌や新聞，ホームページの情報などは鵜呑みにしないように自分なりに判断している
49. コンピュータを活用することは，調べ・整理する等の思考訓練に役だつ
50. 社会の中でのコンピュータの活用のされ方は理解している

図Ⅵ-3　ブルーム評価理論に基づく学習後のイメージ評価票

なお，調査項目の妥当性は，本調査の結果クロンバック（Cronbach）の α 係数が，中学校・高等学校の情報用語，情報教育いずれも α = 0.940〜0.968となり，尺度の内定整合性は確認された。調査項目の評価尺度は，先の「高校情報必須用語」の調査同様に5件法を使用した。

6.2.2 調査対象及び調査内容

(1) 調査対象

調査対象は，2005年度から2007年度にかけての中学生と普通高校生である。中学生は，2005年度は79名，2006年度は122名，2007年度は104名で，合計305名である。普通高校生は，2005年度は116名，2006年度175名，2007年度190名で，合計481名で合計786名である。

なお，有効回答数は，中学生と高校生共に97％以上で，合計763名である。

(2) 履修内容

中学生・普通高校生の情報教育の学習内容は，第5章と同じである。中学校では技術・家庭科「情報のコンピュータ」，高等学校では普通教科「情報」である。学習内容は，中学校は標準的な技術科の情報教育の内容でコンピュータの仕組み（コンピュータの基本的な構成と機能），ハードウェア・ソフトウェア，プログラミング，アプリケーションソフトウェアによる情報の活用や利用分野の把握を行った。高等学校では，情報の収集・発信と情報機器の活用や情報の統合的な処理とコンピュータ活用，情報科学を中心とする情報理論・情報倫理・論理回路・ハードウェア・ソフトウェア等と情報化の進展と社会への影響全般を講義し，実習は，ソフト活用（ワープロ・表計算・プレゼンテーション・インターネットなど）と言語（BASIC・HTMLによるホームページ作成）である[100]。そして，これを「調べ・検索し・まとめ・伝達する」といった情報活用の実践力と，科学的理解・情報社会参画する態度など情報の3観点に沿った学習を行った。このような調査対象科目と内容に基づき検討す

る。この3年間は，中学生は技術・家庭科「情報とコンピュータ」を100％，数学等他教科でも月1～2回程度学習していた。また，高校では教科「情報」及び，数学・理科・社会などでICTを活用した授業を学習していた。これらを情報教育に関する学習レディネスとした。

(3) 分析方法

調査期間は，情報教育の展開期における学習者の学習内容の理解度と経時的変容を見るため2005年度から2007年度の3年間について，中学生・普通高校生の情報必須用語の認知度とイメージを検討した。なお，調査は上記の履修後に実施した。分析方法は，認知度とイメージについての評価については因子分析を実施，併せて知識の構造化を検討するための「クラスター分析」を行った。因子分析については，主因子法を適用し，スクリープロットの後，因子の回転は直交回転（バリマックス法）を行った。その後共通因子を抽出し，因子負荷量が0.500以上の項目群により因子の命名を行った。また，クラスター分析については，原データの距離計算はマハラノビスの汎距離を用い，手法は実用性に優れた手法とされるウォード法により非類似度でクラスター形成を確認の後，デンドログラムの階層構造により調査した。これらの分析により，学習者の視点から見た情報教育のカリキュラム評価について検討していくこととした。

なお，2007年度の認知度の調査については，2005年度教科「情報」の一部改訂が実施されたことを考慮し，3年後の高校3年次生が履修するため，ブルームの評価理論に照らし合わせて60項目の調査を50項目に改め，これを分析した。

6.3 結果及び考察

6.3.1 中学生の情報教育の認知度とその構造化

　中学校の情報教育に関する必須用語の認知度に関して，主因子法による因子分析を行い，バリマックス回転を実施した。因子の回転後，0.500以上を高い因子負荷量として項目群をみて，因子の解釈・命名を行った。以下，高等学校の必修用語，高等学校のイメージ調査の因子分析においても同様に，スクリープロット法を用いて因子軸の回転を行い，最終解を得た。

　その結果，2005年度と同様に2006年度，2007年度共に3因子が抽出された。2006年度の結果を表Ⅵ-1に，2007年度の結果を表Ⅵ-2に示す。まず，2005年度の中学校情報必須用語の認知度の分析結果は，第5章で述べた通り3因子，すなわち第1因子は「PCに関するシステム関係の知識」，第2因子は「情報ネットワークの実践関係の知識」，第3因子は「ネットワークと情報モラルの知識」因子が抽出されている。2006年度について，中学校情報必須用語の認知度の分析結果は，第1因子に「8.基本ソフトウェア（OS）」「14.サーバ」「17.ソフトウェア」「27.ハードウェア」等で構成され，情報システム関係の因子と解釈される。そこで本因子を「PCに関するシステム関係の知識」因子と命名した。第2因子は主に「12.コンピュータグラフィックス（CG）」「18.著作権」「24.電子メール」「29.パスワード」等で構成され，ネットワークに関する情報実習とモラル関係の因子と解釈される。そこで本因子を「ネットワークと情報モラルの実践関係の知識」因子と命名した。第3因子は主に「31.ファイル」「32.フォルダ」「33.プリンタ操作」等で構成され，情報機器操作の際の技能関係の因子と解釈される。そこで本因子を「PC操作技能の知識」因子と命名した。因子寄与率は，第1因子28.5%，第2因子25.2%，第3因子13.6%である。

表Ⅵ-1　中学生の情報教育の認知度に関する因子分析（2006年度）

	因子1	因子2	因子3
1．アイコン	0.461	**0.594**	0.243
2．イメージスキャナ	**0.657**	0.350	0.124
3．インターネット	0.292	**0.581**	0.296
4．Webページ	**0.529**	0.478	0.175
5．MOディスク	**0.723**	0.347	0.168
6．応用ソフトウェア	**0.761**	0.262	0.196
7．キーボードの操作方法	0.241	**0.607**	0.386
8．基本ソフトウェア（OS）	**0.799**	0.227	0.155
9．インターネット等データ検索	0.299	**0.648**	0.236
10．コンパクトディスク（CD）	0.466	**0.577**	0.136
11．コンピュータウイルス	0.299	**0.618**	0.323
12．コンピュータグラフィックス（CG）	0.456	**0.749**	0.180
13．コンピュータネットワーク	**0.621**	0.471	0.249
14．サーバ	**0.635**	0.443	0.293
15．図形処理	**0.700**	0.271	0.230
16．セル	**0.602**	0.316	0.409
17．ソフトウェア	**0.762**	0.233	0.398
18．著作権	0.378	**0.614**	0.225
19．ディジタルカメラ操作方法	0.490	**0.595**	0.176
20．ディジタル化	**0.655**	0.511	0.136
21．ディスプレイ	0.399	**0.522**	0.412
22．データ	0.432	**0.505**	0.480
23．データベース	**0.661**	0.313	0.375
24．電子メール	0.269	**0.703**	0.327
25．ドメイン名	**0.696**	0.254	0.212
26．ネットワーク	**0.670**	0.356	0.379
27．ハードウェア	**0.738**	0.323	0.367
28．ハードディスク	**0.639**	0.435	0.350
29．パスワード	0.286	**0.704**	0.415
30．基本的な表計算ソフト操作	**0.590**	0.391	0.415
31．ファイル	0.331	0.435	**0.746**
32．フォルダ	0.309	0.535	**0.661**
33．プリンタ操作	0.334	0.561	**0.569**
34．プレゼンテーション	**0.533**	0.368	0.411
35．プログラム	0.477	0.424	**0.560**
36．フロッピーディスク	0.394	**0.634**	0.463
37．文書処理（ワープロ）	0.372	**0.615**	0.492
38．マウス	0.266	**0.594**	0.499
39．ユーザーID	0.525	**0.570**	0.356
40．ユーザー名	0.569	**0.528**	0.292

　次に，2007年度の中学校情報必須用語の認知度の分析結果は，第1因子は主に「18.著作権」「29.パスワード」「39.ユーザーID」「40.ユーザー名」等で構

表Ⅵ-2　中学生の情報教育の認知度に関する因子分析（2007年度）

	因子1	因子2	因子3
1．アイコン	0.383	0.408	0.102
2．イメージスキャナ	0.078	**0.659**	0.155
3．インターネット	**0.574**	0.347	0.286
4．Webページ	**0.501**	0.282	0.342
5．MOディスク	0.055	**0.714**	0.040
6．応用ソフトウェア	0.056	**0.599**	0.102
7．キーボードの操作方法	**0.519**	0.195	0.193
8．基本ソフトウェア（OS）	0.238	**0.532**	0.125
9．インターネット等データ検索	**0.618**	0.360	0.212
10．コンパクトディスク（CD）	**0.622**	0.431	0.155
11．コンピュータウイルス	**0.529**	0.371	0.226
12．コンピュータグラフィックス	0.373	**0.577**	0.261
13．コンピュータネットワーク	0.456	**0.617**	0.250
14．サーバ	0.347	**0.510**	0.340
15．図形処理	0.272	**0.595**	0.283
16．セル	0.241	**0.654**	0.205
17．ソフトウェア	0.333	**0.605**	0.266
18．著作権	**0.673**	0.372	0.251
19．ディジタルカメラ操作方法	**0.604**	0.406	0.232
20．ディジタル化	0.446	**0.655**	0.075
21．ディスプレイ	0.489	**0.570**	0.354
22．データ	**0.587**	0.397	0.357
23．データベース	0.407	**0.583**	0.248
24．電子メール	**0.747**	0.131	0.123
25．ドメイン名	0.404	**0.592**	0.009
26．ネットワーク	**0.624**	0.465	0.242
27．ハードウェア	0.356	**0.664**	0.126
28．ハードディスク	**0.524**	0.522	0.302
29．パスワード	**0.758**	0.112	0.147
30．基本的な表計算ソフト操作	0.469	**0.577**	0.267
31．ファイル	0.558	0.285	**0.773**
32．フォルダ	0.569	0.306	**0.747**
33．プリンタ操作	0.430	0.278	**0.582**
34．プレゼンテーション	0.369	**0.564**	0.435
35．プログラム	0.556	0.431	**0.536**
36．フロッピーディスク	**0.617**	0.408	0.245
37．文書処理（ワープロ）	**0.679**	0.316	0.177
38．マウス	**0.867**	0.213	0.222
39．ユーザーID	**0.819**	0.237	0.264
40．ユーザー名	**0.842**	0.258	0.274

成され，ネットワークに関する情報モラル関係の因子と解釈される。そこで本因子を「情報モラルとセキュリティの知識」因子と命名した。第2因子に

「8.基本ソフトウェア (OS)」「14.サーバ」「17.ソフトウェア」「27.ハードウェア」等で構成され，情報システム関係の因子と解釈される。そこで本因子を「PCに関するシステム関係の知識」因子と命名した。第3因子は主に「31.ファイル」「32.フォルダ」「33.プリンタ操作」等で構成され，情報機器操作の際の技能関係の因子と解釈される。そこで本因子を「PC操作技能の知識」因子と命名した。因子寄与率は，第1因子28.1％，第2因子22.4％，第3因子9.3％である。

6.3.2 高校生の情報教育の認知度とその構造化

　高等学校の情報教育に関する必須用語の認知度に関して，教科「情報」必須用語60項目を因子分析した。分析は，中学校における因子分析と同様の方法である。その結果，2006年度は2005年同様に3因子が，2007年度は4因子が抽出された。2006年度の結果を表Ⅵ-3に，2007年度の結果を表Ⅵ-4に示す。

　まず，2005年度の高等学校情報必須用語の認知度の分析結果は，第5章で述べた通り3因子，すなわち第1因子は「ネットワーク技術の知識」，第2因子は「PCに関するシステム関係の知識」，第3因子は「情報社会と情報モラルの知識」因子が抽出されている。

　2006年度の高等学校必修用語の認知度の分析結果は，第1因子は主に「26.画像情報」「30.コンピュータウイルス」「48.表計算の操作」「49.ファイル」等で構成され，PCの操作技術とセキュリティに関する因子と解釈される。そこで本因子を「PCに関するシステムとセキュリティの知識」因子と命名した。第2因子に「33.情報の信頼性」「36.知的財産権」「53.プレゼンテーション」「55.マルチメディア」等で構成され，情報ネットワーク関係の因子と解釈される。そこで本因子を「ネットワーク技術の知識」因子と命名した。第3因子は主に「4.HTML」「7.LAN」「12.SMTP」「14.TCP/IP」等で構成され，情報ネットワーク関係の因子と解釈される。そこで本因子を「情報ネット

表Ⅵ-3　高校生の情報教育の認知度に関する因子分析（2006年度）

	因子1	因子2	因子3
1. CD-ROM	**0.609**	0.240	0.262
2. ENIAC	0.015	0.181	**0.833**
3. GIF	0.315	0.070	**0.669**
4. HTML	0.286	0.041	**0.685**
5. IC	0.324	0.185	**0.607**
6. JPEG	0.261	0.089	**0.681**
7. LAN	0.261	0.158	**0.655**
8. LSI	0.024	0.141	**0.854**
9. OS	0.353	0.100	**0.588**
10. POP	0.060	0.165	**0.854**
11. POS	0.046	0.179	**0.774**
12. SMTP	−0.017	0.126	**0.839**
13. SOHO	0.112	0.242	**0.660**
14. TCP/IP	0.064	0.263	**0.720**
15. URL	**0.626**	0.302	0.222
16. Web	**0.674**	0.336	0.215
17. WWW	**0.600**	0.263	0.323
18. アナログ	**0.716**	0.264	0.249
19. アニメーション	0.486	0.325	0.418
20. アプリケーション	0.491	0.320	0.412
21. アンケート	0.402	0.191	0.420
22. データ検索	**0.587**	0.272	0.354
23. インターフェイス	0.097	0.302	**0.657**
24. オンラインショッピング	**0.733**	0.177	0.298
25. 画素	**0.727**	0.135	0.242
26. 画像情報	**0.617**	0.321	0.361
27. 検索エンジン	**0.515**	0.306	0.480
28. 個人情報	**0.785**	0.200	0.217
29. コミュニケーション	**0.677**	0.335	0.103
30. コンピュータウイルス	**0.788**	0.263	0.109
31. 情報社会	**0.570**	0.410	0.075
32. 情報収集	**0.642**	0.497	0.117
33. 信頼性	**0.627**	**0.532**	0.180
34. スライド	0.471	**0.602**	0.164
35. セル	0.497	**0.594**	0.253
36. 知的財産権	0.240	**0.554**	0.335
37. 著作権	**0.701**	0.338	0.057
38. ディジタル	**0.559**	**0.580**	0.175
39. ディレクトリィ	0.220	**0.589**	0.455
40. データベース	0.414	**0.641**	0.310
41. テーマ	0.444	**0.574**	0.287
42. テキストファイル	0.458	**0.637**	0.329
43. 電子メール	**0.752**	0.299	0.067
44. 添付ファイル	**0.763**	0.312	0.066
45. ドメイン	**0.568**	0.500	0.264
46. ハード	**0.591**	**0.575**	0.229
47. バイト	**0.679**	0.461	0.111
48. 表計算ソフト	**0.621**	0.465	0.198
49. ファイル	**0.706**	0.501	0.126
50. フォルダ	**0.647**	0.489	0.077
51. プライバシー	**0.595**	0.381	−0.037
52. ブラウザ	0.511	**0.528**	0.262
53. プレゼンテーション	0.415	**0.718**	0.140
54. プロジェクタ	0.249	**0.756**	0.291
55. マルチメディア	0.418	**0.723**	0.196
56. メディア	0.436	**0.676**	0.264
57. 文字コード	0.384	**0.661**	0.305
58. 文字化け	0.393	**0.549**	0.218
59. 問題解決	0.302	**0.597**	0.251
60. リンク	**0.579**	0.425	0.070

表Ⅵ-4　高校生の情報教育の認知度に関する因子分析（2007年度）

	因子1	因子2	因子3	因子4
1．2・16進数	0.113	0.398	**0.526**	0.119
2．論理回路	0.335	0.275	0.268	0.058
3．CD-ROM	0.426	0.125	0.299	0.174
4．CPU	0.295	0.272	0.464	0.120
5．HTML	0.249	0.297	**0.629**	0.192
6．IPアドレス	0.356	0.282	**0.635**	0.039
7．JPEG等	0.224	0.286	**0.689**	0.173
8．LAN	0.254	0.225	**0.718**	0.237
9．OS	0.207	0.274	**0.739**	0.210
10．POPサーバ	0.074	0.441	**0.697**	0.083
11．TCP/IP	0.084	0.533	**0.611**	0.062
12．URL，Web	**0.678**	0.140	0.364	0.223
13．WWW	**0.570**	0.305	0.368	0.229
14．圧縮・解凍	0.456	0.308	0.413	0.349
15．アナログとディジタル	**0.620**	0.143	0.240	0.399
16．暗号化	**0.547**	0.328	0.157	0.199
17．五大装置	0.472	0.392	0.166	0.107
18．オンラインショッピング	**0.745**	0.076	0.180	0.239
19．カテゴリー検索等	**0.817**	0.036	0.181	0.214
20．検索エンジン	**0.708**	0.227	0.287	0.002
21．個人情報	**0.726**	0.106	0.062	0.151
22．コミュニケーション	**0.709**	0.129	0.007	0.279
23．コンピュータウイルス	**0.792**	0.024	0.060	0.305
24．知的財産権など	**0.642**	0.252	0.210	0.074
25．著作権・肖像権等	**0.791**	0.021	0.036	0.159
26．メディアリテラシー	0.244	**0.719**	0.084	−0.125
27．ディジタルデバイド	0.260	**0.740**	0.113	0.108
28．データベース	0.279	**0.678**	0.237	0.154
29．電子商取引	0.189	**0.689**	0.345	0.136
30．クライアント・サーバシステム	0.110	**0.769**	0.271	0.168
31．プレゼンテーションの工夫	0.316	0.416	0.171	0.425
32．マルチメディア	0.332	0.394	0.190	**0.501**
33．ファイアウォール	0.320	**0.563**	0.252	0.205
34．プロトコル	0.041	**0.738**	0.283	0.195
35．量子化	0.002	**0.765**	0.334	0.170
36．CCD	−0.015	**0.753**	0.244	0.272
37．ENIAC	−0.045	**0.692**	0.359	0.292
38．ETCの意味	0.240	0.306	0.121	**0.524**
39．ICの意味	0.236	0.357	0.055	**0.644**
40．ITの意味	0.295	0.172	0.130	**0.679**
41．アニメーション	**0.586**	0.069	0.204	**0.512**
42．カーナビゲーションシステム	0.519	0.074	0.152	**0.580**
43．画素の意味	0.433	0.074	0.283	**0.526**
44．情報の信頼性	0.278	0.368	0.435	0.473
45．テキストファイル	0.307	0.388	0.318	0.380
46．テクノストレス	0.288	0.439	0.149	0.243
47．ドロー系ソフト	0.087	0.558	0.338	0.355
48．ネットワーク犯罪	0.481	0.163	0.181	**0.604**
49．ファイル形式	0.370	0.418	0.205	0.465
50．複合条件	0.112	**0.634**	0.290	0.365

ワークの知識」因子と命名した。因子寄与率は，第1因子26.1％，第2因子18.2％，第3因子17.3％である。

2007年度（表Ⅵ-4）の調査は，高校教科「情報」の一部改訂と掲載される教材やメディア関係を考慮して，それまでの60項目から50項目に修正した。2007年度の高等学校必修用語の認知度の分析結果は，第1因子は主に「13.WWW」「21.個人情報」「24.知的財産権」「25.著作権・肖像権等」で構成され，情報社会への参画態度や情報セキュリティに関する因子と解釈される。そこで本因子を「情報モラルとセキュリティの知識」因子と命名した。

第2因子に「26.メディアリテラシー」「27.ディジタルデバイド」「29.電子商取引」「37.ENIAC」等で構成され，情報社会関係の因子と解釈される。そこで本因子を「情報社会の知識」因子と命名した。第3因子は主に「5.HTML」「6.IPアドレス」「10.POPサーバ」「11.TCP/IP」等で構成され，情報ネットワーク関係の因子と解釈される。そこで本因子を「情報ネットワークの知識」因子と命名した。第4因子は主に「32.マルチメディア」「39.IC」「40.IT」「43.画素」等で構成され，情報メディア関係の因子と解釈される。そこで本因子を「情報メディアの知識」因子と命名した。因子寄与率は，第1因子18.6％，第2因子17.8％，第3因子12.3％，第4因子は10.2％である。

6.3.3　中高生に対する情報教育に関するイメージ

(1) **中学生の情報教育に関するイメージ**

中学生に対してのイメージ調査は2006年度から実施した。2006年度は，学習者の自己評価の回答について，バリマックス回転後，因子負荷量0.500以上に着目した。その結果，5因子が抽出されたが，これを表Ⅵ-5に示す。

因子寄与率は，第1因子25.9％，第2因子13.8％，第3因子12.8％，第4因子10.1％，第5因子4.5％である。まず第1因子に「24.ハード」「25.ソフト」「20.複数ソフトの操作」等で構成され，PCソフトの活用に関する因子と解釈

表Ⅵ-5　中学生の情報教育のイメージに関する因子分析（2006年度）

	因子1	因子2	因子3	因子4	因子5
1．ファイル管理	**0.540**	0.192	0.362	0.197	−0.031
2．ファイル操作	0.474	0.159	0.492	0.126	0.111
3．入力	0.031	0.267	**0.763**	0.092	0.079
4．全入力	0.237	0.182	**0.804**	0.069	0.054
5．部首検索	0.391	0.093	**0.673**	0.081	0.091
6．入力速度	0.406	0.134	**0.629**	0.167	0.203
7．正確入力	0.335	0.187	**0.551**	0.212	0.125
8．マウス操作	0.254	0.271	**0.718**	0.125	0.054
9．プリンタ操作	0.499	0.277	**0.585**	0.045	0.015
10．文章表現	0.513	0.285	**0.637**	0.015	0.116
11．書式設定	**0.584**	0.221	0.454	0.154	0.202
12．基本関数	**0.675**	0.194	0.295	0.216	0.107
13．帳票作成	**0.727**	0.206	0.287	0.115	0.143
14．統計関数	**0.772**	0.220	0.209	0.188	0.005
15．検索等	**0.772**	0.307	0.272	0.096	0.093
16．プレゼン	**0.729**	0.276	0.268	0.155	0.013
17．HP作成	**0.838**	0.238	0.236	0.073	0.055
18．HP表現	**0.759**	0.295	0.248	0.114	0.067
19．インストール	**0.724**	0.331	0.312	0.066	0.146
20．複数ソフト	**0.834**	0.214	0.202	0.242	0.064
21．ワープロ記憶	0.458	0.315	0.143	0.229	**0.524**
22．ワープロ興味	0.457	0.346	0.166	0.198	**0.593**
23．ワープロ役立	0.286	0.308	0.269	0.269	**0.824**
24．ハード	**0.698**	0.176	0.182	0.260	0.299
25．ソフト	**0.777**	0.187	0.108	0.300	0.223
26．文書語句	**0.722**	0.239	0.238	0.243	0.136
27．用紙規格	0.385	0.390	0.372	0.291	**0.592**
28．OS	**0.614**	0.094	0.118	0.281	0.243
29．コンピュータ基礎	**0.557**	0.364	0.263	0.194	0.162
30．論理回路	**0.747**	0.067	0.203	0.254	0.082
31．興味	0.235	**0.749**	0.226	0.079	0.088
32．マニュアル理解	**0.545**	0.404	0.409	0.058	0.255
33．メール送受信注意	0.481	0.399	0.272	0.377	0.276
34．個人情報	0.105	0.430	0.406	**0.531**	−0.074
35．プライバシー	0.108	0.488	0.234	**0.544**	0.023
36．作業姿勢	0.334	0.151	0.031	**0.727**	0.098
37．ワープロ作業時間	0.328	0.093	0.049	**0.774**	0.140
38．体調	0.077	0.359	0.101	**0.698**	0.117
39．コンピュータ作業時間	0.201	0.212	0.101	**0.829**	0.078
40．ワープロと思考	0.346	0.356	0.252	0.445	0.372
41．文書入力	0.340	**0.645**	0.141	0.348	−0.012
42．コンピュータ興味	0.195	**0.833**	0.200	0.157	0.211
43．容易	0.479	**0.594**	0.244	0.232	−0.064
44．道具として活用	0.435	**0.532**	0.273	0.123	0.189
45．用紙の確実な処分	0.416	0.245	0.085	0.353	0.156
46．人間とコンピュータ	0.293	**0.599**	0.231	0.254	0.145
47．保管	0.461	0.468	0.280	0.372	0.132
48．情報判断	0.205	**0.570**	0.215	0.326	0.150
49．コンピュータと思考	0.244	**0.675**	0.211	0.293	0.193
50．コンピュータ活用	0.328	0.491	0.235	0.219	0.111

される。そこで本因子を「PC活用の基礎的な知識と技能」因子と命名した。第2因子は主に「31.メディアへの興味」「44.道具としてICT活用」「48.情報判断」等で構成され，コンピュータ等のメディア活用に関する因子と解釈される。そこで本因子を「ICT活用の興味と態度」因子と命名した。第3因子は主に「4.様々な入力方法」「5.部首入力」「10.文章表現」等で構成され，文書作成時の処理に関する因子と解釈される。そこで本因子を「表現処理技能」因子と命名した。第4因子は主に「36.作業姿勢」「37.ワープロ作業時間」「38.体調管理」等で構成され，VDT作業時の健康配慮に関する因子と解釈される。そこで本因子を「VDT作業時の健康配慮態度」因子と命名した。第5因子は主に「21.ワープロは記憶を強くする」「22.ワープロへの興味」「23.ワープロは仕事に役立つ」等で構成され，文書作成ソフトの役割に関する因子と解釈される。そこで本因子を「表現処理ソフト活用」因子と命名した。

　2007年度の学習者の自己評価の分析の結果，4因子が抽出されたが，これを表Ⅵ-6に示す。因子寄与率は，第1因子22.8％，第2因子20.1％，第3因子18.3％，第4因子3.8％である。まず第1因子に「24.ハード」「25.ソフト」「20.複数ソフトの操作」等で構成され，PCソフトの活用に関する因子と解釈される。そこで本因子を「PC活用の基礎的な知識と技能」因子と命名した。第2因子は主に「39.コンピュータ作業時間」「44.道具としてICT活用」「48.情報判断」等で構成され，コンピュータ等のメディア活用と健康等に関する因子と解釈される。そこで本因子を「ICT活用の興味と健康配慮」因子と命名した。

　第3因子は主に「4.様々な入力方法」「5.部首入力」「10.文章表現」等で構成され，文書作成時の処理に関する因子と解釈される。そこで本因子を「文書処理技能」因子と命名した。第4因子は「17.HP作成」「18.HP表現」で構成され，HPの表現処理に関する因子と解釈される。そこで本因子を「表現処理技能」因子と命名した。

表Ⅵ-6　中学生の情報教育のイメージに関する因子分析（2007年度）

	因子1	因子2	因子3	因子4
1．ファイル管理	0.444	0.283	0.355	0.167
2．ファイル操作	0.326	0.179	**0.574**	0.112
3．入力	0.107	0.269	**0.736**	0.032
4．全入力	0.144	0.236	**0.846**	0.085
5．部首検索	0.311	0.138	**0.775**	0.168
6．入力速度	0.343	0.336	**0.679**	0.088
7．正確入力	0.373	0.430	**0.673**	0.032
8．マウス操作	0.241	0.327	**0.782**	0.097
9．プリンタ操作	**0.527**	0.223	**0.621**	0.084
10．文章表現	0.372	0.217	**0.745**	0.074
11．書式設定	0.483	0.139	**0.645**	0.134
12．基本関数	**0.741**	0.230	0.432	−0.006
13．帳票作成	**0.709**	0.202	0.424	0.110
14．統計関数	**0.730**	0.222	0.354	−0.051
15．検索等	**0.686**	0.230	0.381	0.186
16．プレゼン	**0.782**	0.206	0.247	0.103
17．HP作成	**0.567**	0.186	0.168	**0.531**
18．HP表現	**0.561**	0.099	0.279	**0.598**
19．インストール	**0.586**	0.147	0.400	0.370
20．複数ソフト	**0.765**	0.223	0.254	0.289
21．ワープロ記憶	0.458	0.450	0.190	−0.051
22．ワープロ興味	0.351	**0.529**	0.297	−0.111
23．ワープロ役立	0.304	**0.500**	0.376	−0.044
24．ハード	**0.747**	0.288	0.155	−0.042
25．ソフト	**0.760**	0.295	0.187	−0.065
26．文書語句	**0.723**	0.299	0.320	−0.020
27．用紙規格	**0.556**	0.395	0.378	−0.057
28．OS	**0.710**	0.119	0.097	0.165
29．コンピュータ基礎	**0.590**	0.376	0.274	0.129
30．論理回路	**0.767**	0.174	0.079	0.145
31．興味	0.293	0.465	**0.515**	0.029
32．マニュアル理解	**0.597**	0.407	0.356	0.044
33．メール送受信注意	0.390	**0.519**	0.426	0.299
34．個人情報	0.133	**0.652**	0.474	0.338
35．プライバシー	0.135	**0.727**	0.438	0.328
36．作業姿勢	0.317	**0.730**	0.022	−0.076
37．ワープロ作業時間	0.242	**0.711**	0.090	0.141
38．体調	0.180	**0.760**	0.114	−0.055
39．コンピュータ作業時間	0.203	**0.750**	0.103	−0.138
40．ワープロと思考	0.462	**0.694**	0.163	−0.065
41．文書入力	0.277	**0.579**	0.305	−0.007
42．コンピュータ興味	0.270	**0.628**	0.454	−0.025
43．容易	0.475	0.410	0.483	0.099
44．道具として活用	0.334	**0.586**	0.357	0.213
45．用紙の確実な処分	0.488	0.429	0.204	0.206
46．人間とコンピュータ	−0.023	0.367	0.140	0.215
47．保管	0.224	**0.664**	0.281	0.271
48．情報判断	0.189	**0.745**	0.318	0.287
49．コンピュータと思考	0.175	**0.655**	0.360	0.286
50．コンピュータ活用	0.240	**0.555**	0.447	0.155

(2) 高校生の情報教育に関するイメージ

普通高校生に対しての情報教育のイメージ調査は2005年度から実施した。

まず，2005年度の高等学校情報教育のイメージについての分析結果は，第5章で述べた通り3因子，すなわち第1因子は「PC活用の基礎的な知識と技能」，第2因子は「文書作成の技能と知識」，第3因子は「PC活用におけるモラルと態度」因子が抽出されている。

2006年度について，情報教育のイメージ分析の結果，4因子が抽出されたが，これを表Ⅵ-7に示す。第1因子は主に「34.個人情報」「35.プライバシー」「46.人間とコンピュータ」「48.情報判断」等で構成され，情報社会への参画態度やモラルに関する因子と解釈される。そこで本因子を「PC活用のモラルに関する知識」因子と命名した。第2因子は主に「24.ハード」「25.ソフト」「28.OS」等で構成され，PC活用の基礎的事項に関する因子と解釈される。そこで本因子を「PC活用の基礎的な知識」因子と命名した。第3因子に「12.基本関数」「13.帳票作成」「14.統計関数」「15.検索」等で構成され，表計算の活用に関する因子と解釈される。そこで本因子を「計算処理技能」因子と命名した。第4因子は「36.作業姿勢」「37.ワープロ作業時間」「38.体調の留意」「39.コンピュータ作業時間」等で構成され，VDT作成時の健康配慮に関する因子と解釈される。そこで本因子を「VDT作業時の健康配慮態度」因子と命名した。因子寄与率は，第1因子19.4％，第2因子17.3％，第3因子12.3％，第4因子は8.2％である。

2007年度について，情報教育のイメージ分析の結果，5因子が抽出されたが，これを図Ⅵ-8に示す。第1因子は主に「34.個人情報」「35.プライバシー」「46.人間とコンピュータ」「48.情報判断」等で構成され，情報社会への参画態度やモラルに関する因子と解釈される。そこで本因子を「PC活用のモラルに関する知識」因子と命名した。第2因子に「12.基本関数」「13.帳票作成」「14.統計関数」「15.検索」等で構成され，表計算の活用に関する因子と解釈される。そこで本因子を「計算処理技能」因子と命名した。第3因子は

表Ⅵ-7　高校生の情報教育のイメージに関する因子分析（2006年度）

	因子1	因子2	因子3	因子4
1．初期化	0.237	**0.515**	0.227	0.067
2．ファイル管理	0.416	0.433	0.332	0.127
3．入力	**0.573**	0.120	0.333	0.020
4．全入力	**0.576**	0.252	0.449	0.014
5．部首検索	0.449	0.296	0.302	−0.017
6．入力速度	0.362	0.381	0.439	0.105
7．正確入力	0.366	0.264	0.304	0.204
8．マウス操作	**0.634**	0.257	0.352	0.074
9．プリンタ操作	0.445	0.487	0.386	0.084
10．文章表現	0.391	0.432	**0.642**	0.075
11．書式設定	0.383	0.366	**0.698**	0.135
12．基本関数	0.241	0.218	**0.847**	0.220
13．帳票作成	0.243	0.255	**0.855**	0.196
14．統計関数	0.096	0.406	**0.611**	0.323
15．検索等	0.183	0.400	**0.732**	0.181
16．プレゼン	0.114	**0.663**	0.395	0.183
17．HP作成	0.124	**0.613**	0.470	0.139
18．HP表現	0.187	**0.587**	0.482	0.213
19．インストール	0.314	**0.670**	0.286	0.087
20．複数ソフト	0.209	**0.661**	0.363	0.174
21．ワープロ記憶	0.230	0.227	0.138	0.193
22．ワープロ興味	**0.513**	0.194	0.083	0.100
23．ワープロ役立	**0.528**	0.082	0.138	0.178
24．ハード	0.323	**0.704**	0.132	0.219
25．ソフト	0.312	**0.740**	0.189	0.271
26．文書語句	0.330	**0.584**	0.271	0.247
27．用紙規格	**0.510**	0.325	0.265	0.139
28．OS	0.360	**0.594**	0.172	0.134
29．コンピュータ基礎	0.478	**0.556**	0.189	0.222
30．論理回路	0.151	**0.555**	0.292	0.235
31．興味	**0.660**	0.240	0.046	0.132
32．マニュアル理解	0.440	**0.648**	0.172	0.211
33．メール送受信注意	**0.538**	0.443	0.146	0.201
34．個人情報	**0.654**	0.178	0.194	0.210
35．プライバシー	**0.606**	0.316	0.172	0.335
36．作業姿勢	0.366	0.289	0.130	**0.565**
37．ワープロ作業時間	0.332	0.194	0.110	**0.740**
38．体調	0.338	0.176	0.226	**0.660**
39．コンピュータ作業時間	0.215	0.238	0.263	**0.806**
40．ワープロと思考	**0.513**	0.305	0.217	0.356
41．文書入力	**0.513**	0.422	0.229	0.378
42．コンピュータ興味	**0.618**	0.273	0.022	0.159
43．容易	0.364	**0.589**	0.210	0.278
44．道具として活用	**0.579**	0.293	0.201	0.238
45．用紙の確実な処分	0.220	0.343	0.042	0.367
46．人間とコンピュータ	**0.613**	0.163	0.085	0.223
47．保管	**0.603**	0.267	0.265	0.317
48．情報判断	**0.635**	0.222	0.173	0.317
49．コンピュータと思考	**0.681**	0.159	0.220	0.246
50．コンピュータ活用	**0.633**	0.265	0.167	0.337

表Ⅵ-8　高校生の情報教育のイメージに関する因子分析（2007年度）

	因子1	因子2	因子3	因子4	因子5
1．初期化	0.280	**0.520**	0.289	0.202	0.038
2．ファイル管理	0.226	0.433	0.209	0.312	0.269
3．入力	0.241	0.012	−0.041	**0.629**	0.309
4．全入力	0.246	0.241	0.121	**0.682**	0.266
5．部首検索	0.242	0.395	0.215	**0.599**	0.020
6．入力速度	0.259	0.352	0.321	**0.673**	−0.102
7．正確入力	0.418	0.318	0.212	**0.661**	0.032
8．マウス操作	0.240	0.202	0.109	**0.757**	0.312
9．プリンタ操作	0.294	0.461	0.260	**0.576**	0.082
10．文章表現	0.136	0.422	0.036	**0.717**	0.241
11．書式設定	0.290	**0.604**	0.024	0.437	0.203
12．基本関数	0.233	**0.719**	0.184	0.190	0.140
13．帳票作成	0.137	**0.822**	0.166	0.189	0.148
14．統計関数	0.154	**0.766**	0.287	0.065	0.061
15．検索等	0.238	**0.787**	0.312	0.114	0.217
16．プレゼン	0.229	**0.759**	0.359	0.145	0.175
17．HP作成	0.231	**0.618**	0.254	0.339	0.112
18．HP表現	0.255	**0.642**	0.215	0.356	0.045
19．インストール	0.258	**0.567**	0.266	0.346	0.124
20．複数ソフト	0.204	**0.647**	0.395	0.338	0.011
21．ワープロ記憶	0.382	0.233	0.478	0.223	0.027
22．ワープロ興味	0.290	0.302	0.492	0.199	0.227
23．ワープロ役立	0.372	0.187	0.386	0.258	**0.504**
24．ハード	0.233	0.279	**0.890**	0.057	−0.016
25．ソフト	0.215	0.317	**0.890**	0.052	−0.011
26．文書語句	0.189	0.321	**0.586**	0.167	0.287
27．用紙規格	0.434	0.277	0.318	0.295	0.353
28．OS	0.337	0.305	**0.566**	0.128	0.177
29．コンピュータ基礎	0.392	0.326	0.495	0.190	0.285
30．論理回路	0.130	0.283	**0.624**	0.069	0.254
31．興味	0.407	0.233	0.120	0.312	0.395
32．マニュアル理解	0.311	0.343	0.373	0.346	0.447
33．メール送受信注意	0.408	0.178	0.298	0.275	**0.542**
34．個人情報	0.510	0.107	−0.006	0.346	0.498
35．プライバシー	**0.699**	0.138	−0.006	0.146	0.400
36．作業姿勢	**0.601**	0.239	0.119	0.136	0.143
37．ワープロ作業時間	**0.675**	0.189	0.254	0.145	0.142
38．体調	**0.681**	0.104	0.226	0.167	0.080
39．コンピュータ作業時間	**0.653**	0.202	0.268	0.154	−0.066
40．ワープロと思考	**0.644**	0.178	0.354	0.197	0.078
41．文書入力	**0.495**	0.409	0.330	0.284	0.155
42．コンピュータ興味	0.464	0.149	0.230	0.290	**0.545**
43．容易	0.471	0.349	0.446	0.202	0.314
44．道具として活用	0.443	0.248	0.304	0.293	**0.566**
45．用紙の確実な処分	0.448	0.217	0.251	0.112	0.308
46．人間とコンピュータ	**0.627**	0.200	0.025	0.229	0.330
47．保管	**0.707**	0.262	0.187	0.175	0.201
48．情報判断	**0.728**	0.201	0.187	0.191	0.089
49．コンピュータと思考	**0.740**	0.170	0.201	0.248	0.137
50．コンピュータ活用	**0.667**	0.275	0.230	0.289	0.173

主に「24.ハード」「25.ソフト」「28.OS」等で構成され，PC活用の基礎的事項に関する因子と解釈される。そこで本因子を「PC活用の基礎的な知識」因子と命名した。第4因子は主に「4.様々な文字入力が出来る」「5.部首検索」「6.入力速度」「10.文章表現」等で構成され，文書作成時の処理関係の因子と解釈される。そこで本因子を「表現処理技能」因子と命名した。第5因子は主に「23.ワープロは役立つ」「42.コンピュータへ興味」「44.PCを道具として活用」等で構成され，コンピュータ・リテラシー活用関係の因子と解釈される。そこで本因子を「PCの適切な活用法」因子と命名した。因子寄与率は，第1因子18.1％，第2因子16.2％，第3因子11.9％，第4因子は11.8％，第5因子6.5％である。

6.3.4 考　察

　以上，学習者である中学生・普通高校生の情報教育の認知度とブルームのタキソノミーを用いたイメージ調査を実施し，そこから情報教育のカリキュラム評価を試みた。まず，認知度の中学生・普通高校生の因子項目をそれぞれ表Ⅵ-9(1)(2)に示す。

　2005年度は，第5章より中学生・普通高校生共にPCに関するハードやソフトなどのシステム関係やネットワークに関する知識を重視する傾向があることが判っている。2006年度は中学生の場合は，2005年度の傾向にPC操作技能というスキル面が加わっている。高校生の場合は，2005年度と同様のシステム関係やネットワーク関係に関する知識を重視している。次に，2007年度の中学生の場合は，2006年度と同様のPCに関する知識重視である。高校生の場合も2006年度と同様の知識であるが，これに情報メディアの知識が加わっている。

　以上，3年間の経時的変容を見ると，2005年度の知識は3年間の変化が無い。中学生ではPC技能が，普通高校生ではメディアに関する知識が加わるものの，メディア媒体に関する知識重視の傾向があった。

第 6 章

表Ⅵ-9(1) 2005～2007年度の中学生の情報教育認知度の因子群

	2005年度	2006年度	2007年度
第1因子	PCに関するシステム関係の知識	PCに関するシステム関係の知識	情報モラルとセキュリティの知識
第2因子	情報ネットワークの実践関係の知識	ネットワークと情報モラルの実践関係の知識	PCに関するシステム関係の知識
第3因子	ネットワークと情報モラルの知識	PC操作技能の知識	PC操作技能の知識

表Ⅵ-9(2) 2005～2007年度の高校生の情報教育認知度の因子群

	2005年度	2006年度	2007年度
第1因子	ネットワーク技術の知識	PCに関するシステムとセキュリティの知識	情報モラルとセキュリティの知識
第2因子	PCに関するシステム関係の知識	ネットワーク技術の知識	情報社会の知識
第3因子	情報社会と情報モラルの知識	情報ネットワークの知識	情報ネットワークの知識
第4因子			情報メディアの知識

表Ⅵ-10(1) 2006～2007年度の中学生の情報教育イメージの因子群

	2005年度	2006年度	2007年度
第1因子		PC活用の基礎的な知識と技能	PC活用の基礎的な知識と技能
第2因子		ICT活用の興味と態度	ICT活用の興味と健康配慮
第3因子		表現処理技能	文書処理技能
第4因子		VDT作業時の健康配慮態度	表現処理技能
第5因子		表現処理ソフト活用	

表Ⅵ-10(2) 2005～2007年度の高校生の情報教育イメージの因子群

	2005年度	2006年度	2007年度
第1因子	PC活用の基礎的な知識と技能	PC活用のモラルに関する知識	PC活用のモラルに関する知識
第2因子	文書作成の技能と知識	PC活用の基礎的な知識	計算処理技能
第3因子	PC活用におけるモラルと態度	計算処理技能	PC活用の基礎的な知識
第4因子		VDT作業時の健康配慮態度	表現処理技能
第5因子			PCの適切な活用法

次に，イメージ調査の中学生・普通高校生の因子項目をそれぞれ表Ⅵ-10(1)(2)に示す。

2005年度は，普通高校生のみであるが，第5章よりPCあるいは特定のソフトの操作技能とそれに関する知識を重視していることが判っている。

2006年度は中学生の場合は，PC活用と特定のソフト活用に関する知識，興味，技能が中心であり，これらの因子は2007年度も変わらない。また，普通高校生の場合は，2006年度は，全年度（2005年度）のPCスキルや情報モラルの因子に健康留意の因子が加わり，2007年度は健康留意の因子に代わり，アプリケーションソフトの活用に傾斜していた。

以上のことから，2005年度から2007年度にかけて調査した学習者である中学生・普通高校生の情報教育の結果は，いずれもコンピュータ・リテラシーとそれを活用する際の情報モラルや健康等には留意しているものの，情報の完全必修化の後も，情報教育展開期における目標である「情報リテラシー」とその3観点の充実には検討すべき問題があることが明らかになった。

6.4 まとめ

第6章では，第5章での結果，すなわち2005年度の学習者の情報教育に関する認知度とブルームのタキソノミーを用いたカリキュラム評価を試みた結果を受けて，その後2007年度までの3年間継続調査を行った。その結果，情報教育の認知度について言えば，中学生・普通高校生共にPCスキルや社会のメディアの変容に応じた知識への傾斜であった。また，タキソノミーについて言えば，中学生・普通高校生共にコンピュータ・リテラシー中心で，情報教育の目標である情報リテラシーの充実には至らず，科学的な理解については進展が難しいことが判った。

このことは，中学生の場合は，ブルーム評価理論で言うと，基礎的な技能（精神運動的領域）とそのための知識・理解（認知的領域）と態度（情意的領域）の

上に，健康留意（情意的領域）と情報利活用に必要な知識・理解（認知的領域）へ構造化していた。普通高校生ではPC活用のための知識・理解（認知的領域）とPCスキル（精神運動的領域）から情報モラルやセキュリティ態度（情意的領域）へ構造化していた。すなわち，3観点の中の「情報活用実践力」と「情報社会参画」の面では理解が進むと考えられるが，「情報の科学的な理解」については検討すべきことがわかった。これは情報教育の認知度調査の「内容が情報の科学的な理解ではなく，むしろ情報社会参画を重視する」の両者の傾向から判断することができる。また，ブルームの教育目標でいう認知的領域の知識・理解段階，精神運動的領域の技能段階，情意的領域の興味・関心・態度段階までは達成していると考えられるが，認知度やイメージ調査で抽出された因子を見る限りにおいて，精神運動的領域の表現，認知的領域の理解と判断，情意的領域の態度の段階までには至っていないことが示唆された。

　次の第7章では，いち早く情報教育を導入した職業高校生による情報教育カリキュラムの評価とその経時的変化について検討を試みる。

第7章　職業教育における情報教育のカリキュラムに対する学習者の反応の経時的変化

7.1　目　　的

　第5章と第6章では普通教育における情報教育のカリキュラム評価について，学習者である中学生・普通高校生からの情報を得た。これは，情報教育展開期である2003年度に，小学校各教科，中学校技術・家庭科技術分野の「情報とコンピュータ」を中心とする情報教育と併せて，高等学校では普通教科「情報」がスタートしたことによる。一方，専門高校では，黎明期から続く従来の情報教育を基礎に，専門教科「情報」が新設されている。本研究では，これまで第2～4章において高校生の情報教育に対する反応として，職業教育に在籍する高校生を対象とした調査を実施してきた。しかし，情報教育展開期では，普通教育としての情報教育と職業教育としての情報教育が大きく二分されるようになる。

　そこで第7章では，情報教育を普通高校より早くから進めると共に，展開期において専門教科「情報」が追加された専門高校に焦点を当てて，前章と同様にブルーム教育評価理論を利用した学習者のカリキュラム評価を経時的に検討することとした。

7.2 分析方法

7.2.1 教科「情報」の設置前後における 8 年間の継続した情報教育の調査

調査は，2000年～2007年の過去 8 年間の情報教育に対する学習者の変容を見ている。ここで実施した情報教育の必修用語の認知度調査とイメージ調査の設問表現は，例えば，FD（フロッピーディスク）から HD（ハードディスク），そして，USB メモリーと教科書での表現などに応じて若干の修正は行っているが，同一調査内容にて実施した。必修用語認知度調査は2005年度から開始し，2005年度・2006年度は60項目，2007年度からは50項目である。また，情報教育のイメージ調査は，8 年間を通して50項目であり，第 5 章，第 6 章で述べたように，情報の活用技能を中心とする精神運動的領域（Psychomotor Domain）を20項目，知識・理解等の認知的領域（Cognitive Domain）を15項目，情報手段活用や情報社会参画態度等の情意的領域（Affective Domain）を15項目の計50項目である[103],[104]。

調査項目の評価尺度は，いずれの調査も 5 件法を使用した。

7.2.2 調査対象及び調査内容

(1)調査対象

調査対象は，複数の専門高校（工業高校）の 3 年生で，2000年～2007年の 8 年間である。2000年度は52名，2001年度は66名，2002年度は70名でいずれも 1 校，2003年度は175名，2004年度は121名，2005年度は110名，2006年度は147名，2007年度（平成19年度）は129名でいずれも 2 校で，総計870名である。

(2) 調査内容

　調査内容は，工業高校生は，教科「情報」「情報技術基礎」「情報処理」といった教科目で，週1回（50分）を基本とし，主に実習ではワープロ・表計算等を，講義ではコンピュータ概論・ネットワークの基礎などである。学習環境は，当時実施されていた「e-Japan 計画」に準じた設備で，コンピュータ等は1人1台，他メディア（OHP・投影プロジェクター）やネットワークを利用している。

　以上のような調査対象と内容に基づき，本研究における情報教育は，専門高校としての職業教育の目的と情報教育の関係に視点を当てながら検討した。

　なお，調査はいずれも各授業の履修後に実施している。

7.2.3　分析方法

　まず，情報教育に関するイメージ評価について，調査開始の2000年度以降8年間にわたり，先の第5章，第6章同様の方法で実施した。

　次に，2005年度以降は工業高校での必須用語の認知度を調査するために，先の第5章，第6章同様の方法で実施した。回答項目は，いずれも最短距離法によるデンドログラムの階層構造により，各項目のグループ化を把握できるクラスター分析により分析した。

　いずれの学習者に対する調査についても，最初単純集計により8年間の評価推移を整理し，その上で因子分析により，回答項目の重要度と情報教育の現状認識を調べた。因子分析の方法は，主因子法を適用し，スクリープロットの後，因子の回転はバリマックス法を用いた。その後，共通因子を抽出し，因子負荷量が0.500以上の項目群により因子の命名を行った[9]。

　これらの分析法により，専門高校生の実態との関係を調査し，情報教育のカリキュラムの方向性を検討することとした。

7.3 結果及び考察

7.3.1 クラスター分析による評価票の分析結果

工業高校生のクラスター分析の結果については，第5章，第6章と同様である。

調査初年度の2000年度の工業高校生から2007年度の工業高校生においても，分析の結果，いずれも認知的領域（知識面），精神運動的領域（技能面），情意的領域（情意面）の各領域に分散しており，これらの調査項目は，評価項目として妥当であると考えてよい。

7.3.2 専門高校情報教育における学習者のイメージ

(1)自己評価の状況

学習者である専門高校生による自己評価を2000年度～2007年度の8年間継続して実施した。結果について，各領域の8年間の推移表を教科「情報」の設置前と設置後のそれぞれ二つに分け，それぞれの調査項目の平均値をグラフ化することとした。これについて，精神運動的領域の設置前後を図Ⅶ-1(a)(b)，認知的領域の設置前後を図Ⅶ-2(a)(b)，情意的領域の設置前後を図Ⅶ-3(a)(b)にそれぞれ示す。

学習者の評定平均値の傾向としては，2002年度までは精神運動的領域，認知的領域，情意的領域の順に平均値が上昇する傾向がある。これに対して，高校に教科「情報」が設置された2003年度以降の平均値は下降する傾向がある。

しかしながら，年度が進行するにつれて，3つの領域の平均値に差があまり見られないという特徴があった。そこで，これら精神運動，認知，情意の三領域の自己評価平均値を表Ⅶ-1に示す。この3領域の平均値からも，

第 7 章　137

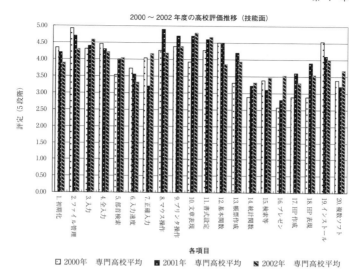

図Ⅶ-1(a)　技能面（精神運動的領域）の情報設置前の評価推移

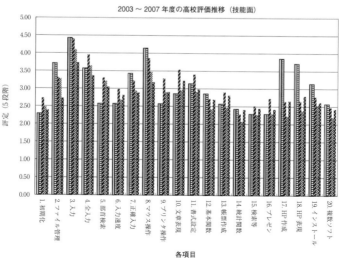

図Ⅶ-1(b)　技能面（精神運動的領域）の情報設置後の評価推移

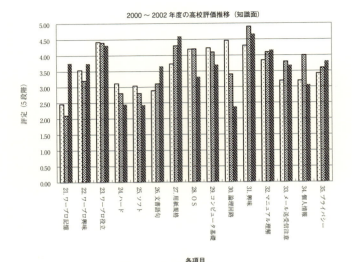

図Ⅶ-2(a) 知識面(認知的領域)の情報設置前の評価推移

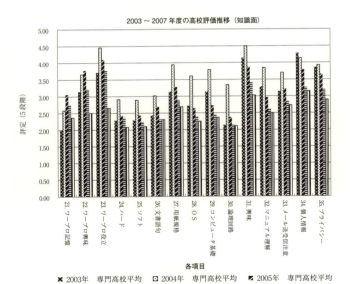

図Ⅶ-2(b) 知識面(認知的領域)の情報設置後の評価推移

第 7 章　139

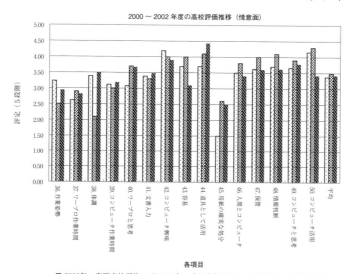

図Ⅶ-3(a)　情意面（情意的領域）の情報設置前の評価推移

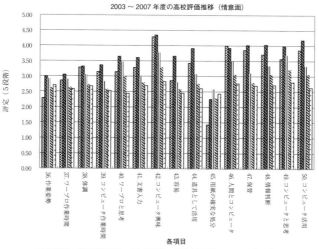

図Ⅶ-3(b)　情意面（情意的領域）の情報設置後の評価推移

表Ⅶ-1　精神運動・認知・情意領域の自己評価（平均値）

校種 年度	専門高校		
	精神運動領域	認知領域	情意領域
2000年度	3.83	3.60	3.37
2001年度	3.99	3.65	3.49
2002年度	3.96	3.58	3.42
2003年度	3.05	3.05	3.27
2004年度	3.73	3.62	3.62
2005年度	3.08	3.13	3.16
2006年度	2.77	2.79	2.83
2007年度	2.82	2.52	2.64

2003年度に教科「情報」が導入された直後については，自己評価平均値は高い傾向にあるが，それ以降はやや平均値が下がる傾向にあった。ただし，3領域のいずれかが平均値が高く，いずれかが低いというものではない。このことは，専門高校における情報教育では，3領域の学習内容にあまり偏りがないというイメージを持っている。

(2)専門高校生の情報教育のイメージ

　調査項目は，2000年度（平成12年度）～2007年度（平成19年）の8年間の経時的変容を見るため，専門高校に適合するよう語句の表現を若干修正してはいるが，同一内容にて三領域に分類した50項目より成る。

　すなわち，項目は，中学生・普通高校生同様，情報教育の「情報活用の実践力・情報の科学的な理解・情報社会に参画する態度」の3観点を踏まえ，活用・技能等の精神運動的領域（Psychomotor Domain），知識・理解等の認知的領域（Cognitive Domain），情報手段活用や情報社会参画態度等の情意的領域（Affective Domain）である。8年間の専門高校の情報教育の因子分析の結果を，表Ⅶ-2に示す。

　2000年度について，情報教育のイメージ分析の結果，3因子が抽出された。第1因子は「8.マウス操作」「9.プリンタ操作」「19.インストール」などで構成され，PCやメディアに関するスキル向上のための意欲とみられる因子と

表Ⅶ-2 因子名と因子寄与率

年度	因子順	因子名	因子寄与率
2000年度	第1因子	技能習得への意欲	22.7
	第2因子	技能面への興味・関心	17.9
	第3因子	技能リテラシー	9.7
2001年度	第1因子	技能習得への意欲	34.0
	第2因子	知識・理解	25.0
	第3因子	技能リテラシー	19.0
2002年度	第1因子	技能習得への意欲	25.2
	第2因子	知識・理解	21.4
	第3因子	情報モラルの重視	11.7
2003年度	第1因子	技能習得への意欲	23.1
	第2因子	知識・理解	21.8
	第3因子	情報モラルの重視	15.4
2004年度	第1因子	技能習得への意欲	23.2
	第2因子	知識・理解	18.6
	第3因子	情報モラルの重視	13.7
2005年度	第1因子	知識・理解	18.0
	第2因子	技能リテラシー	14.1
	第3因子	情報モラルの重視	11.4
2006年度	第1因子	知識・理解	22.4
	第2因子	技能リテラシー	16.6
	第3因子	情報モラルの重視	12.1
2007年度	第1因子	情報リテラシー	20.6
	第2因子	情報社会参画	18.2
	第3因子	知識・理解	10.3

解釈される。そこで本因子を「技能習得への意欲」因子と命名した。第2因子は「4.PCへの様々な入力方法技術」「22.ワープロへの興味」「42.PC興味」などで構成され，PCやメディアに関するスキル向上のための様々な興味とみられる因子と解釈される。そこで本因子を「技能面の興味・関心」因子と命名した。第3因子は「17.HP作成」「44.PCを道具として活用」「48.PCを情報判断として活用」などで構成され，PC活用の際の様々な利用方法やPCやメディア等の操作方法とみられる因子と解釈される。そこで本因子を「技能リテラシー」因子と解釈した。因子寄与率は，第1因子22.7％，第2因子17.9％，第3因子9.7％である。このようにして，以下の2001年度から2007年

度までの学習者による情報教育履修後のイメージ度について抽出された因子は，いずれの年度も3因子抽出された。

以下，それぞれの年度の因子をあげると，2001年度は，それぞれ「技能習得への意欲」「知識・理解」「技能リテラシー」で因子寄与率は，第1因子34.0％，第2因子25.0％，第3因子19.0％である。

2002年度は，それぞれ「技能習得への意欲」「知識・理解」「情報モラルの重視」で因子寄与率は，第1因子41.7％，第2因子5.1％，第3因子2.2％である。

2003年度は，それぞれで「技能習得への意欲」「知識・理解」「情報モラルの重視」で因子寄与率は，第1因子23.1％，第2因子21.8％，第3因子15.4％である。

2004年度は，それぞれ「技能習得への意欲」「知識・理解」「情報モラルの重視」で因子寄与率は，第1因子23.2％，第2因子18.6％，第3因子13.7％である。

2005年度は，それぞれ「知識・理解」「技能リテラシー」「情報モラルの重視」で因子寄与率は，第1因子18.0％，第2因子14.1％，第3因子11.4％である。

2006年度は，それぞれ「知識・理解」「技能リテラシー」「情報モラルの重視」で因子寄与率は，第1因子22.4％，第2因子16.6％，第3因子12.1％である。

2007年度は，それぞれ「情報リテラシー」「情報社会参画」「知識・理解」で因子寄与率は，第1因子20.6％，第2因子18.2％，第3因子10.3％である。

このように，専門高校では，いずれの年度も第1因子は「技能習得」であり，以下，「知識・理解」と「情報モラル」の因子が抽出された。

以上の結果から見ると，ブルーム評価理論に基づく調査項目の全体の傾向として，専門高校では「技能リテラシー」や「技能習得への意欲」などの因子が総合的な「情報リテラシー」の因子に，「情報モラルの重視」の因子が

「情報社会参画」の因子に変化している。このように，学習内容が情報活用の実践力を重視ながらも，コンピュータ・リテラシーに偏ることなく，「情報の科学的な理解」について学習する認識が強くなっている。これは，専門高校での指導者が，情報教育の学習内容と職業教育としての情報教育に適切に対応している結果と言える。

　2003年度から普通高校，専門高校に教科「情報」がスタートした。それまで，コンピュータ・リテラシーを中心とした技能教育が，2003年以降は，情報リテラシーを目標とする3観点を考慮した指導が行われている。また，先の3領域の集計結果からも，2003年度以降の精神運動，認知，情意面の各領域の評価平均値の差が少なくなっている。つまり，情報リテラシーを目標とする学習内容において，情報の科学的な理解の内容は，情報手段活用や情報社会参画態度等の内容と同等の重視度を学習者が持っている傾向が見られた。

(3)専門高校生の情報教育の認知度に関する調査

　情報教育の認知度に関する調査は，2003年度高校に教科「情報」が導入されてからの調査である。したがって，調査は高校の3学年全てが履修したと考えられる2005年度より実施した。なお，2005年度と2006年度は教科「情報」の必須用語を教科書の3者による全国使用教科書占有の関係も有り，60項目であった。2007年度は，教科書の改訂も有り，改めて語句の改訂と教科書に共通する必須用語を検討した結果，50項目となった。そのため，各年度の質問項目とその番号は2005年度と2006年度は同一であるが，2007年度は異なる。

　まず，2005年度の高等学校必修用語の認知度の分析結果は，3つの因子が抽出された。第1因子は主に「4．HTML」「7．LAN」「12．SMTP」「14．TCP/IP」等で構成され，情報ネットワーク関係の因子と解釈される。そこで本因子を「情報ネットワークの知識」因子と命名した。第2因子は主に

「35.プライバシー」「37.文書作成作業時間」「40.文書作成と思考」「49.コンピュータと思考」等で構成され，PCの操作技術と参画態度に関する因子と解釈される。そこで本因子を「PCに関する技能と参画する態度の知識」因子と命名した。第3因子は主に「43.電子メール」「49.ファイル」「50.フォルダ」「51.プライバシー」等で構成され，コンピュータ関係の技能や知識に関する因子と解釈される。そこで本因子を「コンピュータ操作に関する知識」因子と命名した。因子寄与率は，第1因子28.3%，第2因子21.6%，第3因子14.7%である。

　次に2006年度の高等学校必修用語の認知度の分析結果は，3つの因子が抽出された。第1因子は主に「26.画像情報」「30.コンピュータウイルス」「48.表計算の操作」「49.ファイル」等で構成され，PCの操作技術とセキュリティに関する因子と解釈される。そこで本因子を「PCに関するシステムとセキュリティの知識」因子と命名した。第2因子は主に「12.基本関数」「14.統計関数」「20.複数ソフト」「24.ハード」等で構成され，コンピュータ・リテラシー関係の技能や知識に関する因子と解釈される。そこで本因子を「コンピュータ操作に関する知識」因子と命名した。第3因子は主に「4.HTML」「7.LAN」「12.SMTP」「14.TCP/IP」等で構成され，情報ネットワーク関係の因子と解釈される。そこで本因子を「情報ネットワークの知識」因子と命名した。因子寄与率は，第1因子28.5%，第2因子19.8%，第3因子17.9%である。

　2007年度の高等学校必修用語の認知度の分析結果は，4つの因子が抽出された。第1因子は主に「15.アナログとディジタル」「21.個人情報」「23.コンピュータウイルス」「24.知的財産権」等で構成され，情報関係の実習やモラル関係の因子と解釈される。そこで本因子を「情報実習とモラルの知識」因子と命名した。第2因子は主に「26.メディアリテラシー」「27.ディジタルディバイド」「29.電子商取引」「37.ENIAC」等で構成され，情報の社会における存在などに関する因子と解釈される。そこで本因子を「情報社会の知識」因子と命名した。第3因子は主に「5.HTML」「6.IPアドレス」「8.LAN」

「11.TCP/IP」等で構成され，情報社会におけるネットワーク関係の因子と解釈される。そこで本因子を「情報ネットワークの知識」因子と命名した。第4因子は主に「32.マルチメディア」「38.ETCの意味」「41.アニメーション」「43.画素の意味」等で構成され，情報処理などの実習の因子と解釈される。そこで本因子を「情報処理に関する知識」因子と命名した。因子寄与率は，第1因子18.6％，第2因子17.8％，第3因子12.3％，第4因子10.2％である。

　以上の各年度の専門高校生の情報教育に関する必修用語の因子群を整理すると，2005年度から2007年度の3年間で出てくるものは「情報システム」「情報実習・実践」「ネットワーク技術」「情報社会」「情報モラルとセキュリティ」の5つの因子群であることがわかった。これらの因子が，2005年度はネットワーク関係の因子が第1因子であったものが，年度を追うごとに情報モラルやセキュリティ関係が第1因子として入れ替わる傾向があることがわかる。この時期，教科「情報」は2003年の設置から2005年は3年目に当たり，完全導入の時期である。その後，3年間の情報教育に関する必修用語の認知度の推移とみてよい。

　以上，学習者である専門高校生の情報教育の認知度とブルームのタキソノミーを用いたイメージ調査を教科「情報」の設置前後，すなわち2000年度から2002年度の設置前と2003年度から2007年度の設置後について実施し，そこから情報教育のカリキュラム評価を試みた。

　情報教育イメージに関する自己評価の集計結果からは，2003年度に教科「情報」が導入された際は，自己評価平均値は高い傾向であるが，それ以降自己評価が高くなるのでは無く，むしろ，3領域のいずれの平均値にも差がない，つまり，学習内容に偏りのないイメージを持っているといえる。また，情報教育イメージの因子分析からは，学習内容が，コンピュータ・リテラシーに偏ることなく，「情報の科学的な理解」について学習する認識が強くなっている。これは，専門高校での指導者が，情報教育の学習内容と職業教育としての情報教育に適切に対応している結果と言える。次に，情報教育の

必修用語の認知度調査からは，それまで，コンピュータ・リテラシーを中心とした技能教育が，2003年以降は，情報リテラシーを目標とする3観点を考慮した指導が行われている。2003年度から普通高校，専門高校に教科「情報」がスタートした。2005年度から2007年度の3年間で出てくるものは「情報システム」「情報実習・実践」「ネットワーク技術」「情報社会」「情報モラルとセキュリティ」の5つの因子群である。これらの因子が，第1因子がネットワーク関係であったものが，年度を追うごとに情報モラルやセキュリティ関係に入れ替わる傾向があることがわかる。

7.3.3　考　察

専門高校の情報教育における情報教育に対する学習者の経時的変化について調査を行うにあたり，コンピュータ等の活用技能を中心とする精神運動的領域（技能面），論理回路等の情報理論やプログラミングなど知識・理解を中心とする認知的領域（認知面），情報手段活用や情報社会に参画する態度等を中心とする情意的領（情意面）の因子傾向を見た。併せて，高校教科「情報」が2003年度に導入されたことを踏まえて，完全実施後の2005年から2007年度の3年間について情報教育の必修用語認知度調査を行った。

特に普通高校では「情報の科学的な理解を含めた情報リテラシーの学習不足」ということに関し，本章では専門高校での分析結果に注目したところ，情報リテラシーに対する意識が次第に高くなる傾向にあった。これは，指導者の意識が学習指導要領での学習内容の把握と学習者の意識の向上の結果として，情報教育のイメージでは情報教育の3観点の意識の向上に繋がったといえる。また，学習者の情報教育に対する意識の構造化は，各領域の段階を追った学習，つまり「各学習領域の知識や技能の構造化による理解度の深化」と考えられる。もちろん，専門高校においては，技能リテラシーとICT活用の関連性を考慮した学習内容は職業教育としての情報教育の視点に立てば，必須の内容である。しかし，「体系的な情報教育」という視点では，「職業教

育としての技能とコンピュータの活用技術を重視しつつ，情報リテラシーの視点に立ち，「情報の科学的な理解」のための基礎段階を重視した内容」が必要である。先の第5章，第6章での中学生・普通高校生に対する情報教育の学習内容のイメージから，「情報の科学的な理解」の内容を充足する情報リテラシーの目標を持つカリキュラムが必要であることを示した。このことは，専門高校での8年間の情報教育全般の調査・分析からは，中学生・普通高校生の情報教育に対する学習内容のイメージや認知度に比べると，社会的な背景や当時飛躍的に普及するネットワーク関係のメディアを優先した学習内容ではなかった。むしろ，専門高校卒業後の生産現場に対応できる内容を重視した，指導要領に基づく学習内容に準じたものであることがわかった。

7.4 まとめ

　第1章で述べたとおり，課題1-2（研究2）は情報教育展開期における中学生・普通高校生のカリキュラム評価を行うことであった。そこで，第5章では，2003年の展開期のスタート時期の学習者を対象に，ブルームのタキソノミーを用いたカリキュラム評価を試みた。その結果，中学生・普通高校生共に情報関連用語に関する認知度については，PCに関するハードやソフト関係及び，ネットワークに関する知識を重点的に学習する傾向があった。また，学習者の情報教育に対すイメージでは，情報活用能力を目標とする高校教育のカリキュラム内容とは異なり，PCスキルや情報モラルの特定の内容であることが明らかになった。また，因子「情報モラル」の抽出が多いことからは，当時の社会問題であるインターネットによる個人情報やプライバシーということに関する生徒の注目の高さが考えられた。しかしながら，教科「情報」が2003年度導入され，その完全実施年度でもある2005年度は，本章の調査年度であるが，ブルーム評価理論でいう各3領域の初期段階が因子として抽出されてはいるものの，評価の4観点でいう「理解」「表現」「態度」

が不足していた。これらのことから，教科「情報」の導入段階については，情報社会参画の観点で理解が進むと考えられるが，科学的な理解については進み難い可能性があることが明らかになった。

　第6章では，第5章での「2005年度の学習者の情報教育に関する認知度とブルームのタキソノミーを用いたカリキュラム評価を試みた」結果を受けて，その後2007年度までの3年間継続調査を行った。その結果，情報教育の認知度の調査では，中学生・普通高校生共にPCスキルや社会のメディアの変容に応じた知識への傾斜であることがわかった。また，タキソノミーによる調査では，中学生・普通高校生共にコンピュータ・リテラシー中心で，情報教育の目標である情報リテラシーの充実には至らず，「情報の科学的な理解」については進展が難しいことがわかった。このことは，認知的領域の知識・理解段階，精神運動的領域の技能段階，情意的領域の興味・関心・態度段階までは達成していると考えられるが，認知度やイメージ調査で抽出された因子を見る限りにおいて，精神運動的領域の表現，認知的領域の理解と判断，情意的領域の態度の段階までには至っていないことが示唆された。この結果は，第5章の2005年度の単独調査の結果と同様である。すなわち，中学生・普通高校生による学習内容の調査結果から判断すると，カリキュラム内容が，情意領域の価値・適応，認知領域の応用，精神運動領域の創造への学習段階まで達成し構成されているとは言えず，学年段階に応じた内容の吟味が必要である。

　第7章では，職業高校における経時的変化を見たが，情報教育のイメージ調査では，学習内容が，コンピュータ・リテラシーに偏ることなく，「情報の科学的な理解」について学習する認識が強くなっている。これは，専門高校での指導者が，情報教育の学習内容と職業教育としての情報教育に適切に対応していることが明らかになった。また，情報教育の必修用語の認知度調査では，学習指導要領の内容が適切に含まれ，2005年度から2007年度の3年間を通して「情報システム」「情報実習・実践」「ネットワーク技術」「情報社会」

「情報モラルとセキュリティ」の5つの因子群にまとめられることがわかった。

　これらの知見より，展開期の情報教育のカリキュラムに対する学習者の反応を把握することができ，前述した課題1-2（研究2）へは概ね対応することができたと考えられる。そこで続く第8章からは，我が国の情報教育のカリキュラム内容が類似しているアジアやヨーロッパの国と比較研究することで，より我が国の情報教育のカリキュラムの現状や在り方が明確になるものと考えられる。その上で，中学校・普通高校と専門高校の情報教育のカリキュラム評価について検討を進めることとする。

第8章　普通教育の情報教育に対する学習者の意識と知識に関する国際比較

8.1　目　　的

　1998年の中学校学習指導要領[12]以降，我が国は，1998年からの中学，2003年からの小・中・高校における「総合的な学習の時間」，1999年の高校情報教育の開始により，普通教育としての情報教育が深化・進展してきた。その中で，固有の能力観である情報活用能力が我が国の情報教育の中核的な役割を担ってきた。このように我が国で展開されてきた情報教育の今後のあり方を検討するためには，体系的なカリキュラム評価を進めていくことが重要と考えられるが，その一つとして，国際比較からのアプローチが考えられる。

　前述したように，2005年以降の先行研究には，例えば，林ら[64]，益本ら[65]など，我が国とタイや中国との情報教育に関する国際比較研究が行われている。また，菊地ら（2006）の1970～2006年までの技術教育を含めた西欧及び，アジア諸国の情報教育に関する制度的な国際比較調査研究[72]，益本・宇都宮らの日本とタイの中学生のメディア活用に関する生活実態の比較研究[65]，宇都宮・本郷らの日本とタイの中学生の携帯使用の生活実態の比較研究[73]などが行われてきている。その他，金沢・丸山・元木らのアメリカと日本の児童の図書館利用やweb活用についての比較研究などもある[74]。

　しかしこれらの報告は，いずれも日本と特定の外国の児童や中学生に対する情報メディア活用の実態，教育制度や教育課程について，二次資料を用いて比較研究したもので，学習者の情報教育に関する認知度や関心などの実態に焦点を当てたカリキュラム評価の比較研究ではない。また，これらの研究

以降，学習者の反応という観点から情報教育のカリキュラムに関する国際比較を試みた先行研究は定かではない。

そこで本章からは，第二の課題である「国際的な視野に基づく情報教育のカリキュラム評価」への対処として，学習者が情報教育に抱くカリキュラムのイメージを国際的に比較し，我が国の情報教育のカリキュラム評価を試みることである。具体的には，文化的にも情報教育のカリキュラムにも共通性があるものの，社会情勢に差異のある日本・韓国・中国・インドネシアの4カ国と，類似の情報教育のカリキュラムを持つヨーロッパのスロベニアを取り上げ，学習者が情報教育のカリキュラムに対して抱くイメージを調査・比較する。そこで，第8章では普通教育の情報教育において学習者が抱く知識や意識について，第9章では普通教育の情報教育において学習者が抱くカリキュラムのイメージについて，そして第10章では職業高校の情報教育における学習者の反応について，それぞれ日本と諸外国の比較を試みる。

8.2 韓国・中国・インドネシア・スロベニアの情報教育の概要

8.2.1 韓国・中国・インドネシア・スロベニアの情報化の進展状況

日本と韓国・中国・インドネシア・スロベニアの5カ国の中では，韓国が最も社会の情報化は進展している。2011年度の国際電気通信連合（ITU）及び，総務省発表によると，世界193カ国・地域の人口1000人あたりの比率で，韓国では，国民のインターネット利用率が83.7％（世界第12位），コンピュータ個人所有率92.3％（世界第1位）に至っている。

一方，日本では，インターネット利用率は80.0％（世界第19位），コンピュータ個人所有率83.4％（世界第8位）であり，5カ国の中では韓国に次いで情報化の進展が進んでいる。これに対して2011年度の中国統計年鑑によると中国では情報化の進展は目覚ましいものの，インターネット利用率は34.3％（世界

第94位),コンピュータ個人所有率30.9%(世界第78位。ただし都市部:71.2%,農村部:10.0%)に留まっている。また同年度のインドネシアのインターネット利用率は12.5%(世界第118位),コンピュータ個人所有率5.0%(世界第187位)で,スロベニアのインターネット利用率は64.8%(世界第40位),コンピュータ個人所有率75.5%(世界第33位)であった。ただし,2015年以降は各国共にスマートフォンやモバイルコンピュータなど,従来のコンピュータ以上の機能と利便性の通信メディア媒体が世界中に普及している。そのため,一概にこれらの国のコンピュータ利用率が低いとしても,個人用の通信メディア媒体の急速な普及によりインターネット利用率はかなり増加していると想定され,各国ともこれらの社会的背景が情報教育にかなりの影響があると考えられる。

このような社会状況のもと,韓国・中国・インドネシア・スロベニアにおける情報教育の教育課程についてまとめてみる。

8.2.2 韓国における情報教育

韓国の情報教育は1975年からスタートし,小学校から高校までの情報教育とコンピュータ・リテラシー教育の両面を実施している点が特徴である。つまり,小学校生活科,中学校技術科の中での情報教育,そして高等学校での

図Ⅷ-1　韓国情報教育の授業風景と使用教材(普通高等学校)

情報教育により体系的に実施している。

韓国の情報教育の様子とその教材を，図Ⅷ-1に示す。

まず小・中・高校での情報教育では，我が国の小学校にあたる5〜6年生の2年間と，中学校にあたる7〜9年生の3年間，そして高校1年にあたる10年生の合計6年間を通して国民共通基本教科として男女すべての生徒が実科（技術・家庭科）を必修科目として履修する中で行われている。5〜6年生では，具体的にはコンピュータ・リテラシーなど，生徒の実践的な経験と実生活での有用性を重んじる教科として，日常生活と家事に必要な基本的な素養を育成するものである。7〜10年生では技術・産業と家庭生活に関する多様な経験と進路探索の機会を持たせている。この中で，情報教育の一環として，「コンピュータと情報処理」「コンピュータと生活」が位置づけられ，主にコンピュータ・リテラシー，ハードウェア・ソフトウェア活用，インターネット活用を学ばせている。11〜12年生の2年間は，高校の裁量活動として選択科目「コンピュータ」が設置されている。この科目「コンピュータ」は，5〜10年生で履修した実科（技術・家庭科）の情報教育を基礎とし，「情報技術と問題解決能力の育成」を目標としている。ここでの指導内容は，人間とコンピュータ，コンピュータの基礎，ワードプロセッサー，マルチメディア，PC通信とインターネットの5つの領域で構成されている。この科目は高校での選択科目となっているが，ほとんどの生徒が履修している。

このように韓国では，実科（技術・家庭科），科目「コンピュータ」を合わせて，計6年間の必修科目と2年間の選択科目の中で，最大8年間小学校から高校まで体系的に情報教育とコンピュータ・リテラシー教育を学習する形をとっている。

8.2.3 中国における情報教育

中国の情報教育は1982年からスタートした後，2001年9月の国家基礎教育カリキュラム改革では義務教育課程のカリキュラムが改訂され，続いて2003

図Ⅷ-2　中国情報教育の授業風景と使用教材（普通高等学校）

年3月は普通高校（高級中学）カリキュラムが改訂された。これらの改革を経て，義務教育では2002年以降，普通高校では2003年4月より全国の小・中・高校に段階的に情報教育の導入が進められている。

小学校では，各学校の実態に応じて情報技術に関する科目を設置し，ワープロ活用や基礎的なコンピュータ・リテラシー，コンピュータ・ネットワークの基礎的な利用法を学ばせることとされている。中学校（初級中学）では小学校と同様の内容を発展させると共に，Webページ，ネットワーク活用，情報のモラルとセキュリティ等の学習内容を扱っている。

普通高校（高級中学）では，2003年3月の改訂によって，新しい教科「技術」が設置された。「技術」には，「情報技術」と「通用技術」の2分野が設定されている。「情報技術」には，必修科目として「情報技術基礎」，選択科目として「アルゴリズムとプログラム設計」「マルチメディア技術の応用」「ネットワーク技術の応用」「データベース管理の技術」「人工知能の初歩」が含まれている。

中国の情報教育の様子とその教材を，図Ⅷ-2に示す。

このように中国においても情報技術として小・中・高一貫した体系的な情報教育が実施されている。しかし，小学校における科目設定の状況は地域によって異なっており，学習時間や教員配置，施設・整備には大きなばらつき

図Ⅷ-3　インドネシア情報教育の授業風景と使用教材（普通高等学校）

がある。

8.2.4　インドネシアにおける情報教育

　インドネシアの情報教育は2008年以降小中高校での義務化に伴い，専門高校を主体としながら体系的な小中高校の情報教育カリキュラムをスタートさせている。小学校課程は7歳～12歳で，1年生から～6年生迄の6年間，就学率は93.53%である。中学校課程は13歳～15歳で，1年生から3年生迄の3年間，就学率は80.76%である。そして高等学校は16歳～18歳で，1年生から3年生迄の3年間，就学率は約57.25%であり，就学率がまだ100%ではないものの，ほぼ我が国の教育課程と類似している。この高等学校は1年次が普通コースのみ，2・3年次が理科・社会科・言語・宗教の4つのコースに分かれる。これらの小中高校12年間の教育課程の中で情報教育の学習課程を俯瞰すると，小学校では各教科の中で，中学校では『技術・情報通信』で週2時間合計210時間を，高等学校では『技術』は言語コースで，『技術・外国語』は普通高校課程と理科・社会コースで，『情報通信』は全てのコースで学習している。

　インドネシアの情報教育の様子とその教材を，図Ⅷ-3に示す。

　このようにインドネシアにおいても情報教育及び情報の内容を盛り込んだ

図Ⅷ-4　スロベニア情報教育の授業風景と使用教材（普通高等学校）

形で小・中・高一貫した体系的な情報教育が実施されている。しかし，小学校における科目設定の状況は韓国と同様に地域によって異なっており，本格的な情報教育は中学校からであり施設・設備は地域でかなりばらつきがある。

8.2.5　スロベニアにおける情報教育

　スロベニアの情報教育は1961年に高等学校からスタートした。これより，1962～1963年には20校，1963～1964年は40校，1964～1965年は65校と段階的に行われていった。1980年には専門高校でも本格的な情報教育のカリキュラムがスタートした，その後，1989年のPETRAというプロジェクトでは，小学校で情報化を促進させることを目的として，美術，技術，スロベニア語の授業でコンピュータが導入された。プロジェクトの最初はスロベニアの首都であるリュブリャナの小学校8校のみで導入されていたが，1994年度には165校で実践された。そして1999年には，(informatizacija) 日本語で科目の情報科という意味のプロジェクトで，小学校1～4年生までの情報化，小学校5～9年生と高校生で情報技術を使った共同学習とチームティーチング，新しい情報の形態（新しいアイディアの導入）が図られた。ちなみにスロベニアの小学校7・8・9年生は日本の中学校1・2・3年生に該当し，当時のね

らいは概念の理解と共に，コンピュータを使ってみることであった。また，他教科との関連や日常生活と結びつけることも重要視されていた。この授業は一番人気の選択科目で65％の生徒が履修していた。スロベニアの情報教育の様子とその教材を，図Ⅷ-4に示す。

　こうして現在では，2000年に国定の教科書が作られ，普通高等学校では，「informatika」という授業名で1年生の必修科目，2・3・4年生では選択科目としてスタートし，1～3年生では1年間に60時間，4年生では105時間の授業時間であった。カリキュラムの内容としては，現在の我が国の中学校と普通高等学校の情報教育と類似している。

8.2.6　日本・韓国・中国・インドネシア・スロベニアの情報教育の状況の差異

　以上のように，韓国と中国及びスロベニアの情報教育は，いずれも我が国より早く教育課程がスタートし，インドネシアは我が国より遅くスタートしている。

　しかし，カリキュラムは，いずれの国も我が国とほぼ同様の学習内容である。ただし，我が国では中学校では技術・家庭科技術分野の中で，普通高校においては共通教科情報科という科目が設定されているが，他の諸外国は小学校から普通高校において，情報教育の学習内容や教科編成に関し国家的に規定されている。

　このような情報教育のカリキュラム，社会の情報化の進展状況が異なる韓国，中国，インドネシア，スロベニアと日本の中学生，高校生を対象に，情報教育に対する意識や情報関連用語の認知度について調査を実施した。

8.3 方　　法

8.3.1　調査対象

　本調査は2010年から2013年にかけて行った。対象者は，日本では，中学生266名（東京都162名，千葉県104名），普通高校生158名（茨城県）である。韓国（清洲市）では，中学生99名，普通高校生117名である。中国（遼寧省）では，中学生100名，普通高校生101名である。インドネシア（マラン）では中学生101名，普通高校生104名である。スロベニア（リュブリャナ）では，中学生102名，普通高校生128名である。なお，調査は，日本・韓国・中国・インドネシア・スロベニアいずれの国の地域でも現地の教育委員会及び，当該対象校の学校長の許可を受け，各国の授業の履修後に実施した。

8.3.2　調査項目

(1) **調査対象者の状況を把握する項目（フェイスシート）**
　基本情報を得るため，調査対象者の学校段階と学年・性別，パソコン所有の有無及び，個人所有か共有かを問う質問項目を設定した。これをフェイスシートとして図Ⅷ-5に示す。

(2) **情報関連用語の認知度を把握する項目**
　調査対象者の情報関連用語に対する認知度を把握するために，2006〜2008年度の日本の中学校について，技術・家庭科の教科書2社から両者に共通する情報関連用語40項目を抽出し，調査項目とした。質問項目では，例えば「2・16進数の意味を知っている」「AND・OR・NOT回路の意味を知っている」など『〜の意味を知っている』という表現を使用した。同様に，2006〜2008年度の日本の高校教科「情報」の教科書で，採択率上位3社（計7

表Ⅷ-1　中学校の各カテゴリー別情報用語

情報必須用語のカテゴリー				
情報システム	情報実習・実践	ネットワーク技術	情報社会	情報モラルとセキュリティ
8．OS	1．アイコン	4．URL.Webページ	13．コンピュータ・ネットワーク	11．コンピュータウイルス
14．クライアント・サーバ	2．イメージスキャナ	24．電子メール		18．著作・特許権
17．ソフトウェア	3．WWWとインターネット	25．ドメイン名	40．ユーザー名	29．パスワード
20．アナログとディジタル	5．MOディスク	26．ネットワーク		39．ユーザーID
21．ディスプレイ	6．応用ソフトウェア			
27．ハードウェア	7．キーボード			
28．ハードディスク	9．データの検索			
31．ファイル形式	10．CD, DVD	12．CG		
32．フォルダ	15．図形処理	16．セル		
38．マウス	19．ディジタルカメラ	22．データ		
	23．データベース			
	30．表計算ソフト			
	33．プリンタ操作			
	34．プレゼン技術			
	35．プログラム			
	36．FD	37．ワープロ		

割以上)の教科書より，3社間で共通して取り上げられている情報関連用語50項目を抽出し調査項目とした。回答形式は，各用語に対して，「とてもよく知っている」，「少し知っている」，「どちらでもない」，「あまり知らない」，「全く知らない」の5件法とした。同様の方法にて，高等学校の教科「情報」についても情報関連用語50項目を，先に選定した項目に修正を加えて抽出し，調査項目とした。これら中学生・普通高校生に対する調査項目は，第5～7章（第6章では中学校：図Ⅵ-1，高等学校：図Ⅵ-2）にて示しているのでここでは割愛する。こうして設定した情報関連用語の質問項目は，第6章と第7章での情報教育の必修用語の認知度調査により，中高校共に「情報システム」，「情報実習・実践」，「ネットワーク技術」，「情報社会」，「情報モラルとセキュリティ」の5つのカテゴリーに大別することができた。

そこで，中学校の必修用語を5つのカテゴリーに区分けしたものを表Ⅷ-

表Ⅷ-2　高校教科「情報」の各カテゴリー別情報用語

情報必須用語のカテゴリー					
情報システム	情報実習・実践	ネットワーク技術	情報社会		情報モラルとセキュリティ
1. 2・16進数 2. AND・OR・NOT 4. CPU 9. OS 14. 圧縮と解凍 15. アナログとディジタル 17. 五大装置 30. クライアント・サーバ 35. 量子化 36. CCD 39. IC 43. 画素 49. ファイル形式 50. 複合条件	3. CD, DVD 7. JPEG, PNG 13. WWWとインターネット 19. カテゴリー検索等 20. 検索エンジン 28. データベース 31. プレゼン技術 32. マルチメディア 41. アニメーション 45. テキストファイル 47. ドロー系ソフト	5. HTMLとタグ 6. IPアドレス 8. LAN 10. POPサーバ 11. TCP/IP 12. URL・Webページ 34. プロトコルの原理	18. オンラインショッピング 22. コミュニケーション 26. メディアリテラシー 27. ディジタルデバイト 29. 電子商取引 37. マルチメディアの形の意味 38. ETCの意味 40. IT 42. カーナビゲーションシステム 46. テクノストレス		16. 暗号化 21. 個人情報保護 23. コンピュータウイルス 24. 産業財産権等 25. 著作・特許権 33. ファイアウォール 44. 情報の信憑性 48. ネットワーク犯罪

1. あなたは今，何年生ですか。　（　　　　）年生

2. 性　別　　　　　男　　女

3. あなたは自宅にパソコンを持っていますか。
　　（　　）持っている（個人所有，共有）　（　　）持っていない

4. 次の各質問について，あなたの気持ちに最もあてはまる回答を選んでください。
　①あなたは，コンピュータやインターネットを利用して，情報の収集・整理・判断・発信などができるようになりたいと思いますか。
　　　　　　　　　　　　　　　　　　　　　　　　（情報活用実践力習得への意欲）
　　　　　　　4 とても　-　3 まあまあ　-　2 あまり　-　1 まったく

　②あなたは，コンピュータやインターネットの働きや仕組み，特徴などを科学的に理解したいと思いますか。　　　　　　　　　　（情報の科学的な理解への意欲）
　　　　　　　4 とても　-　3 まあまあ　-　2 あまり　-　1 まったく

　③あなたは，情報のモラルやセキュリティなど，情報化社会に参加するために必要な基本的な態度を身につけたいと思いますか。
　　　　　　　　　　　　　　　　　　　　　　（情報社会に参画する態度形成への意欲）
　　　　　　　4 とても　-　3 まあまあ　-　2 あまり　-　1 まったく

図Ⅷ-5　調査対象者の状況及び情報活用能力に対する習得意欲を把握する項目

1，高等学校の必修用語を5つのカテゴリーに区分けしたものをそれぞれ，表Ⅷ-1と表Ⅷ-2に示す。

(3) 情報活用能力に対する習得意欲を把握する項目

調査対象者の情報活用能力に対する習得意欲を把握するために，日本の情報教育の目標となっている情報活用能力の3観点，すなわち「情報活用の実践力」「情報の科学的な理解」「情報社会に参画する態度」のそれぞれについて，「できるようになりたいと思いますか」のような表現で習得意欲を問う項目を設定した。回答形式は，各項目に対するあてはまりの程度について，「とても」，「まあまあ」，「あまり」，「まったく」の4件法とした。これについても，フェイスシート（図Ⅷ-5）に示している。

8.3.3 履修した情報教育の内容

情報教育の内容は，中学校技術・家庭科では技術分野「情報とコンピュータ」，普通高校及び，専門高校（工業）では教科「情報」である。学習内容は，中学校は標準的な技術科の情報教育の内容でコンピュータの仕組み（コンピュータの基本的な構成と機能），ハードウェア・ソフトウェア，プログラミング，アプリケーションソフトウェアによる情報の活用や利用分野の把握を行った。

高等学校は，情報の収集・発信と情報機器の活用や情報の統合的な処理とコンピュータ活用，情報科学を中心とする情報理論・情報倫理・論理回路・ハードウェア・ソフトウェア等と情報化の進展と社会への影響全般を講義し，実習は，ソフト活用（ワープロ・表計算・プレゼンテーション・インターネットなど）と言語（BASIC・HTMLによるホームページ作成）である[100]。そして，これを「調べ・検索し・まとめ・伝達する」といった情報活用の実践力と，科学的理解・情報社会参画する態度など情報の3観点に沿った学習を行った。なお，本実践の内容は，第6章，第7章と同様である。

第 8 章　163

8.3.4　手続き

　比較研究における対象国での調査では，一般に「教員意識・カリキュラム・社会的文化・政府体制・産業界・インターネット」などの基準に沿って選定する必要がある。

　そこで，2007年から2008年にかけてこれらの基準の中で特に教員意識，カリキュラム，政府体制を勘案して調査対象国を訪問し，使用されている教科書やカリキュラムをお聞きし，現場を見学し提案させて頂いた。日本でも同様の方法により，関東周辺の公立学校の選定を提案させて頂いた。

　具体的な調査は，日本においては調査対象校の情報教育担当教員に依頼して実施した。韓国・中国においては，筆者らが再度現地に赴いて教育委員会の先生方に調査の意義と目的，対象校の選定法を説明し，訪問した学校で直接調査，あるいは訪問期間中に情報教育担当教員に調査を実施して頂いた。調査後，各項目の回答率，平均値を中学・高校別に国間で比較した。

8.4　結果及び考察

8.4.1　調査対象者の状況

　PC所有の有無について日本・韓国・中国・インドネシア・スロベニアの中学生・普通高校生の家庭での所有状況を表Ⅷ-3に，個人で所有している場合の形態を表Ⅷ-4に集計した。

　その結果，家庭でのPC所有率については中学生は韓国が最も高く，次いで日本とスロベニア，逆に普通高校生ではスロベニアが最も高く，中国は所有率が低かった。一方，個人所有では，中学生，普通高校生共に日本が最も低かった（中学：42.5％，高校：15.2％）。逆に，韓国が中学生・普通高校生共に95.0％以上で最も高かった（中学：98.9％，高校：95.7％）。

表Ⅷ-3　中学生・普通高校生の家庭での PC 所有の有無

		中学生	高校生	全体
日本	頻度	76	299	375
	割合	97.37%	86.06%	93.16%
韓国	頻度	99	112	211
	割合	100.00%	95.73%	97.69%
中国	頻度	91	78	169
	割合	91.00%	77.23%	84.08%
インドネシア	頻度	90	85	175
	割合	89.11%	81.73%	85.37%
スロベニア	頻度	98	127	225
	割合	97.03%	99.22%	98.25%

割合は，当該カテゴリに該当する調査対象に対する回答者の比率

表Ⅷ-4　PC を所有している中学生・普通高校生の個人所有形態

		中学生	高校生	全体
日本	頻度	113	24	137
	割合	42.48%	15.19%	32.31%
韓国	頻度	98	112	210
	割合	98.98%	95.73%	97.22%
中国	頻度	62	54	116
	割合	61.39%	53.47%	57.70%
インドネシア	頻度	75	64	139
	割合	74.26%	61.54%	67.80%
スロベニア	頻度	52	86	138
	割合	51.49%	67.19%	60.26%

割合は，当該カテゴリに該当する調査対象に対する回答者の比率

8.4.2　情報関連用語の認知度

　中学生の情報関連用語の認知度について，5件法に対する回答を，「とてもよく知っている」を5点，「少し知っている」を4点，「どちらでもない」を3点，「あまり知らない」を2点，「全く知らない」を1点にそれぞれ得点化し，平均値を求めた。そして，各国のカテゴリー別平均値に対する一元配置分散分析を行った（表Ⅷ-5）。その結果，「情報システム」（$F_{(4,663)}=68.24$,

第 8 章　165

表Ⅷ-5　中学校情報必修用語のカテゴリー別認知度

中学生		日本 n=266	韓国 n=99	中国 n=100	インドネシア n=101	スロベニア n=102	ANOVA
情報システム	平均	3.03	3.44	4.43	4.15	4.19	$F_{(4,663)}=68.24$ **
	S.D.	1.09	0.85	0.66	0.55	0.9	中国＞スロベニア＞インドネシア＞韓国＞日本
情報実習・実践	平均	2.95	3.47	4.3	4.07	4.44	$F_{(4,663)}=94.24$ **
	S.D.	0.97	0.83	0.62	0.56	0.48	スロベニア＞中国＞インドネシア＞韓国＞日本
ネットワーク技術	平均	2.98	3.52	4.5	3.96	4.31	$F_{(4,663)}=68.40$ **
	S.D.	1.12	0.81	0.73	0.81	0.86	中国＞スロベニア＞インドネシア＞韓国＞日本
情報社会	平均	3.14	3.56	4.48	4.25	4.44	$F_{(4,663)}=57.34$ **
	S.D.	1.2	0.97	0.72	0.68	0.92	中国＝スロベニア＞インドネシア＞韓国＞日本
情報モラルとセキュリティ	平均	3.19	3.65	4.46	4.17	4.44	$F_{(4,663)}=64.37$ **
	S.D.	1.06	0.8	0.64	0.62	0.82	中国＞スロベニア＞インドネシア＞韓国＞日本

5件法　　** $p<.01$　　多重比較は，LSD法による

表Ⅷ-6　普通高校情報必修用語のカテゴリー別認知度

高校生		日本 n=158	韓国 n=117	中国 n=101	インドネシア n=104	スロベニア n=128	ANOVA
情報システム	平均	2.21	3.46	2.69	3.75	3.32	$F_{(4,603)}=78.18$ **
	S.D.	0.62	0.28	0.25	0.69	0.92	インドネシア＞スロベニア＞韓国＞中国＞日本
情報実習・実践	平均	2.67	3.49	3.22	4.29	3.94	$F_{(4,603)}=78.46$ **
	S.D.	0.64	0.29	0.35	0.57	0.92	インドネシア＞スロベニア＞韓国＞中国＞日本
ネットワーク技術	平均	2.08	3.57	2.58	3.96	3.44	$F_{(4,603)}=122.85$ **
	S.D.	0.59	0.16	0.43	0.69	0.93	インドネシア＞スロベニア＞韓国＞中国＞日本
情報社会	平均	3.14	3.56	4.48	3.59	3.42	$F_{(4,603)}=38.94$ **
	S.D.	1.2	0.97	0.72	0.72	0.83	中国＞スロベニア＞インドネシア＞韓国＞日本
情報モラルとセキュリティ	平均	3.19	3.65	4.46	3.71	3.72	$F_{(4,603)}=20.44$ **
	S.D.	1.06	0.8	0.64	0.76	0.95	中国＞スロベニア＝インドネシア＞韓国＞日本

5件法　　** $p<.01$　　多重比較は，LSD法による

$p<.01$），「情報実習・実践」（$F_{(4,663)}=94.24$, $p<.01$），「ネットワーク技術」（$F_{(4,663)}=68.40$, $p<.01$），「情報社会」（$F_{(4,663)}=57.34$, $p<.01$），「情報モラルとセキュリティ」（$F_{(4,663)}=64.37$, $p<.01$）のカテゴリーにおいて5カ国間の主効果は有意であった。

そこでLSD法を用いた多重比較を行った結果，5つのカテゴリー全てにおいて，いずれも中国＞韓国＞日本の順序性が認められた。

同様に，高校生の情報関連用語の認知度について，各国のカテゴリー別平

均値に対する一元配置分散分析を行った（表Ⅷ-6）。その結果，「情報システム」（$F_{(4,603)}=78.18, p<.01$)，「情報実習・実践」（$F_{(4,603)}=78.46, p<.01$)，「ネットワーク技術」（$F_{(4,603)}=122.35, p<.01$)，「情報社会」（$F_{(4,603)}=38.94, p<.01$)，「情報モラルとセキュリティ」（$F_{(4,603)}=20.44, p<.01$)の3カ国間の主効果は有意であった。

そこでLSD法を用いた多重比較を行った結果，中学生では中国＞スロベニア＞インドネシア韓国＞中国＞日本の順序性が，高校生では情報システム，情報実習，ネットワーク技術が中国＞スロベニア＞インドネシア韓国＞中国＞日本，情報社会と情報モラルが中国＞スロベニア＞インドネシア韓国＞中国＞日本の順次生が認められた。これらの結果から，情報関連用語の認知度では，日本の中学生・普通高校生は共に5カ国中で最も低い実態が把握された。これに対して中学生では中国に，高校生ではインドネシアと中国が高い優位性が認められた。

8.4.3　情報活用能力に対する習得意欲

情報活用能力の3観点に対する習得意欲について国間で比較した。4件法に対する回答を，「とても」を4点，「まあまあ」を3点，「あまり」を2点，「まったく」を1点にそれぞれ得点化し，平均値を求めた。そして，中学生の平均値に対する一元配置分散分析を行った。これを表Ⅷ-7に示す。

表Ⅷ-7　日本・韓国・中国・インドネシア・スロベニアの中学生の3観点比較

中学生		日本 n=266	韓国 n=99	中国 n=100	インドネシア n=101	スロベニア n=102	ANOVA
情報活用実践力習得への意欲	平均	3.23	2.03	1.66	3.27	2.37	$F_{(4,663)}=114.01$ **
	S.D.	0.73	0.71	0.69	0.76	1.03	日本＝インドネシア＞スロベニア＞韓国＞中国
情報の科学的理解への意欲	平均	2.59	2.67	1.63	3.02	2.17	$F_{(4,663)}=38.84$ **
	S.D.	0.89	0.76	0.69	0.78	1.13	インドネシア＞日本＞韓国＞スロベニア＞中国
情報社会に参画する態度形成への意欲	平均	2.99	2.20	1.59	3.02	2.17	$F_{(4,663)}=38.84$ **
	S.D.	0.81	0.71	0.67	0.79	1.13	インドネシア＞日本＞韓国＞スロベニア＞中国

4件法　　** $p<.01$　　多重比較は，LSD法による

表Ⅷ-8 日本・韓国・中国・インドネシア・スロベニアの高校生の3観点比較

高校生		日本 n=158	韓国 n=117	中国 n=101	インドネシア n=104	スロベニア n=128	ANOVA
情報活用実践力習得への意欲	平均	3.2	1.87	1.88	3.53	2.68	$F_{(4,603)}=121.61$ **
	S.D.	0.63	0.66	0.64	0.74	0.94	インドネシア＞日本＞スロベニア＞中国＝韓国
情報の科学的理解への意欲	平均	2.49	2.56	1.94	3.29	2.31	$F_{(4,603)}=36.89$ **
	S.D.	0.86	0.76	0.79	0.77	0.92	インドネシア＞日本＞スロベニア＞韓国＝中国
情報社会に参画する態度形成への意欲	平均	3.01	2.12	1.79	3.09	2.24	$F_{(4,603)}=69.41$ **
	S.D.	0.69	0.66	0.69	0.73	0.92	インドネシア＞日本＞スロベニア＞韓国＞中国

4件法　　** $p<.01$　　多重比較は，LSD法による

　その結果，「情報活用の実践力」($F_{(4,663)}=114.01$, $p<.01$)，「情報の科学的な理解」($F_{(4,663)}=38.84$, $p<.01$)，「情報社会に参画する態度」($F_{(4,663)}=38.84$, $p<.01$) のいずれの観点についても5カ国間の主効果が有意であった。そこでLSD法を用いた多重比較を行った。

　その結果，日本の中学生は，「情報活用の実践力」に対する習得意欲が5カ国中で最も高かった。ただし，「情報の科学的な理解」と「情報社会に参画する態度」についてはインドネシアの中学生の習得意欲が最も高くなった。これに対して中国の中学生は，3観点共に3カ国中で習得意欲が最も低かった。次に，高校生の平均値に対する一元配置分散分析を行った。これを表Ⅷ-8に示す。その結果，「情報活用の実践力」($F4_{2,603}=121.61$, $p<.01$)，「情報の科学的な理解」($F_{(4,603)}=36.89$, $p<.01$)，「情報社会に参画する態度」($F_{(4,603)}=69.41$, $p<.01$) のいずれの観点についても3カ国間の主効果が有意であった。

　そこでLSD法を用いた多重比較を行った。その結果，3観点共にインドネシアに次いで日本の高校生の習得意欲が5カ国中で高かった。これに対して中国や韓国の高校生では3観点共に習得意欲が5カ国中で最も低かった。ただし，韓国と中国の間に有意な差は認められなかった。

　これらの結果から，5カ国の中では，日本の中学・高校生は中学生の「情報活用の実践力」が5カ国中最も強い意欲が見られ，それ以外については3

観点の何れもインドネシアに続き習得意欲が強い傾向が示唆された。一方，中国の中学生・普通高校生は何れの観点についても習得意欲が低い実態が把握された。

8.4.4 考　　察

　以上の結果を整理し，我が国の情報教育の状況について考察する。

　まず，PC所有者に占める家庭での所有割合は，中学生では韓国が最も高く，高校生ではスロベニアが最も高かった。個人所有では日本が中高生共に日本が最も低かった。本研究の調査対象者のPC所有率を2.1節で述べた統計資料に基づく国別平均所有率と比較すると，いずれも，平均所有率をやや上回る水準であり，調査対象者の各国における情報環境の相対的な位置づけはほぼ同等であると考えられる。このような状況を持つ調査対象者の反応として，情報関連用語の認知度では，中学生・普通高校生共に，いずれのカテゴリーにおいても我が国の平均値が5カ国中有意に低かった。ところが，情報活用能力の3観点に対する習得意欲では，日本が中学生・普通高校生共に「情報活用の実践力」に対する意欲が最も高く，「情報社会に参画する態度」と「情報の科学的な理解」に対する習得意欲はインドネシアに次いで意欲が高かった。

　このような結果が得られたことから，日本の中学生・普通高校生の特徴として，現段階の情報教育においては知識・理解の状況が芳しくないものの，情報教育に対する意欲は強いことが明らかとなった。すなわち，日本の中学生・普通高校生の持つこのような特徴から，我が国の情報教育のあり方について，次の2点が指摘できる。

　第一に，日本の情報教育の学習時間の少なさである。前述したように，日本の中学生・普通高校生では，情報関連用語の認知度が低く，知識・理解の達成状況が芳しくなかった。前述したように，日本・韓国・中国・インドネシア・スロベニアの5カ国の中では，日本が小・中・高校のカリキュラム上

第 8 章　169

で情報教育に配当される時間が最も少ない。この学習時間の少なさが，情報関連用語に対する知識・理解の達成状況の低下を招いているのではないかと考えられる。韓国，中国，スロベニア，インドネシアでは小学校の段階から情報関係の内容をカリキュラムの中で学習させているのに対して，我が国は小学校の段階で一部教科や総合的な学習の時間に課題解決やコンピュータ・リテラシーの要素として学習させている。そのため，これら4カ国のように情報関係の内容が中学校や高校段階へ引き継ぐような形にはならない。また，中学校技術・家庭科の中の限られた時間の中では充分に知識の習得や理解ができず，結果として高校の教科として情報教育を学習する段階で，既に他の4カ国の高校生と知識・理解の状況に大きな差が生じているのではないかと考えられる。

　第二に，日本の情報教育における「情報の科学的な理解」に対する志向性の低さである。前述したように，日本の中学生・普通高校生では，情報活用能力の3観点に対する習得意欲はインドネシアに次いで高かった。ただし，「情報活用の実践力」では，習得意欲は最も高かった。これは日本の中学生・普通高校生は，情報活用能力の3観点のうち，「情報活用の実践力」については「情報の科学的な理解」や「情報社会に参画する態度」の重視以上に積極的に実践することの大切さを考えていると捉える可能がある。しかしながら，このような知識に関する志向性の低さが情報関連用語に対する認知度の低さや情報モラルの低下にも関連しているのではないかと考えられる。特に，日本の小学校においては，「総合的な学習の時間」に情報教育を位置づけているため，中学校の情報教育に繋がるような知識・理解を伴う「情報の科学的な理解」が指導されるケースは極めて少ないと考えられる。このことが，中学・高校段階の情報教育における「情報の科学的な理解」に対する生徒の興味・関心の相対的な低下，そしてモラルの低下を招いているのではないかと考えられる。

　ここで，2009年に告示された新しい学習指導要領では，高校教科「情報」

の科目編成が見直され,2観点の一つとして「情報の科学」が設置されている。我が国の情報教育の目標である「情報活用能力」に対する習得意欲が高かったことは,この意欲をどのような過程を経て,情報教育の目標に向かって学習内容を深めていくか,といった意味で,今後の情報教育の改善に向けた重要な起点になると考えられる。このように,今回の調査における日本の高校生の「情報の科学的な理解」に対する志向性や知識・理解の達成状況が改善されることが期待される。

8.5 まとめ

以上,本章では,日本の情報教育のあり方について,中学生・普通高校生を対象とした国際調査を実施し,韓国・中国・インドネシア・スロベニアとの比較検討を行った。その結果,日本の情報教育のカリキュラムが,韓国・中国・インドネシア・スロベニアほど体系的ではないため,「情報の科学的な理解」の習得に向けた動機付けを生徒に適切に持たせることができておらず,結果として,情報関連用語に対する適切な知識・理解を達成できていない状況が把握された。

続く第9章では,本章と同様に,日本・韓国・中国・インドネシア・スロベニアの普通科中学生・普通高校生を対象に,第5章で用いたブルームのタキソノミーに基づくカリキュラム・イメージの評価を試みる。

第9章　普通教育の情報教育に対する学習者の
　　　カリキュラム・イメージに関する国際比較

9.1　目　　的

　本章では，第8章に引き続き，日本・韓国・中国・インドネシア・スロベニアの普通教育において中高生が抱く情報教育のカリキュラム・イメージを比較検討する。

　異なる国間で学習者の抱く情報教育のカリキュラム・イメージを比較するためには，その比較・検討の羅針盤となる理論的枠組みが必要である。この理論的枠組みとして本章では，情報教育に関する学習者のイメージ評価を行う際に，第5章と同様に，ブルーム（B.S. Bloom）の評価理論[6],[7]を援用する。ブルームの評価理論は，教育目標の分類を「認知的領域（Cognitive Domain）」「精神運動的領域（Psychomotor Domain）」「情意的領域（Affective Domain）」の3領域からなるものである。これについては，第5章で詳しく説明している。このブルームの評価理論によって，学習者がカリキュラムの持つ教育目標に対してどの領域からどの程度まで到達し得たかを把握することができる。ここでも同様に，学習者の自己評価の内省をブルームの評価理論に基づいて分析を行っている。

　そこで本章でも，第5章以降で実施してきた方法に依拠し，ブルームの評価理論に基づくカリキュラムに対するイメージを日韓中インドネシア及びスロベニアの5か国間で比較・検討することとする。ここで，文部科学省の示す評価の4観点「知識・理解」「技能」「思考・判断・表現」「関心・意欲・態度」についてブルーム評価理論では，認知的領域が知識・理解・判断を，精神

運動的領域が技能・思考・表現を，情意的領域が関心・意欲・態度とした。

9.2 方　　法

9.2.1 調査の時期と対象

　調査は2009年から2015年にかけて日本・韓国・中国・インドネシア・スロベニアにおいてそれぞれ実施した。我が国の中高生は，学力的に中位クラスの標準的な公立普通科高校に属し，普通教科「情報」の科目「情報 A」を必修として履修済であった。韓国や中国では，調査の趣旨をそれぞれの国の担当教育委員会及び，候補を選定する当該国の研究協力者に対して説明を行い，調査の許可を得た上で標準的な学校の選定を依頼した。その結果，韓国では清洲市で，中国では浙江省で，インドネシアはマラン市で，スロベニアはリュブリャナで実施した。なお，調査はいずれの国も授業の履修後に行った。

　調査対象は，日本・中国・韓国・インドネシア・スロベニアの公立中学校3年生計668及び，公立普通科高校の高校3年生計627名，計1,295名とした。中学生は，日本（東京都，千葉県）では266名，韓国（清洲市）では99名，中国（浙江省）では100名，インドネシア（マラン）では101名，スロベニア（リュブリャナ）では102名である。普通高校生は，日本（千葉県，茨城県）では158名，韓国（清洲市）では117名，中国（浙江省）では120名，インドネシア（マラン）では104名，スロベニア（リュブリャナ）では128名である。調査時には，4カ国何れも対象校や区域の学校を訪問し担当する教員に我が国の情報教育のカリキュラムの概要を説明の上，本調査の意義や趣旨について説明した。

9.2.2 調査項目及び分析方法

　調査では，筆者らが我が国の中高生に対して情報教育のカリキュラムに対

するイメージを把握するために第5章，第6章，第7章で使用した「情報教育に関するイメージ調査項目」（本村ら2000）を用いた。項目は，ブルームの評価理論の認知的領域，精神運動的領域，情意的領域の3領域に基づく評価項目を，我が国の評価の観点の代表項目で作成し，計50項目を抽出した。質問方法は，以下の通りである。

　認知的領域（主に情報に関する知識・理解・表現）では「OSの意味を理解している」など『～を理解している』という知識を確認できる質問形式にした。精神運動的領域（主に情報に関する技能・思考・判断）では「マウス操作がスムースにできる」「表計算の基本関数が使用できる」など『～できる』という操作法や技能を意識できる質問形式にした。情意的領域（主に情報に関する関心・意欲・参画態度）では「社会の中でのコンピュータの活用のされ方は理解している」など『～している』いう情報活用やモラルなどの確認できる質問形式にした。調査項目の評価尺度は5件法を使用し，得られたデータを肯定的な回答から順に5～1点に数量化した。韓国・中国・インドネシア・スロベニアにおける調査では，上記に作成した調査票をそれぞれネイティブの翻訳者に韓国語，中国語，英語，インドネシア語，スロベニア語に翻訳して頂き，調査票を作成した。調査の後，国別に質問項目に対する主因子法及び，プロマックス斜交回転を用いた因子分析を行った。因子の回転後，因子負荷量が0.40以上の項目群を同一因子とみなし，因子の解釈・命名を行った。因子の解釈と命名は，前述したブルームの評価理論に基づくものとし，国別に抽出された因子の構成を比較した。

9.3 結果及び考察

9.3.1 情報教育のカリキュラムに関する学習者のイメージに対する因子分析

日本・韓国・中国・インドネシア・スロベニアの中高生の「情報教育に関するイメージ調査項目」(本村ら2000)に対する回答を集計した。因子分析の結果,日本の中高生では,初期解において第5因子と第6因子の間で固有値の顕著な減衰が認められた。これはスクリープロット法に適合していると考えられるため,上位5因子についてプロマックス回転を施し,最終解を求めた。以下,全ての因子分析においても同様に,スクリープロット法を用いて因子軸の回転を行い,最終解を得た。その結果,5カ国全ての中高生は最終解として共に4因子が抽出された。抽出された各因子について,認知的領域は知識から理解・表現へ,精神運動的領域は技能から思考・判断へ,情意的領域は関心・意欲から態度へ,それぞれ深化していることを考慮し,因子名を解釈・命名した。得られた因子負荷量について,日本を表Ⅸ-1(中学生1a,高校生1b),韓国を表Ⅸ-2(中学生2a,高校生2b),中国を表Ⅸ-3(中学生3a,高校生3b)。インドネシアを表Ⅸ-4(中学生4a,高校生4b),スロベニアを表Ⅸ-5(中学生5a,高校生5b)にそれぞれ示す。

9.3.2 中学生の情報教育に対するカリキュラム・イメージ因子の国間比較

(1) 日本の中学生におけるカリキュラム・イメージ因子の構成

日本の中学生では,第1因子に「ハード」「ソフト」「複数ソフトの操作」等で構成され,コンピュータ活用の基礎的事項に関する精神運動的領域と認知的領域の因子と解釈される。そこで本因子を「PC活用の基礎的な知識と

技能」因子と命名した。第2因子は主に「メディアへの興味」「情報判断」「道具としてのICT活用」等で構成され，コンピュータ等のメディア活用に関する認知的領域と情意的領域の因子と解釈される。そこで本因子を「ICT活用の興味と態度」の因子と命名した。第3因子は主に「各種入力方法」「文字検索」「書式設定」等で構成され，文書作成等の処理に関する精神運動的領域の因子と解釈される。そこで本因子を「表現処理技能」因子と命名した。第4因子は主に「コンピュータ作業時間の留意」「ワープロ作業時間の留意」「作業姿勢」等で構成され，VDT作業時の健康配慮に関する情意的領域の因子と解釈される。そこで本因子を「VDT作業時の健康配慮態度」因子と命名した。第5因子は主に「統計関数」「基本関数」「帳票作成」等で構成され，表計算の活用に関する精神運動的領域の因子と解釈される。そこで本因子を「計算処理技能」因子と命名した。

(2) 韓国の中学生におけるカリキュラム・イメージ因子の構成

韓国の中学生では，第1因子は「ハード」「ソフト」「複数ソフト操作」等で構成され，コンピュータ活用の基礎的事項に関する精神運動と認知的領域の因子と解釈される。そこで本因子を「PC活用の基礎的な知識と技能」因子と命名した。第2因子は主に「ワープロへの興味」「コンピュータ思考訓練」「道具としてのICT活用」等で構成され，コンピュータ等のメディア活用に関する情意的領域と認知的領域の因子と解釈される。そこで本因子を「ICT活用の興味と態度」因子と命名した。第3因子は主に「各種入力方法」「文字検索」「書式設定」等で構成され，文書作成などの表現処理に関する精神運動的領域の因子と解釈される。そこで本因子を「表現処理技能」因子と命名した。第4因子は主に「個人情報」「プライバシー」「コンピュータ活用」等で構成され，PC活用とモラルに関する認知的領域と情意的領域因子と解釈される。そこで本因子を「PC活用のモラルに関する知識」因子と命名した。

表IX-1　日本の中学・高校のイメージ調査に関する因子分析（プロマックス回転）

表IX-1(a)　中学校

イメージ調査項目	因子1	因子2	因子3	因子4	因子5
1. ファイル管理	**0.485**	−0.022	0.248	0.158	−0.011
15. 検索等	**0.481**	0.112	0.027	−0.046	0.438
16. プレゼン	**0.559**	0.025	−0.014	0.019	0.405
17. HP作成	**0.805**	0.079	0.014	−0.054	−0.012
18. HP表現	**0.705**	0.134	0.069	−0.065	0.006
19. インストール	**0.651**	0.131	0.119	−0.073	0.084
20. 複数ソフト操作	**0.865**	0.014	0.011	0.020	0.034
21. ワープロ記憶	**0.441**	0.238	0.008	0.087	0.045
24. ハード	**0.944**	−0.001	0.013	−0.007	−0.141
25. ソフト	**0.946**	−0.021	−0.026	0.036	−0.084
26. 文書語句	**0.655**	0.165	0.052	−0.035	0.082
28. OS	**0.774**	−0.054	−0.055	0.049	0.007
29. コンピュータの基礎	**0.514**	0.232	0.037	0.042	0.062
30. 論理回路	**0.839**	−0.138	−0.014	0.102	0.026
32. マニュアル理解	**0.408**	0.311	0.168	−0.044	0.079
46. 人とコンピュータ	−0.089	**0.559**	−0.033	0.109	0.159
47. 保管	0.188	**0.567**	−0.007	0.175	0.034
48. 情報判断	0.048	**0.719**	0.017	0.145	−0.084
49. コンピュータと思考訓練	0.000	**0.885**	0.004	−0.011	−0.103
50. コンピュータ活用	0.142	**0.641**	0.068	−0.012	−0.038
31. メディアへの興味	−0.014	**0.766**	0.093	−0.127	0.039
33. メール	0.295	**0.484**	0.073	0.082	0.047
34. 個人情報	−0.070	**0.562**	0.242	0.265	−0.116
35. プライバシー	−0.081	**0.631**	0.131	0.325	−0.117
41. 文書入力	0.062	**0.646**	−0.089	0.141	0.119
42. ICT活用興味	−0.050	**0.960**	−0.031	−0.112	0.014
43. 容易	0.282	**0.579**	0.031	−0.054	0.053
44. 道具としてICT活用	0.233	**0.684**	0.038	−0.071	−0.039
2. ファイル操作	0.312	−0.003	**0.491**	0.033	0.000
3. 各種入力方法	−0.194	0.051	**0.920**	0.049	−0.105
4. 文字入力	−0.046	−0.034	**0.964**	−0.006	−0.050
5. 文字検索	0.218	−0.132	**0.800**	−0.027	−0.002
6. 入力速度	0.189	0.088	**0.531**	0.052	0.102
7. 正確入力	0.120	0.179	**0.476**	0.104	0.091
8. マウス操作	−0.024	0.210	**0.727**	−0.008	−0.025
9. プリンタ操作	0.299	0.151	**0.473**	−0.109	0.115
10. 文章表現	0.167	0.103	**0.605**	−0.050	0.160
11. 書式設定	0.270	0.095	**0.420**	−0.061	0.238
36. 作業姿勢	0.192	−0.010	−0.052	**0.782**	−0.021
37. ワープロ作業時間の留意	0.185	−0.059	−0.010	**0.845**	−0.013
38. 体調管理	−0.170	0.157	0.017	**0.780**	0.128
39. コンピュータ作業時間の留意	−0.034	0.031	0.040	**0.858**	0.036
12. 基本関数	0.340	−0.048	0.098	0.083	**0.630**
13. 帳票作成	0.428	0.019	0.086	0.001	**0.516**
14. 統計関数	0.393	−0.032	−0.026	0.078	**0.649**
22. ワープロ興味	0.336	0.354	0.086	0.032	0.021
23. ワープロ役立	0.197	0.337	0.213	0.097	0.003
27. 印刷様式規格	0.230	0.377	0.134	−0.009	0.153
40. ワープロと思考	0.274	0.353	0.018	0.278	0.012
45. 個人情報の管理	0.366	0.175	−0.070	0.288	0.075

表IX-1(b) 高等学校

イメージ調査項目	因子1	因子2	因子3	因子4	因子5
23. ワープロ役立	**0.464**	0.120	0.069	−0.045	−0.023
33. メール	**0.574**	0.085	0.065	−0.018	0.006
34. 個人情報	**0.693**	−0.301	0.236	0.003	−0.013
35. プライバシー	**0.730**	−0.239	0.101	0.078	−0.086
36. 作業姿勢	**0.942**	−0.175	−0.318	0.079	0.057
37. ワープロ作業時間の留意	**0.972**	−0.051	−0.396	0.132	0.010
38. 体調管理	**0.937**	−0.002	−0.339	−0.027	0.162
39. コンピュータ作業時間の留意	**0.906**	0.064	−0.339	−0.044	0.136
40. ワープロと思考	**0.615**	0.228	0.050	−0.005	−0.150
41. 文書入力	**0.534**	0.124	0.172	0.109	−0.014
42. ICT活用興味	**0.436**	0.041	0.379	−0.085	−0.100
43. 容易	**0.490**	0.196	0.158	0.029	−0.013
44. 道具としてICT活用	**0.400**	0.064	0.373	−0.075	0.111
46. 人とコンピュータ	**0.515**	−0.191	0.369	−0.025	−0.027
48. 情報判断	**0.431**	0.101	0.303	−0.090	0.083
49. コンピュータと思考訓練	**0.427**	0.319	0.294	−0.172	−0.076
20. 複数ソフト操作	−0.174	**0.571**	0.187	0.257	0.065
24. ハード	0.013	**0.980**	−0.339	−0.241	0.107
25. ソフト	−0.081	**0.900**	−0.254	−0.260	0.111
26. 文書語句	−0.111	**0.570**	0.125	0.101	0.066
28. OS	0.015	**0.746**	0.042	0.042	−0.118
29. コンピュータの基礎	0.002	**0.569**	0.207	0.140	−0.174
30. 論理回路	0.009	**0.694**	−0.264	0.297	−0.106
47. 保管	0.403	0.045	**0.485**	−0.136	−0.063
3. 各種入力方法	0.155	−0.271	**0.543**	−0.107	0.066
4. 文字入力	0.061	−0.209	**0.745**	−0.036	0.055
5. 文字検索	0.002	−0.026	**0.630**	0.118	−0.034
6. 入力速度	−0.278	0.106	**0.766**	−0.096	0.111
7. 正確入力	−0.228	0.016	**0.907**	−0.098	0.083
8. マウス操作	−0.217	−0.132	**0.747**	−0.123	−0.102
9. プリンタ操作	0.018	0.117	**0.570**	−0.014	0.156
10. 文章表現	0.002	−0.225	**0.836**	0.123	0.016
27. 印刷様式規格	0.089	0.102	**0.515**	−0.021	0.110
12. 基本関数	0.076	0.060	−0.153	**0.799**	0.007
13. 帳票作成	−0.029	−0.161	0.024	**0.862**	0.141
14. 統計関数	0.115	0.118	−0.331	**0.953**	−0.008
15. 検索等	−0.115	0.363	0.102	**0.528**	0.053
16. プレゼン	−0.084	0.347	0.111	**0.495**	0.056
17. HP作成	0.060	0.067	0.147	0.070	**0.740**
18. HP表現	0.067	0.027	0.133	0.121	**0.755**
19. インストール	−0.020	0.244	0.306	0.066	**0.430**
1. ファイル管理	−0.158	0.386	0.153	0.368	−0.083
2. ファイル操作	−0.044	0.282	0.300	0.239	−0.084
11. 書式設定	0.213	−0.172	0.352	0.274	0.250
21. ワープロ記憶	0.049	0.254	0.311	−0.007	0.038
22. ワープロ興味	0.325	0.167	0.065	0.060	0.033
31. メディアへの興味	0.324	0.000	0.347	−0.059	−0.068
32. マニュアル理解	0.352	0.194	0.057	0.293	−0.090
45. 個人情報の管理	0.270	0.157	0.115	0.090	−0.098
50. コンピュータ活用	0.352	0.275	0.398	−0.134	−0.041

表Ⅸ-2　韓国の中学・高校のイメージ調査に関する因子分析（プロマックス回転）

表Ⅸ-2(a)　中学校

イメージ調査項目	因子1	因子2	因子3	因子4
11．書式設定	0.565	−0.129	0.478	−0.091
12．基本関数	0.750	−0.017	0.179	−0.081
14．統計関数	0.855	−0.083	0.052	−0.092
15．検索等	0.472	−0.032	0.071	0.307
16．プレゼン	0.527	−0.022	0.005	0.365
17．HP作成	0.835	−0.161	−0.262	0.388
18．HP表現	0.865	−0.045	−0.269	0.342
20．複数ソフト操作	0.614	−0.061	0.040	0.277
23．ワープロ役立	0.404	0.363	0.017	−0.111
24．ハード	0.612	0.352	0.165	−0.280
25．ソフト	0.653	0.215	0.151	−0.127
28．OS	0.437	0.381	−0.161	0.124
30．論理回路	0.507	0.192	−0.109	−0.085
32．マニュアル理解	0.421	0.104	0.223	0.177
21．ワープロ記憶	0.251	0.551	0.129	−0.120
22．ワープロ興味	0.393	0.583	0.097	−0.320
36．作業姿勢	0.102	0.431	−0.114	−0.049
37．ワープロ作業時間の留意	0.291	0.613	−0.243	−0.055
38．体調管理	−0.085	0.664	−0.230	−0.082
39．コンピュータ作業時間の留意	0.080	0.575	−0.031	−0.067
40．ワープロと思考	0.117	0.599	−0.040	0.129
42．ICT活用興味	−0.242	0.520	0.326	0.277
44．道具としてICT活用	−0.278	0.609	0.130	0.324
47．保管	−0.096	0.593	−0.045	0.215
48．情報判断	−0.019	0.701	−0.129	0.283
49．コンピュータと思考訓練	−0.153	0.472	0.223	0.261
3．各種入力方法	−0.034	−0.330	0.661	0.261
4．文字入力	−0.146	−0.232	0.613	0.269
5．文字検索	−0.119	0.133	0.612	−0.145
6．入力速度	0.078	−0.184	0.817	−0.020
7．正確入力	−0.049	0.252	0.487	0.115
8．マウス操作	0.115	0.003	0.726	0.000
9．プリンタ操作	0.375	−0.110	0.489	0.152
10．文章表現	0.189	−0.144	0.676	0.136
13．帳票作成	0.392	−0.040	0.532	−0.152
1．ファイル管理	0.323	−0.256	0.129	0.422
2．ファイル操作	0.022	−0.148	0.239	0.448
19．インストール	0.084	−0.005	−0.078	0.616
34．個人情報	0.017	0.192	0.023	0.430
35．プライバシー	0.136	0.110	−0.071	0.451
50．コンピュータ活用	0.022	0.240	0.132	0.433
26．文書語句	0.376	0.343	0.030	0.102
27．印刷様式規格	0.171	0.180	0.192	0.152
29．コンピュータの基礎	0.301	0.304	−0.172	0.335
31．メディアへの興味	−0.060	0.212	0.366	0.361
33．メール	0.269	0.389	0.064	0.141
41．文書入力	0.035	0.158	0.256	0.398
43．容易	0.070	0.339	0.324	0.285
45．個人情報の管理	0.382	0.211	−0.066	−0.015
46．人とコンピュータ	−0.224	0.035	0.260	0.382

表IX-2(b) 高等学校

イメージ調査項目	因子1	因子2	因子3	因子4
14. 統計関数	0.415	0.216	0.077	0.031
24. ハード	0.675	−0.141	0.169	0.041
25. ソフト	0.636	−0.088	0.144	−0.023
26. 文書語句	0.573	0.112	0.042	−0.032
27. 印刷様式規格	0.538	0.186	−0.035	−0.017
28. OS	0.902	−0.225	−0.288	−0.008
29. コンピュータの基礎	0.893	0.022	−0.215	0.092
30. 論理回路	0.708	−0.140	0.135	−0.164
31. メディアへの興味	0.709	−0.016	−0.086	0.286
32. マニュアル理解	0.652	0.138	−0.043	−0.061
33. メール	0.580	−0.018	0.199	0.012
34. 個人情報	0.479	0.063	0.145	0.143
35. プライバシー	0.535	0.104	0.108	0.138
41. 文書入力	0.518	−0.073	0.227	−0.031
42. ICT活用興味	0.568	−0.066	0.022	0.257
43. 容易	0.733	0.154	−0.194	0.045
44. 道具としてICT活用	0.637	0.100	−0.131	0.121
45. 個人情報の管理	0.447	−0.259	0.288	0.023
47. 保管	0.449	0.083	0.149	0.311
48. 情報判断	0.484	0.123	0.150	0.305
3. 各種入力方法	−0.156	0.821	0.083	−0.070
4. 文字入力	−0.363	0.945	0.113	0.083
5. 文字検索	−0.115	0.592	0.187	−0.080
6. 入力速度	0.000	0.661	0.070	0.078
7. 正確入力	0.269	0.403	0.000	−0.014
8. マウス操作	0.070	0.643	−0.036	−0.064
9. プリンタ操作	0.242	0.550	−0.074	−0.176
10. 文章表現	−0.139	0.894	−0.086	0.170
11. 書式設定	−0.084	0.825	0.020	−0.017
13. 帳票作成	0.344	0.488	−0.119	0.227
15. 検索等	0.323	0.410	0.148	0.076
19. インストール	0.287	0.504	−0.214	0.163
20. 複数ソフト操作	0.200	0.542	0.152	0.056
21. ワープロ記憶	0.027	0.066	0.417	0.173
22. ワープロ興味	0.023	−0.011	0.574	0.152
23. ワープロ役立	−0.236	0.115	0.585	0.210
36. 作業姿勢	0.142	−0.093	0.650	−0.197
37. ワープロ作業時間の留意	0.308	−0.023	0.529	−0.231
38. 体調管理	−0.377	0.232	0.670	−0.055
39. コンピュータ作業時間の留意	0.055	0.042	0.740	−0.251
40. ワープロと思考	0.197	−0.189	0.514	0.184
49. コンピュータと思考訓練	0.197	0.028	0.437	0.318
1. ファイル管理	0.241	0.509	−0.139	−0.501
2. ファイル操作	0.216	0.597	−0.173	-0.483
46. 人とコンピュータ	0.297	0.082	−0.003	0.563
12. 基本関数	0.277	0.287	−0.008	0.015
16. プレゼン	0.384	0.295	0.120	−0.034
17. HP作成	0.345	0.240	0.180	−0.068
18. HP表現	0.320	0.257	0.091	−0.071
50. コンピュータ活用	0.260	0.147	0.368	0.250

表IX-3　中国の中学・高校のイメージ調査に関する因子分析（プロマックス回転）

表IX-3(a)　中学校

イメージ調査項目	因子1	因子2	因子3	因子4
4．文字入力	**0.649**	−0.030	−0.138	0.035
7．正確入力	**0.423**	0.166	−0.108	0.054
31．メディアへの興味	**0.550**	0.079	−0.068	0.051
32．マニュアル理解	**0.486**	0.166	0.071	0.132
33．メール	**0.492**	0.162	0.100	0.090
34．個人情報	**0.514**	0.119	−0.090	0.128
35．プライバシー	**0.523**	−0.023	0.160	−0.064
42．ICT活用興味	**0.534**	−0.078	0.300	0.021
46．人とコンピュータ	**0.537**	−0.132	0.010	−0.074
47．保管	**0.642**	−0.039	0.038	−0.003
48．情報判断	**0.579**	−0.054	0.221	−0.061
49．コンピュータと思考訓練	**0.572**	−0.156	0.127	0.296
50．コンピュータ活用	**0.702**	0.041	0.037	0.026
8．マウス操作	0.190	**0.476**	0.028	−0.177
9．プリンタ操作	0.016	**0.528**	−0.112	0.112
10．文章表現	0.156	**0.619**	−0.043	−0.127
11．書式設定	0.365	**0.602**	−0.064	−0.123
12．基本関数	0.177	**0.707**	−0.100	−0.010
13．帳票作成	0.095	**0.638**	−0.161	0.054
14．統計関数	−0.291	**0.714**	0.090	0.241
15．検索等	−0.188	**0.588**	0.197	0.097
16．プレゼン	−0.109	**0.429**	0.035	0.308
17．HP作成	0.080	**0.439**	0.001	0.078
18．HP表現	0.024	**0.476**	0.390	−0.156
19．インストール	−0.208	**0.593**	0.270	−0.152
20．複数ソフト操作	−0.097	**0.485**	0.012	0.440
21．ワープロ記憶	−0.041	0.010	**0.580**	0.053
22．ワープロ興味	0.011	−0.029	**0.547**	0.324
24．ハード	−0.240	−0.026	**0.513**	0.377
26．文書語句	−0.072	0.011	**0.501**	0.328
27．印刷様式規格	−0.057	0.190	**0.462**	−0.346
29．コンピュータの基礎	0.109	0.190	**0.466**	−0.253
37．ワープロ作業時間の留意	0.217	0.005	**0.436**	−0.092
38．体調管理	0.015	−0.076	**0.773**	0.001
39．コンピュータ作業時間の留意	0.092	−0.109	**0.799**	−0.191
41．文書入力	0.148	−0.046	**0.584**	0.141
2．ファイル操作	0.319	0.035	−0.094	**0.433**
25．ソフト	−0.065	−0.039	0.326	**0.678**
28．OS	0.006	0.066	−0.100	**0.550**
30．論理回路	0.198	−0.054	−0.179	**0.739**
1．ファイル管理	0.114	0.262	−0.042	0.305
3．各種入力方法	0.253	0.169	−0.044	0.175
5．文字検索	0.306	0.299	−0.055	0.038
6．入力速度	0.358	0.221	−0.100	0.242
23．ワープロ役立	−0.092	0.229	0.359	0.120
36．作業姿勢	0.339	−0.106	0.301	−0.206
40．ワープロと思考	0.353	0.108	0.309	0.215
43．容易	0.243	−0.010	0.310	0.108
44．道具としてICT活用	0.209	0.181	0.205	−0.196
45．個人情報の管理	0.211	−0.157	0.218	0.189

表IX-3(b)　高等学校

イメージ調査項目	因子1	因子2	因子3	因子4
1．ファイル管理	**0.773**	0.035	0.168	−0.201
2．ファイル操作	**0.715**	0.083	0.057	−0.029
4．文字入力	**0.669**	0.027	−0.055	0.021
6．入力速度	**0.687**	0.032	−0.006	0.043
7．正確入力	**0.659**	0.128	−0.010	0.154
8．マウス操作	**0.736**	−0.024	−0.005	−0.008
9．プリンタ操作	**0.440**	0.445	−0.122	−0.002
10．文章表現	**0.644**	−0.109	0.005	0.186
31．メディアへの興味	**0.495**	−0.106	0.015	0.087
32．マニュアル理解	**0.708**	−0.026	−0.067	0.149
33．メール	**0.501**	0.092	0.255	−0.054
34．個人情報	**0.819**	0.084	−0.097	0.004
35．プライバシー	**0.787**	0.111	−0.009	−0.129
21．ワープロ記憶	0.223	**0.588**	0.067	0.054
22．ワープロ興味	0.092	**0.694**	−0.008	0.072
23．ワープロ役立	0.199	**0.586**	0.122	−0.032
24．ハード	−0.115	**0.966**	−0.271	0.164
25．ソフト	−0.237	**0.899**	−0.043	0.162
26．文書語句	−0.066	**0.471**	0.254	0.258
27．印刷様式規格	0.177	**0.470**	−0.014	0.057
28．OS	0.064	**0.556**	−0.185	0.093
29．コンピュータの基礎	0.235	**0.438**	−0.091	0.250
36．作業姿勢	0.081	**0.660**	0.066	−0.221
37．ワープロ作業時間の留意	0.151	**0.507**	0.144	−0.190
38．体調管理	−0.007	**0.433**	0.589	−0.252
40．ワープロと思考	−0.158	**0.548**	0.501	−0.134
41．文書入力	−0.002	0.002	**0.518**	0.279
42．ICT活用興味	−0.019	−0.145	**0.709**	0.309
43．容易	−0.121	−0.009	**0.593**	0.346
44．道具としてICT活用	0.091	−0.167	**0.461**	0.482
45．個人情報の管理	0.107	0.303	**0.502**	−0.200
46．人とコンピュータ	0.065	0.250	**0.456**	−0.044
47．保管	0.097	−0.111	**0.792**	−0.021
48．情報判断	0.067	−0.134	**0.805**	0.120
49．コンピュータと思考訓練	−0.086	−0.150	**0.990**	−0.002
50．コンピュータ活用	−0.010	0.109	**0.651**	0.025
12．基本関数	−0.008	−0.066	0.221	**0.679**
13．帳票作成	0.096	0.017	0.215	**0.535**
14．統計関数	−0.036	0.221	−0.087	**0.617**
15．検索等	−0.196	0.309	−0.009	**0.763**
16．プレゼン	−0.163	0.329	−0.041	**0.679**
17．HP作成	0.185	−0.356	0.035	**0.692**
18．HP表現	0.226	−0.292	0.031	**0.696**
20．複数ソフト操作	−0.179	0.402	−0.045	**0.683**
30．論理回路	0.352	0.114	−0.274	**0.434**
3．各種入力方法	0.210	0.293	0.092	0.072
5．文字検索	0.204	0.346	0.178	0.035
11．書式設定	0.249	0.080	0.177	0.365
19．インストール	0.223	0.128	0.176	0.318
39．コンピュータ作業時間の留意	0.169	0.356	0.336	−0.119

第9章　181

表Ⅸ-4　インドネシアの中学・高校のイメージ調査に関する因子分析（プロマックス回転）

表Ⅸ-4(a)　中学校

イメージ調査項目	因子1	因子2	因子3	因子4
10. 文章表現	**0.6015**	0.2820	0.3562	0.2804
11. 書式設定	**0.6351**	0.3693	0.3966	0.2055
12. 基本関数	**0.5832**	0.4569	0.3198	0.3708
13. 帳票作成	**0.5509**	0.4521	0.3575	0.3766
14. 統計関数	**0.5736**	0.3694	0.2278	0.3438
15. 検索等	**0.7775**	0.3628	0.3593	0.4287
16. プレゼン	**0.7830**	0.3591	0.2986	0.4433
17. HP作成	**0.7295**	0.4224	0.2371	0.4595
35. プライバシー	**0.6338**	0.3137	0.4577	0.5136
40. ワープロと思考	**0.5897**	0.3701	0.3673	0.3807
41. 文書入力	**0.6681**	0.2647	0.4772	0.4418
42. ICT活用興味	**0.7097**	0.2899	0.4677	0.4427
43. 容易	**0.4810**	0.1933	0.4072	0.4694
44. 道具としてICT活用	**0.5225**	0.4588	0.2484	0.4000
45. 個人情報の管理	**0.5205**	0.4463	0.3367	0.3311
46. 人とコンピュータ	**0.5935**	0.4725	0.2809	0.3321
47. 保管	**0.6797**	0.4529	0.3226	0.4099
19. インストール	0.5265	**0.6091**	0.3425	0.4049
20. 複数ソフト捜査	0.4005	**0.5765**	0.3323	0.2830
21. ワープロ記憶	0.3940	**0.6617**	0.3049	0.2397
22. ワープロ興味	0.3545	**0.7320**	0.2802	0.1435
23. ワープロ役立	0.3883	**0.7763**	0.1987	0.1527
24. ハード	0.3661	**0.8309**	0.2097	0.1857
25. ソフト	0.2763	**0.8437**	0.2181	0.2522
26. 文書語句	0.3038	**0.5096**	0.3486	0.2572
27. 印刷様式規格	0.3846	**0.4967**	0.3996	0.3267
29. コンピュータ基礎	0.4618	**0.5035**	0.3986	0.3078
49. コンピュータと思考訓練	0.3891	**0.5797**	0.2855	0.2487
2. ファイル操作	0.2086	0.1978	**0.6342**	0.2549
3. 各種入力方法	0.2832	0.3397	**0.7368**	0.3107
4. 文字入力	0.3541	0.4262	**0.8183**	0.3242
5. 文字検索	0.3171	0.2713	**0.8361**	0.3527
6. 入力速度	0.3794	0.3313	**0.7361**	0.3137
7. 正確入力	0.4615	0.2010	**0.6334**	0.2548
8. マウス操作	0.4840	0.2185	**0.7400**	0.3723
9. プリンタ操作	0.5190	0.3222	**0.7022**	0.3545
36. 作業姿勢	0.4586	0.2213	**0.5742**	0.3796
37. ワープロ作業時間の留意	0.5473	0.3580	**0.5906**	0.3821
38. 体調体調	0.4689	0.3631	**0.5550**	0.3132
39. コンピュータ作業時間の留意	0.4979	0.4020	**0.5383**	0.3071
18. HP表現	0.4410	0.4475	0.2936	**0.4652**
31. メディアへの興味	0.4856	0.1584	0.2013	**0.6101**
32. マニュアル理解	0.4907	0.2550	0.4025	**0.7673**
33. メール	0.4594	0.3217	0.4800	**0.9870**
34. 個人情報	0.5608	0.3612	0.4010	**0.7525**
1. ファイル管理	0.2668	0.0542	0.4674	0.2459
28. OS	0.3826	0.4072	0.2654	0.1591
30. 論理回路	0.3818	0.2841	0.3214	0.1526
48. 情報判断	0.4285	0.3446	0.2848	0.2846
50. コンピュータ活用	0.4066	0.5371	0.1917	0.3806

表Ⅸ-4(a)　高等学校

イメージ調査項目	因子1	因子2	因子3	因子4
14. 統計関数	**0.5243**	0.2144	0.1019	0.2633
15. 検索等	**0.5007**	0.2746	0.2713	0.2819
26. 文書語句	**0.5872**	0.1082	0.3552	−0.1069
30. 論理回路	**0.5811**	0.3074	0.4278	−0.0042
31. メディアへの興味	**0.4556**	0.4449	0.3856	0.0159
35. プライバシー	**0.6204**	0.0840	0.2969	0.0483
36. 作業姿勢	**0.5113**	0.1081	0.3873	0.0118
37. ワープロ作業時間の留意	**0.6414**	0.2680	0.3463	0.0580
38. 体調体調	**0.6234**	0.3516	0.1268	−0.0542
39. コンピュータ作業時間の留意	**0.6528**	0.1616	0.1740	0.2579
41. 文書入力	**0.6705**	0.5053	0.2384	0.3352
45. 個人情報の管理	**0.4735**	0.2040	0.1040	0.1528
46. 人とコンピュータ	**0.4735**	**0.1727**	0.2346	0.2659
1. ファイル管理	0.1718	**0.5065**	−0.2389	0.1484
2. ファイル操作	0.2038	**0.5662**	−0.0048	−0.0426
3. 各種入力方法	0.0371	**0.5529**	0.2036	0.1024
4. 文字入力	−0.0049	**0.4703**	0.0847	0.1628
5. 文字検索	0.1562	**0.5184**	0.0635	−0.0080
6. 入力速度	0.2338	**0.5647**	0.2766	0.1279
7. 正確入力	0.3919	**0.6995**	0.2033	0.1074
8. マウス操作	0.4293	**0.6458**	0.3302	0.2799
9. プリンタ操作	0.4053	**0.6874**	0.2474	0.3455
42. ICT活用興味	0.4716	**0.5768**	0.3140	0.1876
20. 複数ソフト捜査	0.1504	0.2640	**0.5159**	0.3051
21. ワープロ記憶	0.5312	0.2460	**0.5899**	0.2311
22. ワープロ興味	0.3435	0.3250	**0.5435**	0.3440
23. ワープロ役立	0.2377	0.1441	**0.4927**	0.2149
24. ハード	0.3460	0.3719	**0.7774**	0.1030
25. ソフト	0.4241	0.2698	**0.8602**	0.2257
28. OS	0.4169	0.1424	**0.5573**	−0.0177
29. コンピュータ基礎	0.1800	0.1103	**0.5549**	−0.0063
10. 文章表現	0.2766	0.4150	0.0490	**0.4679**
11. 書式設定	−0.0161	0.5149	−0.0019	**0.6115**
16. プレゼン	0.4004	0.3961	0.1501	**0.5006**
17. HP作成	0.1551	0.1560	0.1114	**0.5538**
19. インストール	0.0831	0.3181	0.3488	**0.4825**
34. 個人情報	0.2873	−0.2244	0.2666	**0.5254**
40. ワープロと思考	0.4400	0.2882	0.2971	**0.5574**
44. 道具としてICT活用	−0.0267	0.1824	−0.0925	**0.5234**
47. 保管	0.4111	0.2907	0.1829	**0.4909**
49. コンピュータと思考訓練	0.3000	0.0289	0.3482	**0.4816**
50. コンピュータ活用	0.0000	0.0022	0.1429	**0.5590**
12. 基本関数	0.0084	0.3998	0.1454	0.2236
13. 帳票作成	0.2904	0.1559	0.1542	0.4287
18. HP表現	−0.0206	−0.0545	−0.1265	0.2099
27. 印刷様式規格	0.3339	−0.0021	0.2576	0.2707
32. マニュアル理解	0.2825	0.0938	0.4486	0.2579
33. メール	−0.1196	−0.0782	0.3299	0.4480
43. 容易	0.3094	0.4188	0.4227	0.0300
48. 情報判断	0.3975	0.1234	0.1809	0.5450

表Ⅸ-5　スロベニアの中学・高校のイメージ調査に関する因子分析（プロマックス回転）

表Ⅸ-5(a)　中学校

イメージ調査項目	因子1	因子2	因子3	因子4
1．ファイル管理	**0.6634**	0.0259	0.0387	0.0029
2．ファイル操作	**0.7408**	0.3143	−0.2309	−0.0690
3．各種入力方法	**0.6006**	0.2294	−0.0135	−0.0794
4．文字入力	**0.8482**	−0.2980	0.1146	0.0324
5．文字検索	**0.7234**	−0.2001	0.0869	0.1515
6．入力速度	**0.6473**	0.2255	−0.0013	−0.0734
7．正確入力	**0.5525**	−0.0638	0.1040	−0.0744
8．マウス操作	**0.9827**	−0.3433	0.0434	0.0187
9．プリンタ操作	**0.7856**	−0.0550	0.0818	0.0022
10．文章表現	**0.8476**	0.3368	−0.4667	−0.0690
11．書式設定	**0.6317**	0.3817	−0.1947	−0.0733
15．検索等	**0.6942**	0.3226	−0.0472	−0.0800
20．複数ソフト捜査	**0.4752**	0.3388	−0.0458	0.0452
27．印刷様式規格	**0.6311**	0.0934	0.1925	−0.0270
33．メール	**0.5206**	−0.0017	0.1747	0.0141
35．プライバシー	**0.5794**	−0.2629	0.2436	0.3152
48．情報判断	**0.5071**	−0.2501	0.1166	0.2846
13．帳票作成	0.2875	**0.6100**	−0.0825	−0.0776
14．統計関数	−0.0119	**0.6267**	−0.1199	0.1335
16．プレゼン	0.2786	**0.5007**	0.1978	−0.1412
17．HP作成	−0.0966	**0.7299**	0.0871	−0.0147
18．HP表現	0.1271	**0.6627**	−0.1452	0.0237
22．ワープロ興味	−0.0057	**0.5993**	0.1061	0.1965
24．ハード	−0.2560	**0.9287**	0.1328	0.0368
25．ソフト	−0.0708	**0.7904**	0.1400	−0.0642
28．OS	−0.0931	**0.7584**	0.1304	−0.0677
29．コンピュータ基礎	0.1037	**0.4547**	0.3387	−0.0144
30．論理回路	−0.1818	**0.7336**	0.0412	0.0928
40．ワープロと思考	0.0774	**0.6341**	0.0408	0.0678
41．文書入力	0.0046	**0.5005**	0.4146	0.0135
45．個人情報の管理	−0.1730	**0.6353**	−0.0432	0.2787
19．インストール	0.0921	0.2840	**0.5879**	−0.0389
31．メディアへの興味	−0.0363	0.0572	**0.7483**	−0.0485
32．マニュアル理解	−0.0761	0.1107	**0.8570**	0.0046
42．ICT活用興味	0.1112	−0.0180	**0.7821**	−0.0868
43．容易	0.1176	0.2934	**0.5938**	−0.0472
36．作業姿勢	−0.0148	0.2645	0.0423	**0.5647**
37．ワープロ作業時間の留意	−0.0822	0.2257	−0.1176	**0.8221**
38．体調体調	0.1950	−0.1928	−0.0475	**0.7516**
39．コンピュータ作業時間の留意	−0.1183	0.2075	−0.0900	**0.9077**
46．人とコンピュータ	0.0028	0.0824	−0.0075	**0.4767**
12．基本関数	0.3193	0.4054	0.1722	−0.0254
21．ワープロ記憶	0.2395	0.4484	0.0275	0.1603
23．ワープロ役立	0.1679	0.2146	−0.0191	0.1738
26．文書語句	0.2131	0.2502	0.3732	0.0128
34．個人情報	0.3426	0.0296	0.0640	0.3732
44．道具としてICT活用	0.4180	−0.0232	0.4284	−0.1151
47．保管	0.4057	−0.0421	0.2317	0.1911
49．コンピュータと思考訓練	0.3190	0.2425	0.2813	0.0194
50．コンピュータ活用	0.2369	0.0902	0.6156	0.0252

表Ⅸ-5(a) 高等学校

イメージ調査項目	因子1	因子2	因子3	因子4
1. ファイル管理	**0.8163**	0.3517	0.0424	0.1738
2. ファイル操作	**0.8951**	0.3797	0.0777	0.2089
3. 各種入力方法	**0.8361**	0.4376	0.0790	0.2701
4. 文字入力	**0.7682**	0.4740	0.1067	0.3138
5. 文字検索	**0.8552**	0.3389	0.0865	0.2447
6. 入力速度	**0.6339**	0.5047	0.0595	0.4785
8. マウス操作	**0.7317**	0.3950	0.0790	0.2238
9. プリンタ操作	**0.7543**	0.5339	0.0967	0.2458
10. 文章表現	**0.8250**	0.3892	−0.0025	0.2178
20. 複数ソフト捜査	**0.7216**	0.6284	0.1277	0.3676
33. メール	**0.6114**	0.4707	0.1621	0.1054
47. 保管	**0.5309**	0.4504	0.2553	0.1546
48. 情報判断	**0.4509**	0.3204	0.0465	0.0952
49. コンピュータと思考訓練	**0.6398**	0.5693	0.2299	0.1781
50. コンピュータ活用	**0.6434**	0.6139	0.2077	0.2874
11. 書式設定	0.7015	**0.5586**	0.0168	0.4826
12. 基本関数	0.6007	**0.5368**	−0.0092	0.4115
13. 帳票作成	0.6094	**0.6055**	0.1303	0.3912
19. インストール	0.5889	**0.6947**	0.1479	0.3224
21. ワープロ記憶	0.4021	**0.4845**	0.4124	0.3039
24. ハード	0.2155	**0.6651**	0.2902	0.3972
25. ソフト	0.2832	**0.7334**	0.3126	0.4269
26. 文書語句	0.4680	**0.7278**	0.2184	0.5907
27. 印刷様式規格	0.6578	**0.6393**	0.1365	0.3632
28. OS	0.3490	**0.6597**	0.2153	0.3785
29. コンピュータ基礎	0.5224	**0.7021**	0.2415	0.3199
30. 論理回路	0.2697	**0.5933**	0.2431	0.2690
31. メディアへの興味	0.4461	**0.6484**	0.1995	0.1128
32. マニュアル理解	0.4079	**0.6979**	0.1987	0.3554
40. ワープロと思考	0.3121	**0.5327**	0.4270	0.2183
41. 文書入力	0.5048	**0.7970**	0.1998	0.3683
42. ICT活用興味	0.4948	**0.7359**	0.0865	0.1362
43. 容易	0.5153	**0.8026**	0.1784	0.3032
44. 道具としてICT活用	0.5835	**0.4714**	0.0238	0.4045
35. プライバシー	0.2884	0.3076	**0.4807**	0.1766
36. 作業姿勢	0.1898	0.3419	**0.6326**	0.2153
37. ワープロ作業時間の留意	0.0095	0.1711	**0.7416**	0.0575
38. 体調体調	0.0503	0.1310	**0.6361**	0.0844
39. コンピュータ作業時間の留意	−0.0247	0.2158	**0.8120**	0.2292
45. 個人情報の管理	0.0044	0.3052	**0.5026**	0.3582
22. ワープロ興味	0.2384	0.3116	**0.4678**	0.1794
14. 統計関数	0.3509	0.6325	0.1994	**0.5957**
15. 検索等	0.6000	0.6905	0.1350	**0.4970**
16. プレゼン	0.6730	0.5905	−0.0169	**0.4851**
17. HP作成	0.2634	0.3937	0.2088	**0.7035**
18. HP表現	0.3051	0.3474	0.1914	**0.7212**
34. 個人情報	0.4190	0.2960	0.3849	0.1227
7. 正確入力	0.3174	0.2742	0.0086	0.1651
23. ワープロ役立	0.2225	0.3440	0.3534	−0.0309
46. 人とコンピュータ	0.0715	0.1225	0.3674	0.3209

(3) **中国の中学生におけるカリキュラム・イメージ因子の構成**

 中国の中学生では，第1因子に「ワープロと思考」「個人情報」「プライバシー」等で構成され，VDT活用の批判的能力と情報モラルに関する情意的領域と認知的領域の因子と解釈される。そこで本因子を「VDT活用の適切な判断能力」因子と命名した。第2因子は主に「統計関数」「基本関数」「帳票作成」等で構成され，表計算の活用など計算処理に関する精神運動的領域の因子と解釈される。そこで本因子を「計算処理技能」因子と命名した。第3因子は主に「コンピュータ作業時間の留意」「ワープロ作業時間の留意」「体調管理」等で構成され，VDT作業時の健康配慮に関する情意的領域と認知的領域の因子と解釈される。そこで本因子を「VDT作業時の健康配慮態度」因子と命名した。第4因子は主に「OS」「論理回路」「ファイル操作」等で構成され，ICTの基本的な操作に関する認知的領域の因子と解釈される。そこで本因子を「ICTの基本技能」因子と命名した。

(4) **インドネシアの中学生におけるカリキュラム・イメージ因子の構成**

 インドネシアの中学生では，第1因子に「文集表現」「プレゼン」「ICT活用興味」等で構成され，コンピュータ活用に関する認知的領域の因子と解釈される。そこで本因子を「PC活用の基礎的な知識・技能」因子と命名した。第2因子は主に「ワープロ興味」「コンピュータ基礎」「コンピュータと思考」等で構成され，コンピュータ活用に関する精神運動的領域の因子と解釈される。そこで本因子を「ICT活用の興味と態度」因子と命名した。第3因子は主に「コンピュータ作業時間の留意」「ワープロ作業時間の留意」「体調管理」等で構成され，VDT作業時の健康配慮に関する情意的領域と認知的領域の因子と解釈される。そこで本因子を「VDT作業時の健康配慮と態度」因子と命名した。第4因子は主に「個人情報」「コンピュータと思考訓練」「コンピュータ活用」等で構成され，ICTの基本的な操作に関する情意的領域の因子と解釈される。そこで本因子を「PC活用のモラルに関する知識」因子と

命名した。

(5) スロベニアの中学生におけるカリキュラム・イメージ因子の構成

　スロベニアの中学生では，第1因子に「ファイル管理」「プライバシー」「情報判断」等で構成され，VDT活用の批判的能力に関する認知的領域の因子と解釈される。そこで本因子を「VDT活用の適切な判断能力」因子と命名した。第2因子は主に「統計関数」「基本関数」「帳票作成」等で構成され，表計算の活用など計算処理に関する精神運動的領域の因子と解釈される。そこで本因子を「計算処理技能」因子と命名した。第3因子は主に「メディアへの興味」「ICT活用興味」「マニュアル理解」等で構成され，VDT作業時の興味に関する情意的領域の因子と解釈される。そこで本因子を「VDT作業時の興味」因子と命名した。第4因子は主に「コンピュータ作業時間の留意」「ワープロ作業時間の留意」「体調管理」等で構成され，ICTの基本的な操作に関する情意的領域の因子と解釈される。そこで本因子を「ICT活用の興味と態度」因子と命名した。

9.3.3　高校生の情報教育に対するカリキュラム・イメージ因子の国間比較

(1) 日本の高校生におけるカリキュラム・イメージ因子の構成

　日本の高校生では，第1因子に「ワープロ作業時間の留意」「体調管理」「プライバシー」等で構成され，PC活用のモラルに関する情意的領域と認知的領域の因子と解釈される。そこで本因子を「PC活用のモラルや態度」因子と命名した。第2因子は主に「ハード」「ソフト」「論理回路」等で構成され，コンピュータ活用の基礎事項に関する精神運動と認知的領域の因子と解釈される。そこで本因子を「PC活用の基礎的な知識と技能」因子と命名した。第3因子は主に「各種入力方法」「文字入力」「書式設定」等で構成され，文書作成などの表現処理に関する精神運動的領域の因子と解釈される。そこで

本因子を「表現処理技能」因子と命名した。第4因子は主に「統計関数」「基本関数」「帳票作成」等で構成され，表計算の活用に関する精神運動的領域の因子と解釈される。そこで本因子を「計算処理技能」因子と命名した。第5因子は主に「HP作成」「HP表現」で構成され，HPの表現処理に関する精神運動的領域の因子と解釈される。そこで本因子を「HPに関する表現処理技能」因子と命名した。

(2)韓国の高校生におけるカリキュラム・イメージ因子の構成

　韓国の高校生では，第1因子に「コンピュータの基礎」「ICT活用の興味」「道具としてICT活用」等で構成され，ICTの適切な活用に関する認知と情意的領域の因子と解釈される。そこで本因子を「ICTの適切な活用法」の因子と命名した。第2因子は主に「各種入力方法」「文字入力」等で構成され，文書作成などの表現処理に関する精神運動的領域の因子と解釈される。そこで本因子を「表現処理技能」因子と命名した。第3因子は主に「コンピュータ作業時間の留意」「作業姿勢への留意」等で構成され，VDT作業時の健康配慮に関する情意的領域の因子と解釈される。そこで本因子を「VDT作業時の健康配慮態度」因子と命名した。第4因子は主に「ファイル管理」「ファイル操作」等で構成され，ICTの基本的な操作に関する精神運動的領域の因子と解釈される。そこで本因子を「ICTの基本技能」因子と命名した。

(3)中国の高校生におけるカリキュラム・イメージ因子の構成

　中国の高校生では，第1因子に「ファイル管理」「入力速度」「マウス操作」等で構成され，ICTの基本的な操作に関する精神運動的領域の因子と解釈される。そこで本因子を「ICTの基本技能」因子と命名した。第2因子は主に「ハード」「ソフト」「OS」等で構成され，コンピュータ活用の基礎的事項に関する認知的領域の因子と解釈される。そこで本因子を「PC活用の基礎的な知識」因子と命名した。第3因子は主に「人とコンピュータ」「個人情報の管

理」「情報判断」等で構成され，VDT 作業時のメディアリテラシーに関する情意的領域の因子と解釈される。そこで本因子を「VDT 作業時の情報判断」因子と命名した。第 4 因子は主に「統計関数」「基本関数」「帳票作成」等で構成され，スプレッドシートの活用など計算処理に関する精神運動的領域の因子と解釈される。そこで本因子を「計算処理技能」因子と命名した。

(4) インドネシアの高校生におけるカリキュラム・イメージ因子の構成

　インドネシアの高校生では，第 1 因子は主に「人とコンピュータ」「個人情報の管理」「情報判断」等で構成され，VDT 作業時のメディアリテラシーに関する情意的領域の因子と解釈される。そこで本因子を「VDT 作業時の情報判断」因子と命名した。「ファイル管理」「入力速度」「マウス操作」等で構成され，ICT の基本的な操作に関する精神運動的領域の因子と解釈される。そこで本因子を「ICT の基本技能」因子と命名した。第 3 因子は主に「ハード」「ソフト」「OS」等で構成され，コンピュータ活用の基礎的事項に関する認知的領域の因子と解釈される。そこで本因子を「PC 活用の基礎的な知識」因子と命名した。第 4 因子は主に「個人情報」「道具としての ICT 活用」「保管」等で構成され，PC 活用に際しての活用や管理などに関する精神運動的領域の因子と解釈される。そこで本因子を「PC 活用のモラルに関する知識」因子と命名した。

(5) スロベニアの高校生におけるカリキュラム・イメージ因子の構成

　スロベニアの高校生では，第 1 因子に「ファイル管理」「コンピュータと思考訓練」「コンピュータ活用」等で構成され，ICT の基本的な操作に関する精神運動的領域の因子と解釈される。そこで本因子を「VDT 活用の適切な判断能力」因子と命名した。第 2 因子は主に「統計関数」「基本関数」「帳票作成」等で構成され，表計算の活用など計算処理に関する精神運動的領域の因子と解釈される。そこで本因子を「計算処理技能」因子と命名した。第 3 因

子は主に「コンピュータ作業時間の留意」「作業姿勢への留意」等で構成され，VDT作業時の健康配慮に関する情意的領域の因子と解釈される。そこで本因子を「VDT作業時の健康配慮態度」因子と命名した。第4因子は主に「統計関数」「プレゼン」「HP作成」等で構成され，スプレッドシートの活用など計算処理に関する精神運動的領域の因子と解釈される。そこで本因子を「ICTの基本技能」因子と命名した。

9.3.4 カリキュラム・イメージに対する因子別尺度平均値の比較

以上，日本・韓国・中国・インドネシア・スロベニアの中高生の情報教育のイメージ調査に関する因子を抽出したが，これらの各国中高生の因子に尺度平均値を加え整理したものを表Ⅸ-6（中学校），表Ⅸ-7（高等学校）に示す。

中学生の場合，日本では第3因子の「表現処理技能」の平均値が高くこれを重視している。これはブルーム評価の「模倣・操作」で精神運動的領域の初期段階で評価の「技能」に該当するものである。韓国では，第1因子の「PC活用の基礎的な知識・技能」の平均値が高くこれを重視している。これはブルーム評価の「操作・正確化」で精神運動的領域の初・中期段階で評価の「技能」と「理解・応用」で認知的領域の初期段階で評価「知識」に該当するものである。中国では，第1因子の「VDT活用の適切な判断能力」の平均値が高くこれを重視している。これはブルーム評価の「理解・応用」で認知的領域の初期段階で評価の「知識」と「受け入れ・反応」で情意的領域の初期段階で「興味・関心」に該当するものである。インドネシアでは，第1因子の「PC活用の基礎的な知識・技能」の平均値が高くこれを重視している。これはブルーム評価の「理解・応用」で認知的領域の初期段階で評価の「知識」と「受け入れ・反応」で精神運動領域の初期段階で評価の「模倣・操作」で「技能」に該当するものである。スロベニアでは，第1因子の「VDT活用の適切な判断能力」の平均値が高くこれを重視している。これはブルーム評価の「理解・応用」で認知的領域の初期段階で評価の「知識」と「模倣・操作」で情

意的領域の初期段階で評価の「技能」に該当するものである。

　一方，高校生の場合は，日本では第3因子の「表現処理技能」の平均値が高くこれを重視している。これはブルーム評価の「模倣・操作」で精神運動的領域の初期段階で評価の「技能」に該当するものである。韓国では，第1因子の「ICTの適切な活用法」の平均値が高くこれを重視している。これはブルーム評価の「分析・統合・評価」で認知的領域の中・後期段階で評価の「理解・判断」に該当するものと「反応・価値付け」で情意的領域の中期段階で評価の「関心・意欲」に該当するものである。中国では，第1因子の「ICTの基本技能」の平均値が高くこれを重視している。これはブルーム評価の「模倣・操作・正確化」で精神運動的領域の初・中期段階で評価の「技能・思考」と「応用・分析」で認知的領域の中期段階で評価の「知識・理解」に該当するものである。インドネシアでは，第1因子の「VDT作業時の情報判断」の平均値が高くこれを重視している。これはブルーム評価の「価値付け・組織化」で情意的領域の中期段階で評価の「意欲・態度」に該当するものである。スロベニアでは，第1因子の「VDT活用の適切な総合的な判断能力」の平均値が高くこれを重視している。これはブルーム評価の「分析・統合」で認知的領域の中期段階で評価の「理解・判断」に該当するものである。

　いずれの国の生徒もPCやVDT・ICTに関する活用や知識を重視しているが，日本の中高生が共にブルーム評価理論の初期段階のみを重視しているのに対して，韓国・中国・インドネシア・スロベニアの中高生は3領域いずれも初期段階から中期段階へと推移し，情報教育に関する教科内容のイメージに偏りがないことが示唆された。

9.3.5　考　　察

　以上，第9章では，ブルーム評価理論の精神運動的領域・認知的領域・情意的領域の各評価段階に注目して中高生の情報教育に関するイメージについて検討した。その結果，日本の中高生は技能を重視しているものの，情報教

表IX-6　日・韓・中・インドネシア・スロベニアの中学校情報教育のイメージ傾向

		第1因子	尺度平均(SD)	第2因子	尺度平均(SD)
日本	ブルーム三領域	精神運動・認知	2.486(1.087)	情意・認知	3.144(1.118)
	因子名	PC活用の基礎的な知識・技能		ICT活用の興味と態度	
韓国	ブルーム三領域	精神運動・認知	3.620(0.635)	情意領域	3.470(0.792)
	因子名	PC活用の基礎的な知識・技能		ICT活用の興味と態度	
中国	ブルーム三領域	認知・情意	4.004(0.785)	精神運動	3.512(0.817)
	因子名	VDT活用の適切な判断能力		計算処理技能	
インドネシア	ブルーム三領域	精神運動・認知	3.620(0.635)	情意領域	3.470(0.792)
	因子名	PC活用の基礎的な知識・技能		ICT活用の興味と態度	
スロベニア	ブルーム三領域	認知・情意	4.004(0.785)	精神運動	3.512(0.817)
	因子名	VDT活用の適切な判断能力		計算処理技能	

表IX-7　日・韓・中・インドネシア・スロベニアの高等学校情報教育のイメージ傾向

		第1因子	尺度平均(SD)	第2因子	尺度平均(SD)
日本	ブルーム三領域	認知・情意	2.836(0.975)	認知・精神	2.015(0.979)
	因子名	PC活用のモラルや態度		PC活用の基礎的な知識と技能	
韓国	ブルーム三領域	認知・情意	3.835(0.628)	精神運動	3.019(0.596)
	因子名	ICTの適切な活用法		表現処理技能	
中国	ブルーム三領域	精神運動・認知	3.632(0.827)	認知・情意	3.217(0.806)
	因子名	ICTの基本技能		PC活用の基礎的な知識	
インドネシア	ブルーム三領域	情意	3.620(0.635)	情意	3.470(0.792)
	因子名	VDT作業時の情報判断		ICTの基本技能	
スロベニア	ブルーム三領域	精神運動	4.004(0.785)	精神運動	3.512(0.817)
	因子名	VDT活用の適切な判断能力		計算処理技能	

育の3観点の認識度が弱く，カリキュラム内容を充分把握していない可能性が指摘できる。一方，韓国・中国・インドネシア・スロベニアでは3観点の因子の尺度平均値がほぼ均一であり，両国は中高継続した情報教育を習得しているという生徒のイメージが伺えた。これは，日本に比べてこれらの国々の情報教育がより体系的に展開されていることよるものと考えられる。

　これらの結果から，我が国の情報教育のカリキュラムが韓国・中国・インドネシア・スロベニアほど体系的でないため，情報活用能力，特にブルーム評価理論でいう「認知的領域」と「情意的領域」の内容の関連性と動機付けを生徒に適切に持たせることができにくく，学習の結果として，適切な意欲

第3因子	尺度平均(SD)	第4因子	尺度平均(SD)	第5因子	尺度平均(SD)
精神運動 表現処理技能	3.434(1.153)	情意 VDT作業時の健康配慮態度	2.785(1.241)	精神運動 計算処理技能	2.558(1.261)
精神運動 表現処理技能	3.052(0.671)	認知 PC活用のモラルに関する知識	2.866(0.733)		
情意・認知 VDT作業時の健康配慮態度	3.274(0.867)	認知 ICTの基本技能	2.705(1.113)		
精神運動 VDT作業時の健康配慮と態度	3.052(0.671)	認知 PC活用のモラルに関する知識	2.866(0.733)		
情意・認知 VDT作業時の興味	3.274(0.867)	認知 ICT活用の興味と態度	2.705(1.113)		

第3因子	尺度平均(SD)	第4因子	尺度平均(SD)	第5因子	尺度平均(SD)
精神運動 表現処理技能	3.313(0.978)	精神運動 計算処理技能	2.307(1.140)	精神運動 HPに関する表現処理技能	2.538(1.334)
情意・認知 VDT作業時の健康配慮態度	3.317(0.635)	精神運動 ICTの基本技能	3.324(0.757)		
情意 VDT作業時の情報判断	3.508(0.826)	精神運動 計算処理技能	2.914(0.846)		
認知 PC活用の基礎的な知識	3.052(0.671)	認知 PC活用のモラルに関する知識	2.866(0.733)		
情意 VDT作業時の健康配慮態度	3.274(0.867)	精神運動 ICTの基本技能	2.705(1.113)		

のもと知識を段階的に習得させることが難しいと考えられる。つまり，我が国においては，情報教育のカリキュラムを体系的に構築すると共に，学習者に対しては，情報教育の目標である情報活用能力の習得に向けて，生徒に学習の意味づけを行い，適切に動機付けることが極めて重要であると考えられる。

9.4 まとめ

第9章では，日本・韓国・中国・インドネシア・スロベニアの中高生の情

報教育に関するイメージを検討した。その結果，これらの国々の中高生はカリキュラムに沿った内容の学習段階のイメージを持っているのに対し，日本の中高生は情報教育に関するイメージが認知的領域や情意的領域において初期段階のレベルで留まっており，精神運動的領域に該当する技能習得に偏っていることが明らかになった。このことから我が国の今後の情報教育に対しては，そのカリキュラムの体系性に課題が見られることを指摘した。その上で，学習者に対しては，情報教育の目標である情報活用能力の習得に向け，生徒に学習の意味付けを行い，動機付けることの重要性を指摘した。

ただし，本章では第8章も含めて普通中高生に対する情報教育の必修用語の認知度と目標の3観点の検討とカリキュラムのイメージを国際的に比較したものである。そこで，第10章では日本と韓国，中国の専門高校生である工業高校生に対する情報教育に関する必修用語の認知度と学習に対するイメージについて調査・検討する。

第10章　専門高校の情報教育に対する学習者の反応に関する国際比較

10.1　目　　的

　課題2（研究3）では，第8章と第9章において普通教育の情報教育における学習者の知識や意識，情報教育に対するカリキュラム・イメージなどを日本・韓国・中国・インドネシア・スロベニアの間での国際比較を実施した。第10章ではさらに，日本・韓国・中国の職業教育である工業高校の情報教育に関し，ICTと職業との関係や情報活用能力の3観点に関する意欲についての基本調査を行った上で，情報教育に関する理解度とイメージを調査し，カリキュラム内容について学習者の反応に関する国際比較を実施する。

10.2　方　　法

10.2.1　調 査 対 象

　本調査は，2008年から2010年にかけて行った。対象者は，日本（千葉県）・韓国（清洲市）・中国（遼寧省）の専門高校（工業高校）の生徒である。有効回答は日本では100％で75名，韓国では98％で51名，中国では63％で83名である。なお，調査は，日本・韓国・中国のいずれの地域においても現地の教育委員会及び，学校長の許可を受けて実施している。

10.2.2 調査項目

(1) 情報教育全体を概観するフェイスシート

　日本・韓国・中国の情報教育の実態調査を比較検討するために，ICTと職業との関係に対する意識を取り上げ，フェイスシートとした。

(2) 情報活用能力に対する習得意欲を把握する項目

　調査対象者の「情報活用能力」に対する習得意欲を把握するために，第8章で使用した日本の情報教育の目標となっている情報活用能力の3観点，すなわち「情報活用の実践力」「情報の科学的な理解」「情報社会に参画する態度」を調査した。以上，設定した調査表を図X-1に示す。

【フェイスシート】
1. あなたは今，何年生ですか。（　　　）年生
2. 性別　　　男　　女
3. あなたは，将来，コンピュータやインターネットをどのように活用していきたいと考えていますか。あなたの気持ちに最も近いもの一つに○をつけて下さい。
   ① 情報関連産業で仕事につき，専門的にコンピュータやインターネットを活用したいと考えている。
   ② 情報関連産業ではなく，普通の仕事の中で，道具としてコンピュータやインターネットを活用したいと考えている。
   ③ 仕事というよりも，家庭生活の中で，生活を便利にしたり，趣味の道具として，コンピュータやインターネットを活用したいと考えている。
   ④ わからない

4. 次の各質問について，あなたの気持ちに最もあてはまる回答を選んでください。
   ① あなたは，コンピュータやインターネットを利用して，情報の収集・整理・判断・発信などができるようになりたいと思いますか。　　　　（情報活用実践力習得への意欲）
   　　　　とても　-　まあまあ　-　あまり　-　まったく
   ② あなたは，コンピュータやインターネットの働きや仕組み，特徴などを科学的に理解したいと思いますか。　　　　　　　　　　　　（情報の科学理解への意欲）
   　　　　とても　-　まあまあ　-　あまり　-　まったく
   ③ あなたは，情報のモラルやセキュリティなど，情報化社会に参加するために必要な基本的な態度を身につけたいと思いますか。　　（情報社会に参画する態度形成への意欲）
   　　　　とても　-　まあまあ　-　あまり　-　まったく

図X-1　調査票

(3) 情報関連用語の認知度を把握する項目

　教科「情報」で学習する必須用語は50項目である。この50項目の用語は，第8章で使用した高校教科「情報」の各カテゴリ別情報必修用語を用いた。これらの用語については第8章と同様，「情報システム」「情報演習」「ネットワーク技術」「情報社会」「情報モラルとセキュリティ」の5つのカテゴリーに分類して分析を行った。

　調査項目の評価尺度は「1.全く当てはまらない」「2.あまり当てはまらない」「3.どちらでもない」「4.少し当てはまる」「5.とても良く当てはまる」の5件法である。質問方法は，例えば「LANの意味を知っている」「論理回路の意味を知っている」など『～の意味を知っている』という認知度（知識・理解度）をみるものである。

(4) 情報教育のイメージを把握する項目

　調査項目は，第6章に示したように2005年度以降の普通高校の情報教育の調査で実施している50項目を使用した。調査項目は，「情報活用の実践力・情報の科学的な理解・情報社会に参画する態度」の3観点を踏まえ，各々活用・技能等の精神運動的領域（Psychomotor Domain）の20項目，知識・理解等の認知的領域（Cognitive Domain）の15項目，そして情報手段活用や情報社会参画態度等の情意的領域（Affective Domain）の15項目である。項目の設定は，ブルーム（B.S.Bloom）の教育目標分類（Taxonomy of educational objectives）[7],[103]と先行研究[9],[10]より得られた回答項目，教科「情報編」の学習指導要領等の各評価内容を参考にしている[11],[105],[106]。

10.2.3　履修した情報教育の内容

　情報教育の内容は，我が国では中学校技術・家庭科の「情報とコンピュータ」を履修し，情報教育の内容としてコンピュータの仕組み（コンピュータの基本的な構成と機能），ハードウェア・ソフトウェア，プログラミング，アプリ

ケーションソフトによる情報の活用や利用分野の把握を行った。その上で専門高校へ進んだ生徒を対象とした調査である。したがって，内容は，情報の収集・発信と情報機器の活用や情報の統合的な処理とコンピュータ活用，情報科学を中心とする情報理論・情報倫理・論理回路・ハードウェア・ソフトウェア等と情報化の進展と社会への影響全般を講義し，実習は，ソフト活用（ワープロ・表計算・プレゼンテーション・データベースなど）やネットワーク構築実習と言語（BASIC・C言語・HTMLによるホームページ作成）である[100]。この点を含めて韓国と中国に訪問した際に内容を確認し，同じ内容を履修した対象学年で調査して頂いた。

10.2.4 分析方法

分析方法は，各国の学習者のICTと職業意識や学習意欲，及び，情報必修用語の理解度についてはχ^2検定と一元配置分散分析を行った。また，必須用語認知度と学習者の情報教育に対するイメージを検討するために一元配置分散分析と同時に，因子分析を行った。因子分析では，主因子法及び，バリマックス法を用い，因子負荷量が0.45以上の項目群にて因子の命名を行った。得られた因子の解釈に基づいて，日本と韓国の情報教育カリキュラム内容について比較・検討した。

10.3 結果及び考察

10.3.1 フェイスシートの比較結果

(1) ICTと職業との関連に関する意識

日本始め，韓国と中国の専門高校生（工業高校生）に対して，ICTと職業との関連に関する意識の調査を行い，χ^2検定及び，残差分析を行った。これを表X-1に示す。表中の（＋）は残差分析の結果で「有意に多い」，（－）は「有

表X-1　ICTと自己の関わりについて

高校生		日本 n=75	韓国 n=51	中国 83	
情報関連産業での専門的ICT活用希望	頻度 割合	12 16.0%	9 17.6%	13 15.7%	
仕事での一般ICT活用希望	頻度 割合	12 16.0%	5 9.8%	23 27.7%	(+)
趣味・生活での一般ICT活用希望	頻度 割合	47 62.7%	27 52.9%	44 53.0%	
わからない	頻度 割合	4 5.3%	10 (+) 19.6%	3 3.6%	

$\chi^2_{(6)} =17.95$　$p<.01$

意に少ない」と判定されたものである。

　その結果，全体の傾向として，いずれの国の工業高校生も「ICTを趣味・生活での一般的な活用としたい」という割合が50％以上を占めていた。その中でも，3カ国を比較すると，中国が「ICTを一般の仕事で活用したい」という比率が有意に高いのに対して，韓国が「ICTの活用方法が不明」という比率が有意に高かった。日本の工業高校生は，特にICT活用法の目途に顕著な優位性はなかった。逆に，中国の工業高校生は，他の2カ国より目標が定まっていることが判った。

(2)情報活用の習得に向けた学習意欲

　情報活用の実践力の習得に向けた学習意欲について，日本・韓国・中国で比較した。4件法に対する回答を，「とても」を4点，「まあまあ」を3点，「あまり」を2点，「まったく」を1点にそれぞれ得点化し，平均値を求めた。そして，工業高校生の平均値に対する一元配置分散分析を行った。結果を表X-2に示す。

　分析の結果，「情報活用の実践力」（$F_{(2,206)}=63.67$, $p<.01$），「情報の科学的な理解」（$F_{(2,206)}=9.91$, $p<.01$），「情報社会に参画する態度」（$F_{(2,206)}=30.35$, $p<.01$）のいずれの観点についても3カ国間の主効果が有意であった。そこ

表X-2　日本・韓国・中国の情報活用の習得に向けた学習意欲

高校生		日本 n＝75	韓国 n＝51	中国 n＝83	ANOVA
情報活用実践力習得への意欲	平均 S.D.	3.32 0.57	2.06 0.61	2.94 0.67	$F_{(2,206)}=63.67**$ 日本＞中国＞韓国
情報の科学的理解への意欲	平均 S.D.	2.72 0.71	2.43 0.64	2.95 0.62	$F_{(2,206)}=9.91**$ 中国＞日本＞韓国
情報社会に参画する態度形成への意欲	平均 S.D.	3.13 0.69	2.39 0.66	3.25 0.69	$F_{(2,206)}=30.35**$ 日本 ＝ 中国＞韓国

4件法　　**$p<.01$　　多重比較は，LSD法による

でLSD法を用いた多重比較を行った。その結果，3観点の中で「情報活用の実践力」と「情報社会に参画する態度」に日本の工業高校生の習得意欲が3カ国中で最も高かった。ただし，「情報の科学的な理解」については，中国が有意に高く，「情報社会に参画する態度」については日本と中国の工業高校生に有意な差は認められなかった。また，韓国の工業高校生については，いずれの観点の意欲も有意に低いことが判った。

このことから，日本の工業高校での情報教育は情報活用の実践力が高い意欲を持っているのに対して，韓国は3観点いずれも特別な意欲があるとは言えないということが示唆された。

10.3.2　情報関連用語の認知度

我が国の情報教育について，第8章で調査したものと同様の認知度調査を実施した。調査は，高等学校の情報必須用語50項目について，日本・韓国・中国において比較検討した。

その方法は，5件法に対する回答を，「とてもよく知っている」を5点，「少し知っている」を4点，「どちらでもない」を3点，「あまり知らない」を2点，「全く知らない」を1点にそれぞれ得点化し，平均値を求めた。そして，各国のカテゴリー別平均値に対する一元配置分散分析を行った（表X-3）。

その結果，「情報システム」（$F_{(3,206)}=39.01$, $p<.01$），「情報実習・実践」（$F_{(2,206)}=0.71$），「ネットワーク技術」（$F_{(2,206)}=3.68$, $p<.05$），「情報社会」

表X-3　工業高校必修用語のカテゴリー別認知度

高校生		日本 n＝75	韓国 n＝51	中国 n＝83	ANOVA
情報システム	平均 S.D.	2.25 0.91	3.39 0.53	3.06 0.75	$F_{(2,206)}=39.01**$ 韓国＞中国＞日本
情報実習・実践	平均 S.D.	3.24 0.72	3.37 0.45	3.36 0.79	$F_{(2,206)}=0.71$ 韓国＝日本＝中国
ネットワーク技術	平均 S.D.	3.25 0.71	3.57 0.69	3.22 0.88	$F_{(2,206)}=3.68*$ 韓国＞日本＝中国
情報社会	平均 S.D.	2.74 0.64	3.24 0.57	2.99 0.75	$F_{(2,206)}=8.61**$ 韓国＞日本＞中国
情報モラルとセキュリティ	平均 S.D.	3.49 0.78	3.28 0.65	3.37 0.91	$F_{(2,206)}=1.06$ 韓国＝日本＝中国

5件法　　$**p<.01$　　多重比較は，LSD法による

($F_{(2,206)}=8.61$, $p<.01$),「情報モラルとセキュリティ」($F_{(2,206)}=1.06$)のカテゴリーにおいて「情報実習」と「情報モラル」のカテゴリーを除き3カ国間の主効果は有意であった。そこでLSD法を用いた多重比較を行った結果,「情報システム」と「情報社会」に関しては，その認知度について韓国が3カ国中有意に高い。しかしながら,「情報実習・実践」と「情報モラルとセキュリティ」にいずれも有意な差は無く,「ネットワーク技術」に関しては日本と中国に優位性は認められなかった。つまり，先の中学生及び，普通高校生における3カ国の認知度の優位性は，必ずしも工業高校生については言えないことが明らかになった。

10.3.3　情報教育に関する学習者のイメージ

自己評価の各項目についてバリマックス回転後，因子負荷量0.45以上に着目した[12]。分析の結果，いずれも因子3～4番目間で固有値が減少しており，3つの因子を抽出した。この結果について，日本の工業高校生の結果を表X-4，韓国の工業高校生の結果を表X-5，中国の工業高校生の結果を表X-6にそれぞれ示す。

日本の工業高校生は，第1因子は主に「HP作成」「HP表現」「ワープロ作

表X-4　日本の工業高校生の情報教育のイメージに関する結果

固有値表：回転後（バリマックス法）

因子No.	二乗和	寄与率	累積寄与率（％）
1	11.706	23.410	23.410
2	9.616	19.230	42.640
3	7.921	15.840	58.490

	因子No.1	因子No.2	因子No.3
1．初期化	−0.380	0.120	0.377
2．ファイル管理	−0.379	0.101	0.247
3．入力	−0.014	**0.657**	−0.069
4．全入力	−0.170	**0.728**	0.016
5．部首検索	−0.346	**0.613**	0.227
6．入力速度	−0.336	**0.444**	0.109
7．正確入力	−0.366	**0.371**	0.102
8．マウス操作	−0.098	**0.708**	0.161
9．プリンタ操作	−0.358	**0.608**	0.334
10．文章表現	−0.048	**0.706**	0.266
11．書式設定	−0.052	**0.728**	0.381
12．基本関数	−0.120	**0.657**	0.468
13．帳票作成	0.019	**0.746**	0.329
14．統計関数	−0.355	0.283	0.376
15．検索等	**−0.464**	0.398	0.329
16．プレゼン	**−0.464**	0.137	0.241
17．HP作成	**−0.630**	0.249	−0.124
18．HP表現	**−0.602**	0.361	−0.099
19．インストール	**−0.508**	0.445	0.233
20．複数ソフト	**−0.477**	0.142	0.228
21．ワープロ記憶	−0.236	−0.043	0.351
22．ワープロ興味	−0.334	0.211	−0.117
23．ワープロ役立	−0.316	0.285	−0.015
24．ハード	**−0.624**	0.128	0.109
25．ソフト	**−0.642**	0.151	0.091
26．文書語句	**−0.503**	0.073	0.259
27．用紙規格	−0.194	0.153	**0.464**
28．OS	−0.195	0.108	**0.563**
29．コンピュータ基礎	−0.206	0.123	**0.564**
30．論理回路	0.146	0.317	**0.639**
31．興味	0.124	0.326	**0.672**
32．マニュアル理解	−0.317	0.212	**0.532**
33．メール送受信注意	−0.145	0.074	**0.518**
34．個人情報	−0.105	0.173	0.239
35．プライバシー	−0.087	0.000	0.364
36．作業姿勢	**−0.527**	−0.304	0.405
37．ワープロ作業時間	**−0.643**	0.025	0.269
38．体調	**−0.596**	0.003	0.193
39．コンピュータ作業時間	**−0.761**	0.002	0.191
40．ワープロと思考	**−0.454**	0.318	0.221
41．文書入力	−0.331	0.401	0.388
42．コンピュータ興味	−0.031	0.222	**0.721**
43．容易	−0.220	0.209	**0.633**
44．道具として活用	−0.407	0.005	**0.482**
45．用紙の確実な処分	−0.325	−0.135	0.186
46．人間とコンピュータ	−0.229	0.185	0.185
47．保管	−0.375	0.246	0.408
48．情報判断	−0.436	0.243	0.341
49．コンピュータと思考	−0.405	0.294	0.201
50．コンピュータ活用	−0.305	0.369	0.236

表X-5　韓国の工業高校生の情報教育のイメージに関する結果

固有値表：回転後（バリマックス法）

因子No.	二乗和	寄与率	累積寄与率（％）
1	7.674	15.347	15.347
2	6.889	13.779	29.126
3	5.580	11.159	40.285

	因子No.1	因子No.2	因子No.3
1. 初期化	**−0.563**	0.047	−0.218
2. ファイル管理	**−0.665**	0.036	−0.143
3. 入力	**−0.793**	0.158	0.156
4. 全入力	**−0.814**	0.105	0.185
5. 部首検索	**−0.522**	0.135	−0.113
6. 入力速度	**−0.558**	0.205	−0.095
7. 正確入力	**−0.485**	0.124	−0.253
8. マウス操作	**−0.743**	0.134	0.025
9. プリンタ操作	**−0.620**	0.215	−0.227
10. 文章表現	**−0.774**	0.024	−0.156
11. 書式設定	**−0.703**	0.022	−0.275
12. 基本関数	−0.324	0.032	−0.443
13. 帳票作成	**−0.601**	0.079	−0.415
14. 統計関数	−0.320	0.112	**−0.570**
15. 検索等	**−0.484**	0.261	−0.455
16. プレゼン	−0.311	0.259	**−0.528**
17. HP作成	−0.266	0.215	**−0.568**
18. HP表現	−0.282	0.107	**−0.566**
19. インストール	**−0.556**	0.156	−0.188
20. 複数ソフト	**−0.504**	0.197	−0.387
21. ワープロ記憶	−0.057	0.367	−0.242
22. ワープロ興味	0.059	0.449	−0.276
23. ワープロ役立	−0.013	0.327	−0.169
24. ハード	−0.010	0.362	**−0.612**
25. ソフト	0.056	0.315	**−0.649**
26. 文書語句	−0.299	0.279	**−0.497**
27. 用紙規格	−0.372	0.276	−0.419
28. OS	0.004	0.215	**−0.571**
29. コンピュータ基礎	−0.277	0.360	**−0.516**
30. 論理回路	−0.033	0.366	**−0.610**
31. 興味	−0.292	0.392	−0.312
32. マニュアル理解	−0.288	0.437	−0.350
33. メール送受信注意	−0.215	**0.548**	−0.265
34. 個人情報	−0.264	**0.517**	−0.186
35. プライバシー	−0.297	**0.525**	−0.158
36. 作業姿勢	0.098	**0.558**	−0.130
37. ワープロ作業時間	−0.065	**0.562**	−0.233
38. 体調	−0.142	0.429	0.079
39. コンピュータ作業時間	−0.021	**0.619**	−0.091
40. ワープロと思考	0.053	**0.590**	−0.131
41. 文書入力	−0.113	**0.548**	−0.170
42. コンピュータ興味	−0.185	**0.508**	−0.158
43. 容易	−0.292	0.446	−0.310
44. 道具として活用	−0.271	0.477	−0.265
45. 用紙の確実な処分	0.124	0.425	−0.330
46. 人間とコンピュータ	−0.244	0.382	−0.066
47. 保管	−0.178	**0.541**	−0.151
48. 情報判断	−0.218	**0.545**	−0.179
49. コンピュータと思考	−0.122	**0.598**	−0.090
50. コンピュータ活用	−0.247	**0.556**	−0.116

表X-6 中国の工業高校生の情報教育のイメージに関する結果

固有値表：回転後（バリマックス法）

因子No.	二乗和	寄与率	累積寄与率（％）
1	11.040	22.080	22.080
2	6.750	13.500	35.580
3	6.680	13.360	48.940

	因子No.1	因子No.2	因子No.3
1．初期化	**0.821**	0.187	0.008
2．ファイル管理	**0.723**	0.249	0.113
3．入力	0.364	0.336	0.192
4．全入力	**0.567**	0.140	0.127
5．部首検索	0.441	0.405	0.189
6．入力速度	**0.619**	0.193	0.163
7．正確入力	**0.625**	0.292	0.282
8．マウス操作	**0.642**	0.137	0.113
9．プリンタ操作	0.444	**0.453**	0.136
10．文章表現	**0.546**	0.110	0.268
11．書式設定	0.419	0.206	**0.494**
12．基本関数	0.194	0.101	**0.724**
13．帳票作成	0.301	0.170	**0.626**
14．統計関数	0.017	0.315	**0.597**
15．検索等	−0.016	0.354	**0.776**
16．プレゼン	−0.012	0.373	**0.684**
17．HP作成	0.127	−0.120	**0.626**
18．HP表現	0.182	−0.038	**0.629**
19．インストール	0.416	0.257	**0.424**
20．複数ソフト	0.004	0.443	**0.677**
21．ワープロ記憶	0.472	**0.653**	0.173
22．ワープロ興味	0.331	**0.714**	0.163
23．ワープロ役立	**0.490**	**0.632**	0.107
24．ハード	0.040	**0.867**	0.181
25．ソフト	0.080	**0.836**	0.223
26．文書語句	0.326	**0.498**	0.421
27．用紙規格	0.329	**0.452**	0.168
28．OS	0.114	**0.477**	0.141
29．コンピュータ基礎	0.323	**0.471**	0.316
30．論理回路	0.178	0.223	0.381
31．興味	0.417	0.028	0.160
32．マニュアル理解	**0.569**	0.167	0.231
33．メール送受信注意	**0.679**	0.222	0.143
34．個人情報	**0.684**	0.237	0.122
35．プライバシー	**0.726**	0.247	0.027
36．作業姿勢	0.339	**0.551**	−0.027
37．ワープロ作業時間	0.427	0.410	0.029
38．体調	**0.599**	0.405	0.065
39．コンピュータ作業時間	**0.547**	0.373	0.106
40．ワープロと思考	0.441	**0.497**	0.132
41．文書入力	0.416	0.154	**0.452**
42．コンピュータ興味	**0.499**	0.043	**0.527**
43．容易	0.376	0.159	**0.502**
44．道具として活用	0.423	0.029	**0.615**
45．用紙の確実な処分	**0.594**	0.366	0.029
46．人間とコンピュータ	**0.519**	0.323	0.150
47．保管	**0.671**	0.050	0.262
48．情報判断	**0.651**	0.040	0.405
49．コンピュータと思考	**0.634**	−0.011	0.343
50．コンピュータ活用	**0.548**	0.158	0.318

業時間の留意」「体調管理」等で構成され，HPの表現処理に関する精神運動的領域の因子とPC活用のモラルに関する情意的領域と認知的領域の因子と解釈される。そこで本因子を「PC活用のモラルと技能」因子と命名した。

　第2因子は主に「各種入力方法」「文字入力」「書式設定」等で構成され，文書作成などの表現処理に関する精神運動的領域の因子と解釈される。そこで本因子を「表現処理技能」因子と命名した。第3因子は主に「コンピュータの基礎」「論理回路」「PCの興味」等で構成され，コンピュータ活用の基礎事項に関する精神運動と情意的領域の因子と解釈される。そこで本因子を「PC活用の基礎的な知識と興味」因子と命名した。因子寄与率は，第1因子23.4％，第2因子19.2％，第3因子15.8％である。

　韓国の工業高校生は，第1因子は主に「各種入力方法」「文字入力」「書式設定」等で構成され，文書作成などの表現処理に関する精神運動的領域の因子と解釈される。そこで本因子を「表現処理技能」因子と命名した。第2因子は主に，「個人情報」「コンピュータ作業時間の留意」「作業姿勢への留意」等で構成され，ICTの適切な活用に関する認知と情意的領域とVDT作業時の健康配慮に関する情意的領域の因子と解釈される。そこで本因子を「ICTの適切な活用法とVDT作業時の健康配慮に関する態度」の因子と命名した。第3因子は主に，「HP作成」「HP表現」「ハード」等で構成され，HPの表現処理や知識に関する認知的領域の因子と解釈される。そこで本因子を「HPに関する表現処理知識」因子と命名した。因子寄与率は，第1因子15.4％，第2因子13.8％，第3因子11.2％である。

　中国の工業高校生は，第1因子は主に，「個人情報」「コンピュータ作業時間の留意」「作業姿勢への留意」等で構成され，ICTの適切な活用に関する認知と情意的領域とVDT作業時の健康配慮に関する情意的領域の因子と解釈される。そこで本因子を「ICTの適切な活用法とVDT作業時の健康配慮に関する態度」の因子と命名した。第2因子は主に「ワープロ興味」「ハード」「ソフト」「コンピュータ基礎」等で構成され，文書作成やコンピュータ活用

の基礎的事項に関する精神運動的領域と認知的領域の因子と解釈される。そこで本因子を「PC活用の基礎的な知識と技能」因子と命名した。第3因子は主に，「基本関数」「検索」「HP作成」「HP表現」等で構成され，費用計算の活用やHPの表現処理や知識に関する精神運動的領域と認知的領域の因子と解釈される。そこで本因子を「計算処理技能とHPに関する表現処理知識」因子と命名した。因子寄与率は，第1因子22.1%，第2因子13.5%，第3因子13.4%である。

10.3.4 考　察

以上，学習者である工業高校生の情報教育の認知度とブルーム評価理論のタキソノミーを用いたカリキュラム・イメージ調査を実施し，そこから情報教育のカリキュラム評価を試みた。日本・韓国・中国の工業高校生の因子項目をそれぞれまとめたものを表X-7に示す。

表X-7に整理したように，日本の工業高校生は興味や参画態度などの情意的領域とPCに関する基礎的知識といった認知的領域や，PC活用のモラルや技能などの精神運動的領域を重視している。韓国の工業高校生は表現処理技能といった精神運動的領域が第1因子として見られ，第2，第3因子を併せると3観点の内容の因子が認められる。このことは，情報教育の授業に対する充実した内容の教授という生徒のイメージが窺えた。中国の工業高校生はICT活用とVDT作業時の健康配慮といった認知的領域や情意的領域

表X-7　日本・韓国・中国の工業高校生の情報教育イメージの因子群

	日本の工業高校生	韓国の工業高校生	中国の工業高校生
第1因子	PC活用のモラルと技能	表現処理技能	ICTの適切な活用法とVDT作業時の健康配慮に関する態度
第2因子	表現処理技能	ICTの適切な活用法とVDT作業時の健康配慮に関する態度	PC活用の基礎的な知識と技能
第3因子	PC活用の基礎的知識や態度と興味	HPに関する表現処理知識	計算処理技能とHPに関する表現処理知識

を第1因子として，以下主に技能を主とする精神運動的領域の内容の因子が認められる。

これらの結果は，日本・韓国・中国の工業高校生の情報教育に対するカリキュラム・イメージが，特に技能を主とする精神運動的領域のみを重視するのではないことが明らかになった。3カ国の工業高校生はいずれも，知識・理解といった認知的領域や関心・意欲・態度といった情意的領域のそれぞれの領域にある内容，すなわち情報教育の評価の観点で言う「知識・理解」「関心・意欲・態度」「技能」「思考・判断・表現」の4つを情報教育の学習内容というイメージである。つまり，工業高校では，いずれの国も情報教育のカリキュラム・イメージについても，学習者は，情報教育の目標である情報活用能力の習得に向けて，適切に動機付けられていると考えられる。

10.4 まとめ

第10章では，日本・韓国・中国の工業高校生の情報教育に関する3観点の意欲，ICTと職業の関係，必修用語認知度とイメージを検討した。その結果，職業については，中国の工業高校生がICTを職業に生かす優位性があるものの，その他は3カ国共にICTと職業についての有意差がなく，特別な意識が無いことが判った。情報教育の3観点では，日本が「情報の科学的な理解」については中国が有意に高いものの，中学校や普通高校同様に，3カ国の中で有意に意欲が高いことがわかった。

一方，情報教育のイメージでは，韓国がやや優位性があるものの，特別な認知度に関する開きやイメージの違いは認められなかった。

こられのことから我が国の今後の情報教育に対しては，工業高校のカリキュラムについては目標に沿った一定の水準があり，これは韓国や中国も同様の水準にあると考えられる。このことは，第8章と第9章で考察されたように普通高校の認知度やイメージ調査での「日本の情報教育の目標内容から

抽出した調査の結果，情報関連用語の認知度が最も低く情報の科学的な理解の志向性が低い」という結果と対照的なことであり，普通高校のカリキュラム及び，体系性に課題が見られることが明らかになった。したがって，中学校や普通高校の学習者に対しては，情報教育固有の目標である「情報活用能力」の習得に向け，学習者に対して情報教育の意味付けを行い，より目標を持った動機付けの重要性を指摘する。

以上，第8～10章では，第1章で述べた課題2（研究3）に対処した。具体的には，情報教育のカリキュラム内容に共通性のある諸外国を比較対象として取り上げた。第8章では日本・韓国・中国・インドネシア・スロベニアの普通中高生の情報教育の意欲と認知度に関する国際比較を検討，第9章では第8章の国と普通中高生に対する情報教育のカリキュラム・イメージに関する国際比較を検討し，第10章では職業教育について，日本・韓国・中国の工業高校生の情報教育の内容に関する国際比較を検討した。

その結果，第8章では，日本の情報教育は韓国・中国・インドネシア・スロベニアに比べて情報関連用語に対する適切な知識・理解を達成できていないものの情報教育の目標である「情報活用能力」に向けての意欲が高い状況であることが明らかとなった。このことから，小・中・高校の各学校段階において，適切に「情報の科学的な理解」に関する基礎・基本的な知識の習得の積み重ねを踏まえた情報教育の意義や意味をしっかりと意識させていくことが必要と考えられる。そのためには，長期的には小・中・高校における情報教育の配当時間の増加やカリキュラムの体系化が必要である。その一方で，短期的には，情報教育における中・高校間の学習内容の連携，生徒の意欲と基礎力を高める効果的な教授法の開発が求められる。

また，第9章では，韓国・中国・インドネシア・スロベニアの中高生はカリキュラムに沿った内容の学習段階のイメージを持っているのに対し，日本の中高生は情報教育に関するイメージが認知的領域や情意的領域において初期段階のレベルで留まっており，精神運動的領域に該当する技能習得に偏っ

ていることが明らかになった。このようにカリキュラムの体系性に課題の見られる今後の日本の情報教育は，学習者に対しては，情報教育の目標である情報活用能力の習得に向け，生徒に学習の意味付けを行い，動機付けることの重要性を指摘できる。

　さらに第10章では，専門高校（工業高校生）に対象とした検討を行った結果，情報必修用語認知度は工業高校では各国共に理解度に差がないことが明らかとなった。また，イメージ調査でも，各国の工業高校生は我が国のカリキュラム及び，専門高校としての各国の職業教育の目標に沿った学習のイメージを持っていることが明らかになった。その上，我が国の工業高校では，ICTと職業に対する意識や情報活用能力の3観点についての学習意欲が，有意に高い傾向が見られた。これは，工業高校のカリキュラムが，より専門的な学習内容を系統的に含み，なおかつ，情報教育を学ぶ意義を適切に動機づけることができるため，基礎的・基本的な知識を十分に習得することが可能であったためと考えられる。その意味においては，普通高校でも，工業高校の持つ知識やイメージに近づくために，共通教科「情報」の導入段階では，情報教育の目標である情報活用能力の習得に向け，生徒に学習の意味づけを行い，適切に動機付けることが大切と考えられる。

　以上のことから，今後の日本の情報教育について，情報教育固有の目標である「情報活用能力」の習得に向け，学習者に対して情報教育の意味付けを行い，動機付けることの重要性を指摘する。また，情報教育の内容全般に言えることとして，教育内容が科学的要素よりスキル要素に，情報必須用語調査でも「情報の科学的な理解」より「情報社会に参画する態度」を重視する傾向がある。また，カリキュラム内容が，情意領域の価値・適応，認知領域の応用，精神運動領域の創造への学習段階まで達成しているとは言えず，学年段階に応じた内容の吟味が必要である。

　これらの知見より，前述した課題2（研究3）へは概ね対応することができたと考えられる。そこで第11章ではこれまで第2章から第10章までの成立期

と展開期の中高生及び，普通高校生と専門高校生について，社会の変化を踏まえながら，情報教育のカリキュラムに対するイメージの変遷と学習者の評価について時系列的かつ総合的に検討する。

第11章　総合的考察

11.1　目　　的

　第1章（緒論）で述べた通り，教科教育におけるカリキュラムの体系化にあたっては，教科の成立に関わる社会的状況，育成すべき資質・能力等の目標論，学習者である児童・生徒の学習状況といった観点から継続的な検討を進め，カリキュラムを改善・開発していく営みが求められる[3]。特に，カリキュラム構成が社会的状況に伴い，めまぐるしく変化する性格を持つ情報教育では，この様なカリキュラムの開発・改善・評価のサイクルを適切に実施することが重要であると考えられる。

　このことについて本研究では，我が国における情報教育の成立・展開過程を以下の区分に分けて検討した。すなわち，1960年代から1985年以前の専門高校における情報処理関係の教育の開始と情報活用能力の定義されていない『黎明期』，情報活用能力の概念を定義し，学習指導要領上にその位置づけを明示した1985年から，教科「情報」が設置される2003年までの『成立期』，そして2003年以降，教科「情報」が学習指導要領の改訂と同時に，2013年に共通教科「情報」として変更され[8],[11]，現在に至る過程の『展開期』の3つの時期である。これらの区分に対して，第2章〜第4章では成立期，第5章〜第7章では展開期における情報教育のカリキュラム・イメージを検討した。そして，第8章〜第10章では展開期における我が国と諸外国の情報教育の比較検討を行った。

　本章では本研究の総括として，以上の各章で得られた知見を関連づけ，学習者の情報教育に対するカリキュラム・イメージについて，成立期から展開

期に至る学習者からみた時系列的な変遷の検討し，今後の情報教育のあり方について考察する。

11.2 専門高校（工業）におけるカリキュラム・イメージ因子の時系列的な変遷

まず専門高校（工業）における情報教育のカリキュラム・イメージの変遷を，図XI-1に示す。

11.2.1 成立期

情報教育の成立期（成立期Ⅱ）にあたる1995年の調査では，文書作成技能の熟練（第1因子），情報管理と責任（第2因子），文書作成の興味や学習の心構え（第3因子）という因子が抽出され，生徒が情報教育のカリキュラムに対して『コンピュータソフトを使いこなすための学習及び，実践』のイメージを持っていることがわかる。続いて，1997年の調査では，情報を管理する責任（第1

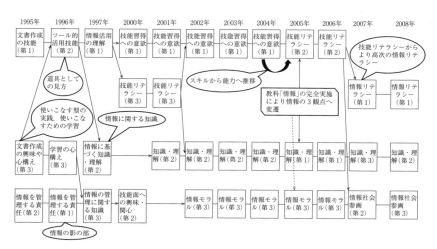

図XI-1 専門高校（工業）におけるカリキュラム・イメージ因子の時系列的な変遷

因子），ツール的な活用技能（第2因子），学習の心構え（第3因子）が，1999年の調査では，情報活用の理解（第1因子），情報に関する知識・理解（第2因子），情報の管理に関する知識（第3因子）という因子が抽出されている。これは生徒の情報教育に対するカリキュラムに対するイメージが『情報の陰の部分の認識とコンピュータソフトをツール（道具）として見ることへの理解と実践』へと変遷していることを示している。

前述したように，成立期の専門高校では，工業科では「情報技術基礎」が，商業科では「情報処理」等が設定され，情報教育の内容が，中学・高校の各教科・科目に広く分散配置される形態によって，情報活用能力の育成を図ろうとした。これらの改訂の経緯と照らし合わせると，情報活用の理解や知識，あるいは情報の管理の因子が継続して出ていることから，当時の専門高校生の捉える情報教育のカリキュラム・イメージが学習指導要領に即した情報教育の目的に沿った内容と合致していることが示唆された。

11.2.2　展 開 期

次に展開期の専門高校における因子の変遷をみる。その結果，2000年から2004年の調査では，技能習得への意欲（第1因子），情報に関する知識・理解（第2因子），情報モラル（第3因子）という因子が抽出され，生徒の情報教育のカリキュラムに対して『ツール的活用から技能リテラシーへ，学習の心構えや情報を管理する責任や知識が情報モラルへ，続いて知識・理解を得る』というイメージを持っていることがわかる。

続いて2005年，2006年は，情報に関する知識・理解（第1因子），技能リテラシー（第2因子），情報モラル（第3因子）という因子が抽出された。また，2007年，2011年は，情報に関する知識・理解（第1因子），情報技能と管理（第2因子），情報社会参画（第3因子）という因子が抽出された。これは生徒が情報教育のカリキュラムに対して，『知識・理解を踏まえた意欲から技能』，『情報モラルから情報社会参画態度』へとそれぞれより高次に高められた認識の

イメージを形成していると解釈される。

2000年以降の専門高校では，普通高校同様に教科「情報」から2013年に共通教科「情報」へと変遷し，「システム設計」「共通分野」「マルチメディア分野」の3分野は改訂後も変わらないが，科目変更として「情報と問題解決」，「情報テクノロジー」，「データベース」及び，「情報メディア」の4科目を新設，「情報実習」「モデル化とシミュレーション」の2科目を削除した。この改訂と照らし合わせると，この時期の専門高校生の捉える情報教育のカリキュラム・イメージも，成立期と同様に学習指導要領に即した情報教育の目的に沿った内容と合致していると考えられる。

以上の結果から，専門高校における情報教育では，導入期から成立期にかけて，各々の時期に施行されていた学習指導要領に示された情報教育の目標・内容に即したカリキュラム・イメージを生徒が形成していることが示唆された。これは，専門高校の教員の授業実践がそれぞれの時期の学習指導要領に示されていた内容・方法を適切に実践していたことによるものではないかと考えられる。

11.3 中学校及び普通高校におけるカリキュラム・イメージ因子の時系列的な変遷

次に，中学校及び，普通高校におけるカリキュラム・イメージ因子の時系列的な変遷を整理した。カリキュラム・イメージ因子の変遷について，中学校の因子の変遷を図XI-2に，普通高校の因子の変遷を図XI-3に，それぞれ示す。

11.3.1 成立期

この2つの図（図XI-2，図XI-3）から中学生及び，普通高校生のイメージについての時系列因子は，極めて類似している。そこで，ここでは中学生及び，

第 11 章　215

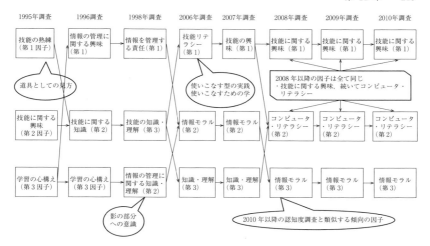

図Ⅺ-2　中学校におけるカリキュラム・イメージ因子の時系列的な変遷

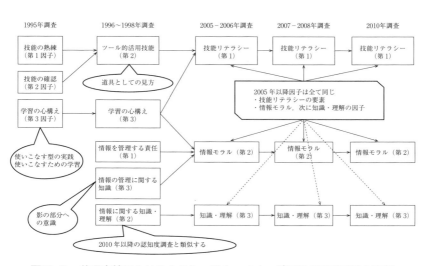

図Ⅺ-3　普通高校におけるカリキュラム・イメージ因子の時系列的な変遷

普通高校生について両時系列の因子について俯瞰する。

まず，情報教育成立期にあたる1995年の調査では，中学生及び，普通高生共に，技能の熟練（第1因子），技能の確認（第2因子），学習の心構え（第3因子）という因子が抽出された。このことから，この時期の生徒は，情報教育のカリキュラムに対して『コンピュータを使いこなすための学習及び，実践』というイメージを持っていることがわかる。

続いて，1996～1998年の3年間の調査では，中学生及び，普通高校生いずれも情報を管理する責任（第1因子），ツール的活用技能（第2因子），情報の管理及び，その知識（第3因子）が抽出された。このことから，生徒の情報教育のカリキュラム・イメージは，この時期に『情報の陰の部分の認識とコンピュータを道具として理解し，情報に関する知識を深めるための実践』へと変遷していると考えられる。

この時期は，1986年に4要素からなる「情報活用能力」の概念が提唱され，この考え方に基づいて1989年に学習指導要領の全面的改訂により中学校技術・家庭科技術分野に「情報基礎」領域が新設されたカリキュラムが実施されていた時期である。これらの改訂と照らし合わせると，学習者の抱くカリキュラム・イメージ因子には，「情報活用能力」の4要素のうち，「情報の判断・選択・整理・処理能力」と「情報の重要性の認識，情報に対する責任感」に該当する因子は認められるものの，「情報科学の基礎及び，情報手段（特にコンピュータ）の特徴の理解，基本的な操作力の習得」については，コンピュータ活用から道具としての利用や理解に留められ，「情報科学の基礎」に該当する因子は認められない。「情報化社会の特質，情報化の社会や人間に対する影響」に該当する因子も明確なものは抽出されていない。このことから，この時期の情報教育において学習者は，当時の情報活用能力の4観点に即したカリキュラム・イメージを適切に形成しえていないことが示唆された。言い換えれば，この時期の情報教育では，情報教育の理念を支えた情報活用能力の考え方に即した授業実践が必ずしも展開されていなかった可能性

が指摘できる。

11.3.2　展　開　期

次に展開期のカリキュラム・イメージ因子として2005年から2010年の6年間の推移を検討する。その結果，2005年の調査では中高生共に，第1因子は『技能リテラシー』，第2因子は中学校では『コンピュータ・リテラシー』，普通高校では『情報モラル』，第3因子は中学校では『情報モラル』，普通高校では『情報に関する知識・理解』が抽出された。

このように，この時期の生徒の情報教育に対するカリキュラム・イメージは，いずれも『ツール的活用』から『技能リテラシー』へ，『学習の心構え』が『情報モラル』へ，『情報を管理する責任や知識』が『情報に関する知識・理解を得る』とそれぞれ変遷している。

しかし，それ以降の2007年から2010年の推移を見ると，いずれの因子も2005年調査で抽出された因子が継続して抽出され，生徒の情報教育に対するカリキュラム・イメージが安定していることがわかる。

この時期は，1998年以降，中学校では技術・家庭科で「情報とコンピュータ」が必修化，普通高校では教科「情報」が新設され，広く学校現場において体系的な情報教育が実施された時期である。この中で，学校現場では，情報活用能力（「情報活用の実践力」，「情報の科学的な理解」，「情報社会に参画する態度」の3観点）を育成する情報教育と学習ツールとしてのICT活用の概念が明確化された。しかしながら，これらの改訂と照らし合わせると，この時期の学習者は，情報教育の中で技能リテラシーを重要な要素として考え，それに必要な知識・理解や情報モラルを習得するところにカリキュラム・イメージが留められていると言わざるを得ない。言い換えれば，展開期に至っても，成立期と同様に情報教育の実践は，必ずしも学習指導要領の改訂や情報活用能力の概念に沿っていなかったことが指摘できる。このような普通教育における情報教育の実態は，学習指導要領改訂による学習内容の変化よりも

むしろ，社会的な背景（時代の流れ：パソコンやスマートフォンの中高生への浸透）に準じて，メディアの活用や注意点などのトピックが取り上げられやすい傾向によるものと考えられる。この意味において普通教育における情報教育は，学習指導要領の考え方よりも，社会的背景としてのメディア等情報化の急速な進展という時代の流れに強く影響されやすい性格を有していたものと考えられる。

11.4 我が国における情報教育の課題と展望

以上，中学生及び，普通高校生，専門高校生の持つ情報教育に対するカリキュラム・イメージを1995年から現在に至るまでを時系列的に整理した。その結果，専門高校の情報教育は，成立期から展開期にかけて，それぞれの時期に施行されていた学習指導要領に示された情報教育の目標・内容に即したカリキュラム・イメージが形成されていることが示された。一方，中学校及び，普通高校では情報教育の指導目標に即した授業が必ずしも展開されておらず，成立期に至っても学習指導要領の考え方より，むしろメディア等情報化の急速な進展という時代の流れに強く影響されやすい性格を有していることが明らかになった。これらの結果から次の2点を考察する。

第一に，情報教育の学習指導上の意義が専門教育と普通教育で異なっている点について考察する。言うまでもなく，専門教育と普通教育との大きな違いは，特定の産業分野への入職を前提に，スペシャリスト育成を目標としているか，否かという点にある。専門高校のうち，特に工業高校では，生徒が明確に卒業後工業関係の職に就くという職業意識を持って学習に挑んでいる。そして，指導する教員側も，その目的達成の方向性で学習指導要領を参考にしながら指導法を検討することが出来る。この教員意識の理由として考えられることは，但馬文昭（1996年）[107]や伊藤一雄（2001年）[108]あるいは全国工業高等学校長協会（1985年以降）[109]の調査によると，工業高校教員の7割以

上は工学部出身であり，学部改組された理工学部や電子工学部などの出身者2割を合わせると9割以上であった。つまり，工業高校の教員は，情報に関する専門的な内容を自身の専門科目として学んでおり，なおかつ設備等の活用法も専門的な教育を受けていると推察できる。これらのことが，カリキュラムの意図する意味と生徒に対する職業指導の充実，教員が教材及び，各種メディア等をより良く活用し，より適切な教授活動になったと考えられる。一方，中学校及び，普通高校では，生徒は卒業後の進路に様々な方向性があるため，特定の産業分野に必要な職能との関連性に基づく学習指導は行われにくい。したがって教員側は，卒業後の進路という観点をあまり意識せずに，生徒の生活に直接的に活かすことを目指した情報教育が展開されやすくなるのではないかと考えられる。

　第二に，中学校及び，普通高校における情報教育が，専門高校における情報教育に比べて，社会の情報化の状況に，強く影響されやすい原因について検討する。まず，中学校では，情報教育は技術科の一部として指導されている。しかし，情報に関する内容は2012年以降の学習指導要領の改訂により，「材料と加工に関する技術」，「エネルギー変換に関する技術」，「生物育成に関する技術」，「情報に関する技術」という4つの学習内容の中の1つとなった。しかも，これら4つの内容に対して授業時間数が中学1・2年生で週平均1時間，中学3年生週平均0.5時間と極めて少ないため，満足な指導を展開することは困難である。

　次に普通高校では，教員の充足，情報の時間数，生徒の履修状況等について課題があると考えられる。日本教育情報化振興会（CEC）の2004年から2015年までの継続調査によると，普通高校における情報科の教員採用数は極めて少なく，2004年以降の採用数は全国で50名以内であり，14都道府県に限られている。この内7都県は，数学や理科など他教科の免許を併せ持つことを要件としている。2002年以降教員の確保として当時文部省は9000人が必要と推計し，数学や理科の教員免許を持つ現職教員に対して認定講習会を開く

ものの全国の合格者は293名に留まり，一方全国の317大学で情報科の教職課程が開講され，学生は免許を取得することができるが，情報科の教員採用数は極めて少なかった。仮に情報の教員を採用するにしても，先述のように，理科あるいは数学の教員免許を持っている必要があり，情報教員としての単独採用は困難である。さらに，教育学部出身の教員の場合では，小・中学校の複数教科に関する単位と併行して高校免許に必要な単位が取得可能であり，工学部等で学ぶ専門科目に比較して情報関係科目数がかなり少ない。そのため，情報に関する専門の内容を充分に学ぶことは難しいと推測される。

もう一つの理由として情報の時間数の問題がある。例えば，教科書の採択率は，情報B,Cの履修率が非常に少ない。理由としては，現在の2単位では満足する指導が出来ないことが考えられ，その結果，情報BとCの主な観点である「情報の科学的な理解」や「情報社会に参画する態度」の育成が不足がちとなる。これらの観点の包括的な育成は，中学校や高等学校の単一学年のみでは困難で有り，段階的な指導が必要である。この時間数の不足を解決する考え方としては，複数の学校段階の体系的なカリキュラムが必要であろう。

こうした「情報の専門教員の不足」と「教科内容を充分に教授する時間数の不足」という問題が，澤田大祐（2008年）[110]による「高等学校における情報科の現状と課題」の中で提唱したこととも関係が深いと考えられる。また，赤堀侃司（1997年）[111]は『「知識を扱う知識」ゆえ，情報科は親学問に該当するものが単純には考えにくく，結果，パソコン操作やインターネット操作を学ぶだけで済ませるということになり易い。その結果，パソコン教育という誤った情報科教育が行われやすい』と指摘している。先に筆者は情報教育の概念を『各教科目標達成ツールとしてのICTを活用することを含まない』ものとして捉えている。しかし，これらの結果から現実には各教科に求められているICT教育としての「情報活用能力」の意識が強い。公教育としての中学校及び，普通高校教育では，情報教育の学習指導要領の示す教科原理とし

ての「情報活用能力」の育成が大切である。こうした背景から，普通教育における情報教育が「情報活用能力」の育成を標榜するものの，その学習指導が，必ずしも体系的なものになりにくかったと考えられる。また，我が国の中学生及び，普通高校生が韓国・中国・インドネシア・スロベニアの生徒に比べ「情報活用能力」に対する習得意欲が高かったことは，今後の改善に向けた重要な起点になろう。

したがって，今後の普通教育における情報教育の方向性としては，教科の専門性，教科の意義，そして体系化を踏まえた上で，社会や生活の中で生じる情報メディアの進展に実際的な対応を図りつつも，それらの内容知や方法知を適切に教科原理である「情報活用能力」の育成という不易なコアの形成へと高め，情報教育の教科原理を明確に示すような教科本来の学習指導方法を工夫していく必要があると考えられる。

第12章 結論及び今後の課題

12.1 本研究で得られた知見の整理

　第1章で述べた通り，本研究の目的は，我が国の初等中等教育における情報教育の成立・展開過程のカリキュラムを，学習者の意識や反応に基づいて評価し，今後の情報教育のあり方について検討することであった。これは，課題1として「情報教育の史的過程に即したカリキュラム評価」，課題2として「国際的な視野に基づく情報教育のカリキュラム評価」という2つの課題に基づいている。そこで，1960年代から現在までに収集した情報教育カリキュラムと評価についての先行研究等を概観し，我が国の情報教育の成立期から展開期にいたるカリキュラム評価の必要性を検討することとした。そこから，この2つの課題について本研究では，以下の3つの研究を抽出した。

　課題1については，2つの研究がある。研究1は，情報教育成立期のカリキュラム評価である。第2章では，学習者のICT環境や経験の差違が大きく異なる時期における情意領域の評価として，当時の評価の観点である「知識・理解」「関心・意欲・態度」に着目しながら学習者の視点から情報教育の検討を試みた。第3章では，情報教育についての学習者の情意領域の評価について，レディネスとの関連性に着目して2章と同じ分析手法により試みた。第4章では，同様の手法によりこれまでの調査項目をより具体的に「ワープロ・リテラシー」と「コンピュータ・リテラシー」，情報教育全体を含めた「情報リテラシー」についての評価を試みた。

　課題1の研究2は，情報教育展開期のカリキュラム評価である。第5章では，中学校及び，普通高校の教育における学習者によるカリキュラム評価を

把握するための分析を試み，第6章では，中学校及び，普通高校について学習者の反応を経時的に把握するため2005～2007年度の分析を試みた。第7章では，職業高校生による情報教育の評価とその経時的変容を2000～2007年度の8年間継続的に分析し，情報教育の方向性を試みた。以上，縦断的な形で「情報教育の史的過程に即したカリキュラム評価」を試みた。

次に，課題2の研究3は，国際的な視野に基づく情報教育のカリキュラム評価である。第8章では，日本・韓国・中国・インドネシア・スロベニアの中学生，普通高校生の情報教育の情報活用能力に対する習得意欲と情報必修用語に関する国際比較を検討した。第9章では，第8章と同様の国での普通中学生，普通高校生に対する情報教育のカリキュラム・イメージに関する国際比較を検討した。第10章では，日本・韓国・中国の専門高校生（工業高校生）に対する，情報教育必修用語の認知度と学習に対するイメージなどについて検討した。

以上，横断的な形で「国際的な視野に基づく情報教育のカリキュラム評価」を試みた。

以下に，各章で得られた知見及び，結論を整理する。

12.1.1　情報教育成立期における学習者の情意面の評価の試み

第2章では，課題1-1（研究1）への対処として，情報教育成立期のカリキュラムに対する中高生の情意領域の評価を探索的に把握した。具体的には，中学校技術・家庭科の「情報基礎」領域で取り上げられている学習内容[13]に，工業科の「情報技術基礎」[80]の内容を加味して整理し，調査票を作成した。次に，評価項目の妥当性をクラスター分析により判断した。そして，標準的な情報教育の履修後の学習者の情意領域の評価を検討するための因子分析を行い，そこから抽出される各因子についてファジィ分析を行い，教師の教授行動と学習者の情意領域の評価を検討した。その結果，当時の情報教育に対する学習者のイメージが「技能の熟練」「技能の確認」「学習の心構え」

であり，操作技能の習得に意識が傾斜すると共に，情報の科学的な理解に関する内容に対しては学習の困難感を形成していたことが示唆された。これは当時の情報教育を担当する教師の指導内容，指導方法に強く影響されていたものと推察された。続く第 3 章では，本章で得られた結果を基礎に，S（学習者自身の情報教育に対する評価），T_1（教師の教科内容に関する専門的な教授行動に関する評価），T_2（教師の一般教授学的な指導及び，授業運営に対する評価）評価票での調査と共に，情報教育履修前のレディネスと履修によるその変容に着目して検討を進めることとした。

12.1.2 情報教育成立期における学習者のレディネスと履修によるイメージの変容

第 3 章では，第 2 章での検討に引き続き，情報教育成立期における中高生の情意領域の評価を，特にレディネスとの関連性に着目して検討した。具体的には，まず情報教育の履修前にレディネス調査を作成した。レディネス調査の内容は，履修前の学習者の情報教育に対するイメージ調査である。履修後は，第 2 章と同様の S, T_1, T_2 評価票を用いて情報教育に対する学習者の評価を行った。その結果，情報教育成立期では，学習者である中高生が社会の情報化の拡大時期にあって「情報の科学的な理解」，情報化社会への不安と期待，ツールとしてのコンピュータ活用，という意識を生活経験の中で形成していた。しかし，これらの意識は，情報教育の履修によってコンピュータ操作技能の習得という一点に傾斜し，当時の情報教育担当教員が中高生の期待や不安を上手く取り上げた指導を展開しきれていなかった様相が推察された。これは，教師の ICT に関する教科指導力と教育的指導の方法や考え方に深く関係していたものと考えられ，情報教育の概念や意味よりも，目の前の情報機器を適切に使いこなせる技能や実践力の育成に傾倒していたことが示唆された。

12.1.3　情報教育成立期における学習者の情報リテラシーの評価

　第4章では，第2章と第3章で明らかになった学習者の状況，すなわち「学習者の情報教育に対する意識は，指導者の教科指導に関する考え方に強く影響し，学習者はPCに対する興味・関心・意欲や操作技能といった情意面が高い」という結果を踏まえ，情報教育の固有の目標である「情報活用能力」の育成に向けた学習の到達度（情報リテラシーの形成度）に着目して検討した。その結果，当時の情報教育のICT活用やコンピュータ・リテラシー教育への傾斜は，「情報活用の実践」と「情報社会に参画する態度」はある程度指導されたものの，「情報の科学的な理解や情報教育の意義」については指導において重視されるに至っていないことが明らかになった。情報教育成立期における教師と学習者の関係として，教師の専門教授学的指導が学習者の判断や知識・理解を促し，一般教授学的指導が学習者の思考及び，興味・関心・態度を促し，その両者があいまって技能習得が図られていた様相が把握された。これらの知見より，前述した課題1-1（研究1）へは概ね対応することができたと考えられる。

12.1.4　情報教育展開期の学習者によるカリキュラム評価

　第5章では，課題1-2（研究2）への対処として，情報教育展開期のカリキュラム評価の把握を試みた。中学校と普通高校の学習者による情報教育のカリキュラム評価に関し，情報に関する必修用語についてその理解度や重視度の把握を試みた。併せて，高等学校ではこれまでの研究課題1で検討した評価内容をさらに，ブルーム（B.S.Bloom）評価理論（taxonomy of educational objectives），すなわちタキソノミーにより再検討し，「精神運動的領域（Psychomotor Domain）」「認知的領域（Cognitive Domain）」「情意的領域（Affective Domain）」の3領域による情報教育のイメージ評価を実施し検討した[101],[102]。その結果，中高生共に情報関連用語に関する認知度については，

PCに関するハードやソフト関係及び，ネットワークに関する知識を重点的に学習する傾向があった。また，普通高校での情報教育の本格化に伴う，学習者の情報教育に対すイメージであるが，「情報活用能力」を目標とする高校教育のカリキュラム内容とは異なって，PCスキルや情報モラルの特定の内容であることが明らかになった。しかしながら，本調査である2005年度の調査から，教科「情報」が導入されている普通高校では，ブルーム評価理論でいう各3領域の初期段階が因子としてあげられ，評価の4観点でいう「理解」「表現」「態度」が不足している。すなわち，教科「情報」の導入段階は，「情報社会に参画する態度」の観点で理解が進むと考えられるが，「情報の科学的な理解」については進み難い可能性が指摘された。

12.1.5 情報教育展開期のカリキュラムにおける学習者の反応の経時的変化

第6章では，第5章の結果を踏まえ，中学校及び，普通高等学校における「情報活用能力」の育成に向けた展開期のカリキュラムの在り方，情報教育のカリキュラム評価と体系化の在り方を3年間継続調査により検討した。その結果，情報教育の認知度について，中高生共にPCスキルや社会のメディアの変容に応じた知識への傾斜であった。また，タキソノミーについて言えば，中高生共にコンピュータ・リテラシー中心で，情報教育の目標である情報リテラシーの充実には至らず，「情報の科学的な理解」については進展が難しいことが明らかになった。このことは，ブルームの教育目標でいう認知的領域の知識・理解段階，精神運動的領域の技能段階，情意的領域の興味・関心・態度段階までは達成していると考えられるが，認知度やイメージ調査で抽出された因子を見る限りにおいて，精神運動的領域の表現，認知的領域の理解と判断，情意的領域の態度の段階までには至っていないことが示唆された。

12.1.6 職業教育における情報教育のカリキュラムに対する学習者の反応の経時的変化

　第7章では，情報教育を普通高校より早くから進めると共に，展開期において専門教科「情報」がスタートしている専門高校に焦点を当て，第6章と同様にブルーム教育評価理論を利用した学習者のカリキュラム評価を8年間経時的に検討した。その結果，専門高校である工業高校は，学習内容が，コンピュータ・リテラシーに偏ることなく，「情報の科学的な理解」について学習する認識が強くなっている。これは，専門高校の指導者が，情報教育の学習内容と職業教育としての情報教育に適切に対応していることが明らかになった。これらの第5章～第7章の知見より，前述した課題1-2（研究2）へは概ね対応することができたと考えられる。

12.1.7 普通教育の情報教育に対する学習者の意識と知識に関する国際比較

　第8章では，課題2（研究3）への対処として，学習者が情報教育に対して抱く「情報活用能力」に対する習得意欲と情報教育に関する認知度を国際的に比較することで，我が国の情報教育のカリキュラム評価を試みた。具体的には，文化的にも情報教育のカリキュラムにも共通性があるものの，社会情勢に差異のある日本・韓国・中国・インドネシアの4か国と，類似の情報教育カリキュラムを持つスロベニアを取り上げ，中学生及び，普通高校生に対し，PC所有の状況，情報教育における情報必修用語の知識，情報教育に対する学習意欲を調査し，比較検討した。その結果，日本の情報教育のカリキュラムは，韓国・中国・インドネシア・スロベニアほど体系的ではないため，「情報の科学的な理解」の習得に向けた動機付けを生徒に適切に持たせることが難しい。そのため，情報関連用語に対する適切な知識・理解を達成できていない状況がある。しかしながら，「情報活用能力」に対する学習意欲の高

いことが把握された。

12.1.8 普通教育の情報教育に対する学習者のカリキュラム・イメージに関する国際比較

第9章では，日本・韓国・中国・インドネシア・スロベニアの普通教育において中学生・普通高校生が抱く情報教育のカリキュラム・イメージを調査し，比較検討した。その結果，これらの国々の中学生・普通高校生はカリキュラムに沿った内容の学習段階のイメージを持っているのに対し，日本の中学生・普通高校生は情報教育に関するイメージが認知的領域や情意的領域において初期段階のレベルで留まっており，精神運動的領域に該当する技能習得に偏っていることが明らかになった。このことから我が国の今後の情報教育に対しては，そのカリキュラムの体系性に課題が見られることを指摘した。その上で，学習者に対しては，情報教育の目標である「情報活用能力」の習得に向け，生徒に学習の意味付けを行い，動機付けることの重要性が指摘された。

12.1.9 専門高校の情報教育に対する学習者の反応に関する国際比較

第10章では，日本・韓国・中国の職業高校である工業高校の情報教育に関し，ICTと職業との関係や情報活用能力に対する習得意欲についての基本調査及び，情報教育に関する理解度とイメージを調査し，カリキュラム内容について学習者の反応に関する国際比較を実施した。その結果，情報必修用語の認知度は各国共に理解度に差がなく，3観点の意欲は我が国が普通高校同様に，3観点についての学習意欲が有意に高い傾向にあることが明らかとなった。また，イメージ調査でも，各国の工業高校生は我が国のカリキュラム及び，専門高校としての各国の職業教育の目標に沿った学習のイメージを持っていることが明らかになった。

これは，工業高校のカリキュラムが，より専門的な学習内容を系統的に含

み，なおかつ，情報教育を学ぶ意義を適切に動機づけることができるため，基礎的・基本的な知識を十分に習得することが可能であったためと考えられる。その意味においては，普通高校でも，工業高校の持つ知識やイメージに近づくために，2013年に改訂された共通教科「情報」の導入段階では，情報教育の目標である「情報活用能力」の習得に向け，生徒に学習の意味づけを行い，適切に動機付けることが大切と考えられる。これらの知見より，前述した課題2（研究3）へは概ね対応することができたと考えられる。

12.1.10 総合的考察

第11章では，第2章～第4章の成立期と第5章～第7章の展開期の我が国の情報教育に対するカリキュラム・イメージと，第8章～第10章の展開期における我が国と諸外国の情報教育との比較検討を踏まえ，カリキュラムの時系列的な展開に対して，学習者がそれぞれの時期に抱いていたカリキュラム・イメージを対応づけ，各時期の情報教育カリキュラムの特徴を時系列的に把握した。その結果，①専門高校では，成立期・展開期共にそれぞれの時期に施行されていた学習指導要領に示された情報教育の目標・内容に即したイメージが学習者に形成されていた。②中学校及び，普通高校では，それぞれの時期に施行されていた学習指導要領に示された情報教育の目標・内容よりも，社会の情報化の進展に伴うトピックの変遷に強く影響されている，ということが明らかとなった。

　これらの知見から得られた情報教育のカリキュラム評価とブルーム評価理論のタキソノミーについて，それらの関係を図示すると，図Ⅻ-1のようになる。

12.2　結　論

　本研究は，1995年以降2014年の約20年にわたる継続的な調査・研究を通し

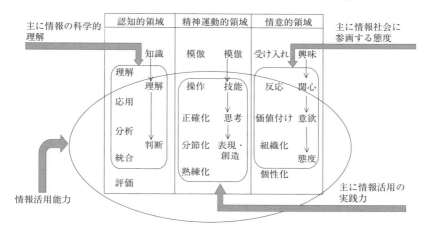

図XII-1　情報教育の目標とブルーム評価理論との関係

て，情報教育のカリキュラム研究について学習者の意識や反応に基づいて検討したものである。これは，我が国の教育体制が学習指導要領を基準とした教育体制でありながら，当時の急速な情報化社会の進出という時代背景に特に強い影響を受け，またカリキュラム開発や実践に関する国際比較研究が非常に少ないこと，そして，情報教育について未だ「未履修問題」や「教員採用問題」について不透明なことが多いことも研究動機としてあげられる。そこでこのカリキュラムと国際比較研究の僅少さを踏まえ，情報教育のカリキュラムを不易な視点及び，国際的な視点から評価し，改善していくことの重要性が指摘できると考えた。この問題へのアプローチには様々な方法論があり得るが，その一つとして，学習者の視点からカリキュラムを把握する方法が考えられる。これは学習者に自らの情報教育での学習経験を振り返らせ，自己の人生における情報教育の果たした役割を捉えさせる方法であり，時代や社会の状況とその中に生きる個々の生徒との相対的な関係性の中で情報教育のカリキュラムの価値を見いだせるものと考えられ，学習者の視点から見たカリキュラムのイメージを研究するというアプローチといえよう。

本研究は，縦断的には1995年から現代までを黎明期・成立期・展開期を通した情報教育カリキュラムの時系列的変遷の中で，中高生である学習者の意識・意欲・知識やイメージを調査・検討し，横断的には2003年以降の展開期における日本・韓国・中国・インドネシア・スロベニアの国際比較研究を実施し，学習者の意識分析に基づく，今後の我が国の情報教育の在り方について検討したものである。

その結果，

① 成立期の情報教育では，操作技能の習得に意識が傾斜すると共に，「情報の科学的な理解」に関する内容に対しては学習の困難感を形成していたことが明らかになった。

② 展開期の情報教育では，学習者の情報教育に対するイメージとして，「情報活用能力」を目標とする高校教育のカリキュラム内容とは異なり，PCスキルや情報モラルの特定の内容であることが明らかになった。

③ 職業教育（専門高校）の情報教育では，学習内容が，コンピュータ・リテラシーに偏ることなく，情報の科学的な理解について学習する認識が強く，職業教育としての情報教育に適切に対応していることが明らかになった。

④ 日本・韓国・中国・インドネシア・スロベニアの中学校・普通高校の国際比較では，日本の情報教育は，調査対象の諸外国に比べて，「情報の科学的な理解」の習得に向けた動機付けを生徒に適切に持たすことができておらず，結果として，情報関連用語に対する適切な知識・理解を達成できていない状況が把握された。情報教育に関するイメージが認知的領域や情意的領域において初期段階のレベルで留まっており，精神運動的領域に該当する技能習得に偏っていることが明らかになった。

⑤ 日本・韓国・中国の工業高校の国際比較では，情報必修用語の認知度

は，各国共に理解度に差がなかった。また，イメージ調査でも，専門高校としての各国の職業教育の目標に沿った学習のイメージを持っていることが明らかになった。

以上，5つの結果が導き出された。この研究の流れと成果の関連について図XII-2に示す。

これらの結果より，『専門高校では，成立期・展開期共に各時期に施行されていた学習指導要領に示された情報教育の目標・内容に即したイメージが学習者に形成されていた』『中学校及び，普通高校では，各時期に施行されていた学習指導要領に示された情報教育の目標・内容よりも，社会の情報化の進展に伴うトピックの変遷に強く影響されていた』という2つの結論に達することとなった。

12.3　今後の情報教育カリキュラムへの示唆

本研究で得られた知見に基づいて，我が国の初等中等教育における情報教育の成立・展開過程のカリキュラムを，学習者の意識や反応に基づいて評価し，今後の情報教育の在り方を検討した。その場合，縦断的な視点である情報教育の時系列的な観点と，横断的な視点である2003年以降の情報教育における国際比較の観点から先の2つの結論が導かれた。

ここでは，この2つの結論を踏まえると，今後の情報教育カリキュラムへの示唆について，以下の3点を考察することができる。

① 成立期の情報教育では，操作技能の習得に意識が傾斜すると共に，「情報の科学的な理解」に関する内容に対しては学習の困難感を形成していたことが明らかになった。これらの意識は，情報教育の履修によってコンピュータ操作技能の習得という一点に傾斜し，当時の情報教育担当教員が中高生の期待や不安を上手く取り上げた指導を展開しきれ

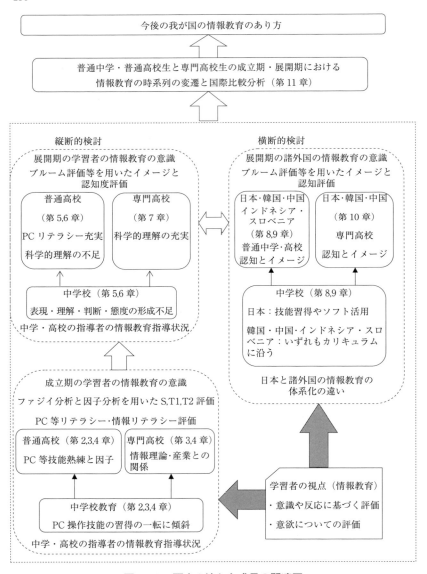

図XII-2　研究の流れと成果の関連図

ていなかった様相が推察された。このときの教師と学習者の関係として，教師の専門教授学的指導が学習者の判断や知識・理解を促し，一般教授学的指導が学習者の思考及び，興味・関心・態度を促し，その両者があいまって技能習得が図られていた様相が示唆された。

② 展開期の普通高校の情報教育では，学習者の情報教育に対するイメージとして，「情報活用能力」を目標とする高校教育のカリキュラム内容とは異なり，PCスキルや情報モラルの特定の内容であることが明らかになった。すなわち，教科「情報」の導入段階は，「情報社会に参画する態度」の観点で理解が進むと考えられるが，「情報の科学的な理解」については進み難い可能性が指摘された。

これをブルームの教育目標でいうと，認知的領域の知識・理解段階，精神運動的領域の技能段階，情意的領域の興味・関心・態度段階までは達成していると考えられるが，認知度やイメージ調査で抽出された因子を見る限り，精神運動的領域の表現，認知的領域の理解と判断，情意的領域の態度の段階までには至っていない。一方，職業高校では，学習内容が，コンピュータ・リテラシーに偏ることなく，「情報の科学的な理解」について学習する認識が強く，職業教育としての情報教育に適切に対応していることが示唆された。

③ 日本・韓国・中国・インドネシア・スロベニアの国際比較では，日本の情報教育は，これら諸外国に比べて，「情報の科学的な理解」の習得に向けた動機付けを生徒に適切に持たすことができておらず，結果として，情報関連用語に対する適切な知識・理解を達成できていない状況が把握された。情報教育に関するイメージが認知的領域や情意的領域において初期段階のレベルで留まっており，精神運動的領域に該当する技能習得に偏っていることが明らかになった。このことから我が国の今後の情報教育に対しては，そのカリキュラムの体系性に課題が見られることを指摘した。その上で，学習者に対しては，情報教育の

目標である情報活用能力の習得に向け，生徒に学習の意味付けを行い，動機付けることの重要性が示唆された．一方，職業高校である工業高校では，情報必修用語認知度は，工業高校では各国共に理解度に差がなく，また，イメージ調査でも，各国の工業高校生は我が国のカリキュラム及び，専門高校としての各国の職業教育の目標に沿った学習のイメージを持っていることが示唆された．

本研究を通して，普通教育における情報教育は，「情報活用能力」の育成を標榜するものの，その学習指導が，必ずしも体系だったものになりづらかったことがわかる．したがって，今後の普通教育における情報教育の方向性としては，教科の専門性，教科の意義，そして体系化を踏まえた上で，社会や生活の中で生じる情報メディアの進展に実際的な対応を図りつつも，それらの内容知や方法知を適切に教科原理である「情報活用能力」の育成という不易なコアの形成へと高め，情報教育の教科原理を明確に示すような教科本来の学習指導方法を工夫していく必要があることが示唆された．

12.4　今後の課題

我が国の情報教育は，小学校・中学校及び，高等学校の各学校段階において，適切に「情報の科学的な理解」に関する基礎・基本的な知識の習得を積み重ねていくことが必要であると考えられる．そのためには，長期的には小学校・中学校及び，高等学校における情報教育の配当時間の増加やカリキュラムの体系化が必要である．その一方で，短期的には，情報教育における中学・高校間の学習内容の連携，生徒の意欲と基礎力を高める効果的な教授法の開発が求められよう．筆者は，本研究において，学習者から見た情報教育の必修用語の認知度とカリキュラム・イメージに関する調査を実施した．2013年以降の学習指導要領の改訂と併せ，高等学校の情報教育も「共通教科

情報科」に改訂され，新たな展開を迎えているが，この改訂を踏まえた内容の調査と，その指導内容に沿った具体的な教材を用いた実践は現在検討中である。これは例えば，問題解決能力の育成を考慮しながら，論理的かつ科学的理解に役立つ教材としてハード的には「論理回路」教材の方向性が考えられる。これは基本的な回路である AND 回路・OR 回路・NOT 回路・NAND 回路などを中高生の発達段階や履修レベルに応じて組み合わせた基本論理回路の作成である。また本教材は，ブール代数とブール論理，ド・モルガンの定理，回路設計の基礎など，体験を通して理解することができ，「情報の科学的な理解」に関する基礎・基本的な知識の習得を積み重ねることが可能と考えられる。もう一つの論理的思考力の育成に役立つものとして，ソフト的には LPC マイコン（LPC1114）を用いた基板製作から具体的な簡易言語でプログラムを組める教材の方向性がある。これは LED 教材を制御することを通して命令を選定し，out 数と wait 数の色と時間を制御したり，照度センサを用いてアナログ計測を行ったりして，プログラムの基礎である順次・分岐・反復の学習が行えるテキスト型の言語を学習し，段階的に理解することが可能と考えられる。これらハード面とソフト面の教材の視点での教材は，いずれも試案段階であり，今後カリキュラムの構築の中で具体的な実践を行い検証していきたい。

したがって，これらの調査と実践について継続的に実施し，より情報教育の実践状況の評価を進めていく必要があると考えられる。その上で，把握された課題に対処しうる情報教育の学習指導方法を検討し，具体的な教材を活用した実践を展開していく必要がある。

本研究は，日本では千葉県・茨城県・栃木県・福島県・東京都・京都府，韓国ではソウル市・清洲市，中国では浙江省・遼寧省，インドネシアでは東ジャワ州マラン，スロベニアではリュブリャナの複数校の調査を実施した。今後は，より広範囲な地域や国の調査を実施し，本研究で得られた知見に対する追試が必要である。次に，より多様なカリキュラム評価の観点の必要性

である。本研究では，情報活用能力に対する習得意欲と情報関連用語の認知度を分析の観点とし，文化的にも近似している中国・韓国・インドネシアとヨーロッパの我が国とほぼ同じカリキュラムを持つスロベニアでの中等教育課程における国際比較調査を実施した。さらに，情報教育のカリキュラムを俯瞰的に評価するために，より多様な観点からのデータ収集の必要性から，同国においてタキソノミーを用いた情報教育のカリキュラムに対するイメージ調査を実施した。その上で，多様な観点からの評価資料の蓄積を経て，日本の情報教育のあり方について総合的に検討してきた。こうして得られた本研究による知見は，情報教育に関する国際比較研究の第1段階として重要な位置付けにあると考える。そこで，今後は各国の教育事情も変化していることを踏まえ，比較研究に必須の教育行政面，教育を行う学校の教員（人員・資質・経験），教育体制，カリキュラム，施設の充足などの条件について再確認したい。その上で，アジア圏の台湾やタイなどの諸国だけでなく，ヨーロッパ圏，例えばイギリスでは2014年度にナショナル・カリキュラム（NC）の再構築が実施されており，アメリカにおいても2013年からプログラミング教育などの重視による情報教育の新たな展開が検討されており，このような先進的なカリキュラムで進められている諸外国との比較研究を検討していく必要がある。

　最後に，カリキュラム評価の手法を考える場合，ブルーム評価理論のタキソノミーによる評価と併せて，情報教育の成立期において活用した「ファジィ分析」による評価は，学習者個々人の反応や経時的な反応の把握に有効であると考えられる。今後は，本研究の知見を元に『ファジィ分析』を用いた汎用的なカリキュラム評価法の構築をはかっていくことが必要であろう。

参 考 文 献

1) 文部省：情報教育に関する手引き，文部省，1990
2) 坂本昂・東洋編：これがコンピュータ教育だ―世界のカリキュラム・実践―，ぎょうせい，pp.12-406，1990
3) 佐藤学：カリキュラムの批判―公共性の再構築へ，世識書房，pp.3-22，1997
4) 岡部恒治・西村和雄・戸瀬信之：分数ができない大学生―21世紀の日本が危ない，東洋経済新報社，1999
5) 市川伸一：学力低下論争，ちくま親書，p.17，2002
6) 情報化の進展に対応した初等中等教育における情報教育の推進等に関する調査協力者会議第1次報告，1997
7) 文部科学省：情報教育の実践と学校の情報化～新「情報教育に関する手引き」，http://www.mext.go.jp/，2002
8) 文部科学省：高等学校学習指導要領解説―情報編―，開隆堂出版，2000
9) 中村一夫：高等学校学習指導要領の展開―情報科編―，明治図書，2000
10) 初等中等教育における教育の情報化に関する検討会，初等中等教育の情報教育に係る学習活動の具体的展開について，2006
11) 文部科学省：高等学校学習指導要領解説―情報編―，開隆堂出版，2010
12) 文部省：中学校学習指導要領解説―技術編―，教育図書，1999，2008
13) 文部省：中学校指導書―技術・家庭編―，文部省，1989，2008
14) 情報モラル教育指導法等検討委員会委員（永野・石原・榎本・小田他）：すべての先生のための「情報モラル」指導実践キックオフガイド，教育工学振興会，2007
15) 山田恵吾：学校教育とカリキュラム，文化書房文社，pp.7-13，2011
16) 佐藤学：カリキュラムの批判―公共性の再構築へ，世識書房，pp.25-94，1997
17) 梅原利夫：カリキュラムをつくりかえる，国土社，pp.89-128，1995
18) ディダクティカ編著：学びのためのカリキュラム論，勁草書房，pp.1-23，2000
19) 山口満編著：現代カリキュラム研究―学校におけるカリキュラム開発の課題と方法，学文社，pp.98-110, 316-327，2005
20) Tyler,R.W.：*Basic Principles of Curriculum and Instruction*, p.3, University of Chicago，1949
21) Wheeler, P.K.：*Curriculum Process*, p.31, Hodder and Stoughton，1967
22) 柴田義松：教育課程―カリキュラム入門，有斐閣，pp.68-119，2008

23) 林田英樹:学校におけるコンピュータの教育利用,日本教育情報学会誌「教育情報研究」,Vol.1,pp.43-52,1985
24) 山極隆:学校段階におけるコンピュータ・リテラシーの育成,日本教育情報学会誌「教育情報研究」,Vol.1,No.1,pp.11-28,1986
25) 岡崎久:コンピュータを用いた学習が生徒に与える心理的影響について,日本教育情報学会誌「教育情報研究」,Vol.4,No.2,pp.41-46,1988
26) 中西英夫・藤田正:情報処理技術者育成のための「CAROL 計画」,日本教育情報学会誌「教育情報研究」,Vol.4,No.1,pp.46-51,1988
27) 武井由典:小学校におけるパソコン通信の指導,日本教育情報学会誌「教育情報研究」,Vol.5,No.1,pp.22-30,1989
28) 山田平:学校間国際パソコン通信,日本教育情報学会誌「教育情報研究」,Vol.4,No.1,pp.61-72,1988
29) 伊藤篤・河合優年:国際コンピュータ通信の教育的利用とその問題点,日本教育情報学会誌「教育情報研究」,Vol.5,No.1,pp.14-21,1989
30) 大隅紀和・乾和雄・林和志:ワープロから始めるコンピュータ教育の試み,日本教育情報学会誌「教育情報研究」,Vol.4,No.1,pp.14-22,1988
31) 水島堅太郎:コンピュータ教育ツールとしてのソロバン,日本教育情報学会誌「教育情報研究」,Vol.5,No.3,pp.48-57,1989
32) 笠原輝久・岡部成玄・長田博奏・新國三千代・田中一:視聴覚的教材提示教具としてのコンピュータの活用と教育効果,日本教育情報学会誌「教育情報研究」,Vol.4,No.1,pp.23-32,1988
33) 林徳治・滝口直樹:問題解決学習における CAI 教材の活用,日本教育情報学会誌「教育情報研究」,Vol.3,No.2,pp.39-46,1987
34) 星野隆:情報処理系専門学校における教育評価,日本教育情報学会誌「教育情報研究」,Vol.3,No.2,pp.61-72,1987
35) 文部省:中学校学習指導要領,文部省,pp.80-87,1998
36) 文部省:情報化の進展に対応した初等中等教育における情報教育の推進等に関する調査研究協力者会議最終報告,1998
37) 文部省:高校学習指導要領解説―情報編―,開隆堂出版,pp.31-176,2000
38) 松田稔樹・坂元昂:Logo を利用した小学校高学年における情報教育カリキュラム開発とその評価,日本教育工学会誌,Vol.15,No.1,pp.1-13,1991
39) 松田稔樹・高橋和弘・坂本昂:普通高校における情報教育カリキュラムに関する考察,日本教育情報学会誌「教育情報研究」,Vol.6,No.1,pp.3-11,1990

40) 松村幸輝・沖山京古：情報活用能力育成のための教授方略と教育効果，日本教育情報学会誌「教育情報研究」，Vol.8, No.2, pp.44-55, 1992
41) 永野和男：普通高校向け情報教育カリキュラムの開発Ⅱ, 日本科学教育学会誌, Vol.20, No1, pp.51-59, 1996
42) 須曽野仁志・木谷康司・下村勉：中学校「情報基礎」におけるLogoプログラミングの実践と評価，日本教育情報学会誌「教育情報研究」，Vol.12, No.4, pp.41-49, 1997
43) 菊地章：情報基礎教育の現状と展望，日本産業技術教育学会誌, Vol.35, No.3, pp.269-277, 1993
44) 山口晴久：「情報基礎」実施上の問題点に関する調査研究，日本産業技術教育学会誌, Vol.38, No.3, pp.215-222, 1996
45) 森山潤・桐田襄一：「情報基礎」領域における生徒のプログラム設計能力の向上に対する諸要因間の因果関係,日本産業技術教育学会誌, Vol.39, No.2, pp.87-95, 1997
46) 森本哲朗：日本語「ワープロ学習」における学習評価の試み，日本教育情報学会誌「教育情報研究」，Vol.7, No.1, pp.25-32, 1991
47) 源河直也・田中亜希子・横山節雄・中村直人：インターネット活用能力養成を目的とした情報教育の評価，日本教育工学会全国大会講演(11), pp.223-224, 1995
48) 沖裕貴・林徳治・西之園晴夫：コンピュータ・リテラシーを育成する教員用自学自習教材に関する事例研究，日本教育情報学会誌「教育情報研究」，Vol.9, No.3, pp.40-49, 1994
49) 加藤直樹・木下康彦：マルチメディア教材開発のための素材データベースのインターネットによる流通，日本教育情報学会誌「教育情報研究」，Vol.11, No.1, pp.13-18, 1995
50) 小田光宏・北本正章・古賀節子：幼・小・中・高の学習課程における総合的な学習の時間の体系的展開，日本教育情報学会誌「教育情報研究」，Vol.16, No.3, pp.3-12, 2001
51) 井上史子・林徳治：メディアを活用した児童・生徒の主体的学習態度の変容を図る授業の実証研究，日本教育情報学会誌「教育情報研究」，Vol.19, No.3, pp.3-14, 2004
52) 横田学・林徳治：教育行政の立場から見た情報教育に関する教員研修の現状と課題，日本教育工学会 JET-01-3,2001
53) 横山隆光・岩田諦彗：小学校の情報教育カリキュラムの開発(1), 日本教育情報学

会誌「教育情報研究」, Vol.16, No.1, pp.21-30, 2000

54) 村尾卓爾・今井俊郎・稲井義正:中学校技術・家庭科「情報とコンピュータ」でのプログラム作成学習のための言語の比較, 日本教育情報学会誌「教育情報研究」, Vol.20, No.3, pp.11-21, 2004

55) 森山潤:構成実験法によるプログラミングの学習指導方法の検討, 日本教育情報学会誌「教育情報研究」, Vol.17, No.2, pp.3-11, 2001

56) 野田正幸・竹田尚彦:高大連携による高等学校情報Aのカリキュラム開発, 情報処理学会 コンピュータと教育研究会, 第81回研究会講演論文集, No.105 (CE-81), pp.81-87, 2005

57) 小田和美・永野和男:情報活用能力育成モデルカリキュラムの開発と公開, 日本教育情報学会誌「教育情報研究」, Vol.27, No.4, pp.29-38, 2012

58) 森山潤・鬼頭明仁・岩倉鮎美・宮川洋一・松浦正史:中学生のコンピュータ使用経験が高校教科「情報」に対する意識に及ぼす影響, 日本教育工学会, Vol.30増刊号, pp.141-144, 2006

59) 小川勤:情報教育における達成度別評価についての研究—英国の情報教育の評価方法を参考にして—, 日本教育情報学会第17回講演論文集, pp.76-79, 2001

60) 森山潤:プログラミングの学習指導におけるニューラルネットワークを用いた学習効果の予測モデルと授業評価への応用, 日本教育工学会論文誌, Vol.25, No.3号, pp.207-216, 2001

61) 近藤敏文:教師による評価と生徒による相互評価の比較—プレゼンテーションの実習の場合—, 日本情報科教育学会第1回全国大会講演論文集, 2008

62) 大河原広行:観点別学習状況による評価(教科「情報」のあるべき姿), 日本教育情報学会第20回全国大会(オリンピック記念青少年総合センター), pp.110-111, 2004

63) 栗山裕・橋下友茂・山下利之:ゲームプログラミングによる情報教育の評価方法, 日本教育工学会誌, Vol.28, pp.181-184, 2005

64) 林徳治・慮雷・黒川マキ・井上史子:ICTの教育利用に関する日中の比較調査研究, 日本教育情報学会誌「教育情報研究」, Vol.21, No.1, pp.3-13, 2005

65) 益本仁雄・宇都宮由佳・滝山桂子:中学生の情報収集および情報活用能力の日本・タイ比較, 日本教育情報学会誌「教育情報研究」, Vol.23, No.2, pp.3-12, 2007

66) 鶴田利郎・田中博之:中等教育段階における「ネット安全教育」の在り方, 教職研究教育開発研究所, pp.76-79, 2011

67) 中村祐治・飯田孝治・尾崎誠:中学校技術・家庭科における情報モラルに関する

研究，日本教材学会大会論文集第16巻，pp.167-170，2005
68) 尾崎廉：技術教育における情報モラル教育の実践，日本産業技術教育学会誌，Vol.52, No.4, pp.319-324, 2010
69) 宮川洋一・森山潤：道徳的規範意識と情報モラルに対する意識との関係，日本教育工学会論文誌，Vol.35, No.1, pp.73-82, 2011
70) 宮下和大・森本康彦・松浦執・河野真也・宮寺康造：情報モラル教材の動的生成と授業実践をシームレスに支援する教材管理システム，日本教育工学会研究報告集，Vol.12, No.1, pp.43-48, 2012
71) 戸田正明・小川亮：自己評価を生かした評価の実践，日本教育工学誌，JSETO4-4, pp.29-34, 2004
72) シリフグリ キラム・菊地章：情報技術の視点からの国際比較，鳴門教育大学情報教育ジャーナル，Vol.2, pp.31-39, 2005
73) 宇都宮由佳・本郷健・益本仁雄：タイ中学生の情報リテラシーと問題点，日本教育情報学会誌「教育情報研究」，Vol.25, No.3, pp.61-70, 2009
74) 小田和美・永野和男：情報活用能力育成モデルカリキュラムの開発と公開，日本教育情報学会誌「教育情報研究」，Vol.27, No.4, pp.29-38, 2012
75) 内閣官房：世界最先端IT国家創造宣言，情報通信技術（IT）総合戦略室，pp.1-39, 2014
76) 文部科学省調査分析委員（堀田龍也・稲垣忠・小柳和喜雄・黒上晴夫・坂元章・白水始・土屋隆裕・豊田充崇・森本康彦）：情報活用能力調査結果（全体版），文部科学省生涯学習政策局情報教育課，pp.29-40, 2013
77) 文部省：中学校指導書，技術・家庭編，pp.1-9, 54-60, 1988
78) 文部省：高等学校指導書，工業編，pp.1-12, 1988
79) 宮武・長谷川他：ファジィ理論を適用した生活科の学習評価について，第18回全日本教育工学研究協議会・全国大会研究発表，pp.203-206, 1992
80) 文部省：高等学校学習指導要領工業編，1988
81) Geotge J, Tina A（本多中二訳）：ファジィ情報学，pp.13-19, 1993
82) 寺野寿郎・浅居喜代治・菅野道夫：ファジィシステム入門，オーム社，pp.19-32, 1990
83) 向殿政男：ファジィ理論が判る本，pp.50-65, 1993
84) 向殿政男：ファジィのはなし，日刊工業新聞社，pp.20-32, 1993
85) 山下元，稲井田次郎，津田栄，箭内顯彦，箭内美智子：ファジィ理論と応用，学文社，pp.7-19, 1997

86) 宮武直樹・長谷川一広・清水誠一：ファジィ理論を用いた書写の評価の構造分析と構築，第18回全日本教育工学研究協議会講演論文集，pp.116-119，1992
87) 小山田了三・本村猛能：技術科「電気Ⅱ」増幅器の製作における教授行動の分析，日本産業技術教育学会誌，Vol.30，No.2，pp.195-206，1988
88) 本村猛能・小山田了三：技術科「機械Ⅰ」機構模型の製作における教授行動の分析，日本産業技術教育学会誌，Vol.30，No.4，pp.327-335，1988
89) 小山田了三・本村猛能：椅子製作授業と教授行動の分析，日本産業技術教育学会誌，Vol.31，No.4，pp.209-214，1989
90) 小山田了三・本村猛能：S－P表分析を用いた教授行動の検討，日本産業技術教育学会誌，Vol.33，No.1，pp.35-40，1991
91) 本村猛能・小山田了三：機械科「アーク溶接」における教授行動の分析，日本産業技術教育学会誌，Vol.34，No.4,1992
92) 本村猛能：義務教育における教授行動分析，川村学園女子大学研究紀要，Vol.4，No.2，pp.147-162，1993
93) 本村猛能・小山田了三：高等学校機械科「ガス切断」と「アーク溶接」学習における教授行動の分析の相関，日本産業技術教育学会第35回全国大会（皇學館大学），1992
94) 脇本和昌・垂水共之・田中豊：パソコン統計解析ハンドブックⅡ，pp.195-257，1984
95) 本村猛能：高等学校機械科「ガス切断」と「アーク溶接」学習における教授行動分析，日本産業技術教育学会誌，Vol.37，No3，pp.253-260，1995
96) 本村猛能・内桶誠二：初歩的ファジィ理論を利用した情報教育の客観的評価，川村学園女子大学研究紀要，Vol.8，No.1，pp.327-335，1996
97) 内桶誠二・本村猛能：情報教育における客観的評価の検討，日本教育工学会全国大会，第15回全国大会（金沢大学），1996
98) 清水誠一：絶対評価における客観化への試み―ファジィ理論を適用した書写の評価法―，日本教育工学会全国大会，第14回全国大会（北海道教育大学函館校），pp.71-77，1995
99) 奥田良治・山下元他：ファジィ理論を応用した教育評価法（Ⅲ），第5回教育工学関連学協会・全国大会研究発表，pp.415-418，1997
100) 文部科学省：初等中等教育における教育の情報化に関する検討会，初等中等教育の情報教育に係る学習活動の具体的展開について，2006
101) 岡本敏雄・西野和典・香山瑞恵：情報科教育法，丸善，2002

102) 永野和男・岡本敏雄（編）：情報教育のねらいの全体像と関連する教科―教科「情報」のための教員養成カリキュラムと教員免許履修形態―，文部科学省科学研究費基盤研究（C）研究成果報告書，2000
103) ブルーム著，梶田他訳：教育評価法ハンドブック，第一法規，pp.179-185・14章，1973
104) 梶田叡一著：教育における評価の理論Ⅱ，金子書房，pp.153-170，1994
105) 坂元昂・東洋（編）：情報教育のねらいの全体像と関連する教科―教科「情報」のための教員養成カリキュラムと教員免許履修形態―，文部科学省科学研究費基盤研究（C）研究成果報告書，2000
106) 菅井勝雄・赤堀侃二・野嶋栄一郎：情報教育論，放送大学教育振興，pp.50-55，2004
107) 但馬文昭：情報教育に関する実態調査，横浜国立大学研究紀要，Vol.36，pp.61-69，1996
108) 伊藤一雄：工業教員養成の現状と課題，名古屋大学研究紀要，Vol.14，pp.19-31，2001
109) 全国工業高等学校長協会：工業教育，Vol.21-48，1985-2012
110) 澤田大祐：高等学校における情報科の現状と課題，文部科学省文教科学技術課，Vol.604，pp.1-10，2008
111) 赤堀侃司：月刊高校教育，学事出版，Vol.36，No.4，pp.18-19，2003

本研究に関連する学術論文

第1章 緒　論
・本村猛能, 森山潤：我が国の初等中等教育における情報教育のカリキュラム研究の課題と展望－（Ⅰ）情報教育の成立過程－, 群馬大学教科教育学研究紀要「群馬大学教科教育研究会」, Vol.13, No.1, pp.49-58, 2014
・森山潤, 本村猛能：我が国の初等中等教育における情報教育のカリキュラム研究の課題と展望－（Ⅱ）情報教育におけるカリキュラム研究の流れ－, 群馬大学教科教育学研究紀要「群馬大学教科教育研究会」, Vol.13, No.1, pp.59-68, 2014

第2章　情報教育成立期における学習者の情意面の評価の試み
・本村猛能, 内桶誠二：初歩的ファジイ理論を利用した情報教育の客観的評価, 川村学園女子大学研究紀要（川村学園女子大学紀要委員会）, Vol.8, No.2, pp.25-42, 1997
・本村猛能・内桶誠二：中学・高校「情報教育」でのファジイ分析等による情意領域の評価, 日本教科教育学会誌「日本教科教育学会」, Vol.20, No.2, pp.19-30, 1997

第3章　情報教育成立期における学習者のレディネスと履修によるイメージの変容
・本村猛能：「情報教育」の評価の客観化とファジイ分析の導入－中学・高校・大学の相関を中心として－, 日本教科教育学会誌「日本教科教育学会」, Vol.21, No.1, pp.39-49, 1998

第4章　情報教育成立期における学習者の情報リテラシーの評価
・本村猛能, 内桶誠二：「情報教育」の評価に関するファジイ分析の有効性－中学・高校・大学の関連－, 日本教科教育学会誌「日本教科教育学会」, Vol.22, No.4, pp.9-18, 2000

第5章　情報教育展開期の学習者によるカリキュラム評価
・本村猛能, 工藤雄司：高大連携の体系的情報教育と教科「情報」の関連及びカリキュラムの方向性, 日本教育情報学会誌「教育情報研究」, Vol.23, No.2, pp.49-60, 2007

第6章　情報教育展開期のカリキュラムにおける学習者の反応の経時的変化

・本村猛能，工藤雄司：知識の構造化から見た情報教育のカリキュラム評価－ものづくりカリキュラムの体系化を目指して－，工業技術教育研究「日本工業技術教育学会誌」，Vol.13, No.1, pp.25-38, 2008

第7章 職業教育における情報教育のカリキュラムに対する学習者の反応の経時的変化

・本村猛能，工藤雄司：情報教育における「ものづくり」カリキュラムの比較研究，工業技術教育研究「日本工業技術教育学会誌」，Vol.11, No.1, pp.39-54, 2006

第8章 普通教育の情報教育に対する学習者の意識と知識に関する国際比較

・本村猛能，森山潤，山本利一，角和博，工藤雄司：中学・高校生の情報活用能力の習得意欲及び情報関連用語に対する認知度に関する日韓中比較，日本教育情報学会誌「教育情報研究」，Vol.28, No.4, pp.3-14, 2013
・Takenori Motomura, Jun Moriyama, Kazuhiro Sumi, Toshikazu Yamamoto, Yuji Kudo : Comparison of Students' Consciousness Toward Information Education among Junior and Senior High Schools in Japan, Korea and China, Proceedings of the 11th International Conference on Technology Education (ICTE) in the Asia Pacific Region, Hong Kong, pp.57-59, 2015
・Ayaka Murakami, Takenori Motomura, Jun Moriyama, Kazuhiro Sumi, Toshikazu Yamamoto, Yuji Kudo : Comparison of Student's attitude towards Information education among Junior and Senior High Schools in Japan, Korea, China and Slovenia, Proceedings of the Technology Education Research Conference (TERC2016) Adelaide, Australia, pp.200-207, 2016

第9章 普通教育の情報教育に対する学習者のカリキュラム・イメージに関する国際比較

・本村猛能，森山潤，山本利一，角和博，工藤雄司：日本・韓国・中国の中学・高等学校情報教育における学習者のカリキュラムに対するイメージの比較研究，日本教育情報学会誌「教育情報研究」，Vol.31, No.1, pp.55-66, 2015

第10章 職業教育の情報教育に対する学習者の反応に関する国際比較

・本村猛能，山本利一，工藤雄司，森山潤，角和博：日本と韓国の工業高校情報教育の比較研究－工業高校と普通高校の実践現状を通して－，工業技術教育研究「日本

工業技術教育学会誌」, Vol.15, No.1, pp.1-11, 2010
・Jun Moriyama, Kazuhiro Sumi, Takenori Motomura, Toshikazu Yamamoto, Yuji Kudo : A Comparisonof Students Knowledge and Attitude Related to Information Technology between Japan and Korea, Proceedings of the 5th Biennial International Conference on Technology Education Research Goldcoast, Australia, pp.83-90, 2008

第11章　総合的考察
・本村猛能, 森山潤:学習者の情報教育に対するカリキュラム・イメージの時系列的な変遷の検討, 日本教育情報学会誌「教育情報研究」, Vol.30, No.3, pp.37-48, 2014

謝　辞

　本書は1985年以降継続し研究した評価と実践の研究，並びに1994年度から2018年度に渡り継続して受けている科学研究費による研究と2015年度の学位論文の作成を踏まえて系統的にまとめたものである。本書の執筆にあたり大変多くの方々のご指導，ご支援を頂いた。

　本研究を行うにあたり学位論文の主査である兵庫教育大学大学院の森山潤教授には，その開始から脱稿に至る長期間にわたりご指導頂いた。先生には，1999年当時書籍『情報学』の執筆ということが出会いであった。以後10年間，様々な形で研究に教育に，ご指導とご支援を頂いた。さらに2011年から2015年3月にかけては，情報教育の将来を踏まえた上で研究を本格的にまとめてくことになった。この間，ある時は学会や科研費の打合せの後に，また，ある時は海外調査時のフライト中の機内やホテルで，そしてTV会議など様々な場所と時間の中でのご指導であった。そこでは，研究の打ち合わせと共に，不断の教員生活における相談なども多くあった。様々な大学の公務の中，ご指導頂き心より御礼申し上げたい。

　本研究の内容は，数多くの共同研究者とのコラボレーションによって生み出された。

　特に，国際比較調査に際しては，佐賀大学の角和博教授，埼玉大学の山本利一教授には，コーディネイタとなる現地研究者とのやり取りから，実践教材の選定など様々ご協力を頂いた。また，流通経済大学の内桶誠二元教授，茨城大学の工藤雄司教授には，共同研究者として多大なるご協力を頂くと共に，学位論文の執筆に際して温かい励ましのお言葉や有益なアドバイスを頂いた。研究を進める中では，日頃から情報教育への熱い想いを共有する大妻女子大学の本郷健教授，工業科教育に造詣の深い東京学芸大学の島田和

典准教授には，度々連絡をさせて頂き，激励あるいは有益なご助言を頂いた。

論文審査に際しては，副査である鳴門教育大学大学院の菊地章教授をはじめ，兵庫教育大学大学院の小山英樹教授，鳴門教育大学大学院の伊藤陽介教授，兵庫教育大学大学院の森広浩一郎教授には，情報教育についての深い洞察力に導かれた的確なご指導と多角的な視点からのご指導とご助言を頂いた。何より，これからの研究に向けて新しい視点や発展の方向性を示唆して頂いたことは，大きな励みとなった。

本研究の遂行に際しては，長期にわたり大変多くの方々に調査のご協力，ご支援を頂いた。各章で実施した調査は1980年代後半からであるが，国内では京都府（同志社香里中学教諭の平野浩一教諭），茨城県（岩井市立岩井中学校の秋山昇元教諭，私立茗渓学園中学・高等学校の間中優子教諭，県立土浦工業高等学校の吉田進元教諭，そして，県立土浦湖北高等学校，県立石岡第一高等学校，県立下館工業高等学校の生徒の皆さん），千葉県（千葉県我孫子市教育委員会の今関敏男元教育長，我孫子市立我孫子中学校の舟橋邦夫元校長，流通経済大学附属柏高等学校の生徒の皆さん），筑波大学附属坂戸高等学校の生徒の皆さん，栃木県立那須清峰高等学校や福島県立あさか開成高等学校の生徒の皆さん，東京都（杉並区立高円寺中学校の杉山善之元校長，杉並区立阿佐ヶ谷中学校の尾崎政二元校長，杉並区立和田中学校の荒木昭元校長・土谷義郎元教諭，杉並区立高南中学校の村越尊詮元校長，杉並区立杉森中学校の笹本邦司　元校長，荒川区立日暮里中学校の山本勝俊元校長，世田谷区立玉川中学校の田中武朗元教諭，実践学園高等学校の眞橋敏夫元校長・山村彩元教諭，上野学園高等学校の金塚茉莉子元教諭，私立國學院高等学校，私立川村学園中学校・川村高等学校及び大妻中学・高等学校の生徒の皆さん）など多くの方々にご協力頂いた。国際比較調査では，韓国の国立仁川大学のChoon-Sig Lee博士（元KICE（韓国教育研究所））と韓国教員大学校の金鎭洙教授，流通経済大学非常勤講師の洪京和先生，及び中国では遼寧省大連市・大連交通大学の王生武博士と温愛玲博士に，上海では上海教育委員会の張進委

員長と竺怫（ZHU Wei）先生に，そしてスロベニアでは群馬県伊勢崎市立あずま小学校の村上綾香教諭（元群馬大学大学院教育学研究科修士課程）の方々に調査対象校の選定や事前訪問校の調整など，大変お世話になった。

　最後に，本研究の発端となる1980年代より東京家政大学学長池本洋一教授（元東京学芸大学教授），富士大学学長小山田了三教授（元長崎大学教授）の両先生には，学部・大学院修士課程時代からの研究，あるいは教師としての志など，まことに大正・昭和時代の気骨な精神を持ってご指導頂いた。この精神は，私の中学校や高等学校の教師時代から常に変わることのない教育方針の柱となるものである。今後とも，この志を忘れることなく，教育にそして研究に，より精進していきたい。

　上記の皆様を含め，これまでの私の研究を支えてくれた家族や友人，全ての皆様に心より感謝の意を表し，謝辞としたい。なお，刊行に際しては独立行政法人日本学術振興会平成30年度科学研究費助成事業（科学研究費補助金）（研究成果公開促進費）（課題番号18HP5223）の助成を得ており，出版にあたり風間書房社長 風間敬子氏と斉藤宗親氏の多大な協力を頂いたことをご報告する。

2018年9月

本 村 猛 能

著者略歴

本村猛能（もとむら　たけのり）第1章～第12章（執筆責任者・筆頭）
　現職：日本工業大学共通教育学群・教授　博士（学校教育学）
　専門分野：情報教育学，技術教育学，教育工学
　略歴：1980年　長崎大学教育学部卒業
　　　　1983年　東京学芸大学大学院教育学研究科修士課程及び研究生修了
　　　　2016年　兵庫教育大学大学院連合学校教育学研究科・研究生修了
　　　　1983-1990年　東京都内公立中学校・教諭
　　　　1990-1991年　筑波大学附属坂戸高等学校・文部教官教諭
　　　　1991-1996年　川村学園女子大学教育学部情報教育学科・専任助手
　　　　1996-1998年　川村学園女子大学教育学部情報教育学科・専任講師
　　　　1998-2007年　川村学園女子大学教育学部情報コミュニケーション学科・助教授
　　　　2007-2011年　川村学園女子大学教育学部情報コミュニケーション学科・教授
　　　　2008-2011年　川村学園女子大学教育学部児童教育学科・教授（兼任）
　　　　2011-2018年　群馬大学教育学部，同大学院教育学研究科・教授
　　　　2018年より現職
　　　　2016年　博士（学校教育学）兵庫教育大学大学院連合学校教育学研究科

　　　　2005年　日本教育情報学会・奨励賞
　　　　2010年　日本工業技術教育学会・奨励賞
　　　　2013年　日本教育情報学会・論文賞

森山　潤（もりやま　じゅん）第1章～第12章（共同執筆・監修）
　現職：兵庫教育大学大学院学校教育研究科・教授　博士（学校教育学）
　専門分野：情報教育学，技術教育学，教育工学
　略歴：1990年　京都教育大学教育学部卒業
　　　　1995年　京都教育大学大学院教育学研究科（修士課程）修了
　　　　1990-1994年　京都市立中学校・教諭
　　　　1995-1998年　京都教育大学教育学部附属京都中学校・教諭
　　　　1995-1997年　国立教育研究所　教育情報資料センター・共同研究員
　　　　1998-2003年　信州大学教育学部・助教授
　　　　2003-2006年　兵庫教育大学学校教育学部・助教授
　　　　2007-2010年　兵庫教育大学大学院学校教育研究科・准教授
　　　　2011年より現職
　　　　2002年　博士（学校教育学）兵庫教育大学大学院連合学校教育学研究科

　　　　1997年　日本産業技術教育学会・奨励賞
　　　　2011年　日本産業技術教育学会・論文賞
　　　　2013年　日本教育情報学会・論文賞
　　　　2017年　日本産業技術教育学会・論文賞
　　　　2018年　日本産業技術教育学会・論文賞

情報教育の成立・展開期におけるカリキュラム評価

2018年11月30日　初版第1刷発行

著　者　　本　村　猛　能
　　　　　森　山　　　潤

発行者　　風　間　敬　子

発行所　　株式会社　風　間　書　房
　　　　　〒101-0051　東京都千代田区神田神保町1-34
　　　　　電話03(3291)5729　FAX 03(3291)5757
　　　　　振替00110-5-1853

印刷　藤原印刷　　製本　高地製本所

©2018　Takenori Motomura　Jun Moriyama　　NDC 分類：370
ISBN978-4-7599-2245-5　　Printed in Japan

JCOPY 〈(社)出版者著作権管理機構 委託出版物〉
本書の無断複製は，著作権法上での例外を除き禁じられています。複製される場合はそのつど事前に(社)出版者著作権管理機構（電話03-3513-6969，FAX 03-3513-6979, e-mail: info@jcopy.or.jp）の許諾を得て下さい。